FEDERALISMO E DEMOCRACIA EM TEMPOS DIFÍCEIS

EDILBERTO CARLOS PONTES LIMA

FEDERALISMO E DEMOCRACIA EM TEMPOS DIFÍCEIS

Belo Horizonte

2022

© 2022 Editora Fórum Ltda.

É proibida a reprodução total ou parcial desta obra, por qualquer meio eletrônico, inclusive por processos xerográficos, sem autorização expressa do Editor.

Conselho Editorial

Adilson Abreu Dallari
Alécia Paolucci Nogueira Bicalho
Alexandre Coutinho Pagliarini
André Ramos Tavares
Carlos Ayres Britto
Carlos Mário da Silva Velloso
Cármen Lúcia Antunes Rocha
Cesar Augusto Guimarães Pereira
Clovis Beznos
Cristiana Fortini
Dinorá Adelaide Musetti Grotti
Diogo de Figueiredo Moreira Neto (*in memoriam*)
Egon Bockmann Moreira
Emerson Gabardo
Fabrício Motta
Fernando Rossi
Flávio Henrique Unes Pereira

Floriano de Azevedo Marques Neto
Gustavo Justino de Oliveira
Inês Virgínia Prado Soares
Jorge Ulisses Jacoby Fernandes
Juarez Freitas
Luciano Ferraz
Lúcio Delfino
Marcia Carla Pereira Ribeiro
Márcio Cammarosano
Marcos Ehrhardt Jr.
Maria Sylvia Zanella Di Pietro
Ney José de Freitas
Oswaldo Othon de Pontes Saraiva Filho
Paulo Modesto
Romeu Felipe Bacellar Filho
Sérgio Guerra
Walber de Moura Agra

FÓRUM
CONHECIMENTO JURÍDICO

Luís Cláudio Rodrigues Ferreira
Presidente e Editor

Coordenação editorial: Leonardo Eustáquio Siqueira Araújo
Aline Sobreira de Oliveira

Av. Afonso Pena, 2770 – 15º andar – Savassi – CEP 30130-012
Belo Horizonte – Minas Gerais – Tel.: (31) 2121.4900 / 2121.4949
www.editoraforum.com.br – editoraforum@editoraforum.com.br

Técnica. Empenho. Zelo. Esses foram alguns dos cuidados aplicados na edição desta obra. No entanto, podem ocorrer erros de impressão, digitação ou mesmo restar alguma dúvida conceitual. Caso se constate algo assim, solicitamos a gentileza de nos comunicar através do *e-mail* editorial@editoraforum.com.br para que possamos esclarecer, no que couber. A sua contribuição é muito importante para mantermos a excelência editorial. A Editora Fórum agradece a sua contribuição.

Dados Internacionais de Catalogação na Publicação (CIP) de acordo com ISBD

L732f	Lima, Edilberto Carlos Pontes
	Federalismo e Democracia em Tempos Difíceis / Edilberto Carlos Pontes Lima. - Belo Horizonte : Fórum, 2022. 268 p. ; 14,5cm x 21,5cm.
	Inclui bibliografia. ISBN: 978-65-5518-279-8
	1. Direito Financeiro. 2. Direito Constitucional. 3. Direito Público. 4. Ciência política. 5. Sociologia. 6. Economia. I. Título.
	CDD 343.8103
2021-3456	CDU 351.72

Elaborado por Vagner Rodolfo da Silva - CRB-8/9410

Informação bibliográfica deste livro, conforme a NBR 6023:2018 da Associação Brasileira de Normas Técnicas (ABNT):

LIMA, Edilberto Carlos Pontes. *Federalismo e Democracia em Tempos Difíceis*. Belo Horizonte: Fórum, 2022. 268 p. ISBN 978-65-5518-279-8.

À Magda, Pedro Henrique, Maria Clara e Maria Luísa.

A Seu Hernandes e Dona Liduina.

Nas grandes nações centralizadas, o legislador é obrigado a dar às leis um caráter uniforme que não comporta a diversidade dos lugares e dos costumes; nunca estando a par dos casos particulares, ele só pode proceder por regras gerais. Os homens são obrigados, então, a se dobrar às necessidades da legislação, porque a legislação não sabe se acomodar às necessidades e aos costumes dos homens, o que é uma grande causa de tumultos e de misérias.

(Alexis de Tocqueville)

A Federação é a unidade na desigualdade, é a coesão pela autonomia das províncias. Comprimidas pelo centralismo, há o perigo de serem empurradas para a secessão. É a irmandade entre as regiões. Para que não se rompa o elo, as mais prósperas devem colaborar com as menos desenvolvidas. Enquanto houver Norte e Nordeste fracos, não haverá na União Estado forte, pois fraco é o Brasil.

(Ulisses Guimarães)

A maior parte dos homens que subverteram a liberdade das repúblicas começaram sua carreira cortejando servilmente o povo: começaram como demagogos e terminaram como tiranos.

(Hamilton)

Na crença de que não é o debate que constitui um obstáculo à ação, mas sim o fato de não se ter sido instruído pelo debate antes de chegar o momento de agir.

(Péricles)

Nunca se entendeu que a Constituição conferiu ao Congresso Nacional poderes para que os Estados sejam governados de acordo com suas instruções. De outro modo, o sistema de duas esferas de governo estabelecido pelos Autores da Constituição (Framers) daria lugar a um sistema que concentraria poderes em um governo central e que faria sofrer a liberdade individual.

(John Roberts)

SUMÁRIO

INTRODUÇÃO 11

CAPÍTULO 1
FEDERALISMO E DEMOCRACIA 35

CAPÍTULO 2
DEMOCRACIA: UM CONCEITO COMPATÍVEL
COM OS DESAFIOS CONTEMPORÂNEOS 51
2.1   Fake news e as redes sociais 60
2.2   As tentativas de regular as redes sociais 74
2.3   Comissão Parlamentar Mista de Inquérito 78
2.4   O inquérito no STF 79
2.5   Chegada ao Poder pelo uso da manipulação das redes sociais 82
2.6   O poder econômico e a democracia 86
2.7   Federalismo e democracia: algumas proposições 90
2.7.1   Proposição 1: o federalismo não é condição suficiente para a democracia 90
2.7.2   Proposição 2: a descentralização é condição necessária para a democracia 95
2.7.3   Proposição 3: sempre existirá algum déficit democrático 100

CAPÍTULO 3
TEORIA DO FEDERALISMO 103
3.1   Princípios que caracterizam o federalismo 119
3.1.1   Princípio da liberdade federativa 120
3.1.2   Princípio da não secessão 121
3.1.3   Princípio da dualidade federativa 129
3.1.4   Princípio da igualdade entre os entes federados 131
3.1.5   Princípio da solidariedade entre os entes federados 134
3.1.6   Princípio da coordenação entre os entes federados 136
3.1.7   Princípio da subsidiariedade 139
3.1.8   Princípio da predominância do interesse 142
3.1.9   Princípio da simetria 145

CAPÍTULO 4
FEDERALISMO NO BRASIL 151

4.1 Competências compartilhadas pela União, estados e municípios: as políticas públicas e a proteção das instituições 165
4.2 Competências privativas da União 175
4.3 Os estados 177
4.3.1 Competências concorrentes entre os estados e a União 178
4.4 Os municípios 181
4.5 A intervenção federal nos estados e a intervenção estadual nos municípios 186
4.6 Federalismo fiscal: a repartição de tributos, de receitas disponíveis, as responsabilidades pelas despesas públicas e o sistema de transferências 187
4.7 Federalismo fiscal no Brasil 192
4.8 Sistema de transferências 195
4.8.1 Distribuição vertical 200
4.8.2 Distribuição horizontal 203
4.9 As medidas de apoio aos estados e municípios em razão da pandemia – Medida Provisória nº 938 e Lei Complementar nº 173/2020 208

CAPÍTULO 5
FEDERALISMO E O STF 213

5.1 O STF em ação: alguns casos em que o federalismo esteve no centro do debate 226
5.2 O julgamento da demarcação da Raposa Terra do Sol (Petição nº 3.388/Carlos Ayres Brito) 229
5.3 Fundo de Participação dos Estados (FPE) – ADIs nº 875/DF, 1.987/DF, 2.727/DF e 3.243/DF 232
5.4 ADI nº 3.165/São Paulo 237
5.5 Outras ações 239
5.6 O STF na pandemia: ADI nº 6.341, ACOs nº 3.393, 3.385, 3.463, SS nº 5.362, ADPF nº 672 250

CAPÍTULO 6
EM BUSCA DE TEMPOS MELHORES 257

REFERÊNCIAS 263

INTRODUÇÃO

Federalismo e democracia são conceitos intrinsecamente relacionados e têm origem – nos moldes como conhecemos contemporaneamente – comum. Ao mesmo tempo em que apostaram no papel do povo para legitimar as escolhas públicas, os fundadores dos Estados Unidos da América implementaram o federalismo como uma das formas de organizar o Estado e controlar o poder. Poder limitando outro poder, na eloquente elaboração de Montesquieu.[1]

No debate atual, um dos pontos fundamentais é se o sistema de controles recíprocos – o federalismo como parte disso – continua funcionando. Muitos apontam que a democracia está em crise, em decadência. Por exemplo, ao cumprimentar o presidente eleito Joe Biden pela vitória nas eleições americanas, o ex-presidente Barack Obama expressamente mencionou que a democracia estava em risco, reafirmando suas manifestações anteriores.[2] No discurso de posse, o novo

---

[1] Há quem não concorde com essa afirmação, apontando que o federalismo surgiu já nas cidades-estados gregas, muito antes, portanto, da Convenção de Filadélfia, de 1789, e que também praticaram a democracia. Não se desconhecem esses fatos, apenas se argumenta que o desenho contemporâneo de federalismo e democracia é, em grande parte, inaugurado nos Estados Unidos da América.

[2] Dentre as várias manifestações de Barack Obama nesse sentido, ver entrevista para o *The Atlantic*, de 16.11.2020, em que ele analisa os riscos da democracia, destacando o papel das *fake news*: "Se nós não temos a capacidade de distinguir o que é verdadeiro do que é falso, então por definição o mercado de ideias não funciona. E por definição a nossa democracia não funciona" (tradução minha).

presidente reforçou essa visão ao afirmar que a democracia havia prevalecido, mas que ela era frágil. A recusa do então presidente Trump em reconhecer a derrota e insistir em fraude no processo eleitoral gerou tensões que levaram muitas pessoas a reduzir a confiança nos procedimentos próprios da democracia. A invasão do Congresso americano por manifestantes contrários ao resultado foi uma das evidências mais fortes desse fenômeno.

No Brasil, o presidente Bolsonaro tem feito declarações ambíguas sobre a democracia, apontando a existência de fraude nas eleições de 2018, lançando antecipadamente desconfianças sobre as eleições seguintes e fazendo crer, em vários momentos, que considera a democracia uma concessão, que as Forças Armadas poderiam intervir caso considerassem conveniente. As manifestações em 07 de setembro de 2021, em que ele chegou a ameaçar não cumprir as decisões do STF com que não concordasse, foram um dos pontos mais altos desse movimento. Até o respeitado jurista Ives Gandra assinou ensaio em que conclui que o art. 142 da Constituição Federal teria previsto a possibilidade de intervenção das Forças Armadas, que poderiam atuar como espécie de Poder Moderador "para repor, NAQUELE PONTO, A LEI E A ORDEM, se esta, realmente, tiver sido ferida pelo Poder em conflito com o postulante" (*Conjur*, 28 maio 2020).

Assim, se qualquer dos Poderes entendesse que sua competência fora invadida por outro Poder, haveria a possibilidade de recorrer às Forças Armadas para restabelecer a ordem. É como se as Forças Armadas fossem guardiãs (e intérpretes) em última instância da própria Constituição. Obviamente que essa visão abre uma avenida de possibilidades para convocação das Forças Armadas todas as vezes em que o Poder Executivo entender que uma decisão do Poder Judiciário ou do Poder Legislativo invadiu sua competência, transformando os militares em uma sombra constante a tutelar as decisões dos Poderes. Estes passariam a viver, parafraseando discurso do ministro do STF Hermenegildo de Barros, quando seis de seus colegas foram afastados por Getúlio Vargas, em 1931, "exclusivamente da magnanimidade das Forças Armadas".

O STF rechaçou esse entendimento, mas o presidente Bolsonaro o reaviva (com variações a seu gosto) sempre que se sente descontente com decisões de outros Poderes (*O Globo*, 18 jan. 2021: "Forças Armadas é que decidem se 'povo vai viver numa democracia ou numa ditadura', diz Bolsonaro"). Nesse caso, logo após o governador de São Paulo se firmar como liderança na vacinação contra o coronavírus, deixando o presidente em situação difícil, já que este manifestou em diversas ocasiões suas desconfianças em relação à vacina e a boicotou o quanto pôde, chegando a declarar que não iria se vacinar.

Diversos livros foram escritos com essa temática nos últimos anos e tiveram enorme repercussão, como os de Steven Levitsky e Daniel Ziblatt (*How Democracies Die*), de Yascha Mounk (*The People vs. Democracy: Why Our Freedom is in Danger and How to Save It*), de Madeleine Albright (*Fascism: a Warning*), os três de 2018, de Adam Przeworski, em 2019 (*Crisis of Democracy*), de Anne Applebaum, em 2020 (*Twilight of Democracy*), para citar os mais conhecidos.

Os vários esforços de caracterizar o difícil momento e encontrar as razões por que tantas pessoas demonstram desprezo pela democracia e seguem líderes afinados com discursos que a esvaziam apontam várias pistas, mas certamente o aumento da desigualdade de renda e a falta de oportunidades para vastos setores da população estão entre elas. Isso se intensificou dramaticamente nas últimas décadas, em boa parte em razão da globalização da economia e das transformações tecnológicas, com seus múltiplos desdobramentos no mercado de trabalho, na distribuição de renda, no funcionamento das várias atividades, ensejando o fechamento de negócios tradicionais, a abertura de outros, a inviabilização econômica de cidades inteiras, que muitas vezes não conseguem se reposicionar, forçando a emigração em massa. Por outro ângulo, não faltam movimentos para apontar que os imigrantes ocupam os empregos dos trabalhadores nacionais, que pressionam o sistema de bem-estar social, que trazem violência urbana e impactos negativos na cultura local. De forma geral, um mal-estar geral com a desigual distribuição dos ganhos e com as perdas para muitos.

O aumento de desigualdade, beneficiando os super-ricos, os centros urbanos mais sofisticados e os trabalhadores altamente qualificados (PIKETTY, 2014; BOADWAY; DOUGHERTY, 2018), é uma das manifestações mais evidentes desse tempo. Por exemplo, enquanto o desemprego e a fome pairavam sobre o mundo na pandemia de COVID-19, o número de bilionários ampliou-se, segundo a *Revista Forbes*. Isso gera óbvias tensões sociais, que repercutem nas escolhas de líderes políticos, muitos deles defendendo restrições ao livre fluxo de capitais, de comércio e de pessoas. Como largos grupos ficam de fora dos benefícios da globalização, esses discursos acabam por ter forte apelo eleitoral.

Se a desigualdade é um problema sério e difícil nas economias avançadas, na América Latina é ainda mais aguda, com disparidades brutais nas condições de vida. Como aponta o jornal *Financial Times*, cem bilionários latino-americanos e pelo menos 14 mil indivíduos com riqueza superior a US$30 milhões se beneficiam de baixos impostos. Além disso, tributos sobre a riqueza são tratados como tabu. No Brasil, a situação é ainda mais dramática, uma vez que é o país mais desigual da América Latina (*Financial Times*, 16 jun. 2020). Já no início dos anos 2000, Ernando de Soto, em seu *O mistério do capital*, alertava (p. 265): "Não faz nenhum sentido continuarmos clamando por economias abertas sem encararmos o fato de que as reformas econômicas em funcionamento abrem as portas somente a pequenas e globalizadas elites, deixando de fora a maior parte da humanidade".

No livro *Deaths of Despair*, Anne Case e Angus Deaton traçam um quadro sombrio sobre a falta de oportunidades e a piora das condições de vida para largas faixas da população dos Estados Unidos. Além dos afrodescendentes, os brancos pobres que não cursaram nível superior assistiram impotentes à perda de sua renda média e ao desaparecimento de empregos. Enquanto o país florescia para os mais preparados, que se beneficiavam da globalização e dos avanços tecnológicos, vastos segmentos da população mergulhavam no vício em drogas e no alcoolismo, e as taxas de suicídio explodiam.

Os autores apontam que os que não conseguiram título universitário são desvalorizados e desrespeitados pela cultura da meritocracia, que os identifica como perdedores. Muitos nessa situação passaram a ver o sistema político e as instituições em geral como responsáveis difusos por sua situação, o que constitui terreno fértil para políticos populistas e demagogos em geral, com promessas inexequíveis para volta de empregos em atividades superadas, fechamento da economia, desmoralização de instituições que defenderiam o *"status quo"*, entre outros movimentos identificados não apenas nos Estados Unidos, mas em todo o mundo, às vezes travestido de direita, às vezes de esquerda, apresentando como elemento comum o ataque aos valores e instituições da democracia liberal.

Por sua vez, os autores contrários à democracia representativa argumentam que é o próprio regime democrático que leva a crises, que elas são inerentes ao crescimento do Estado, características intrínsecas dos regimes de maioria; e que interfere excessivamente na vida privada e destrói as diferenças locais em busca de homogeneidade e centralização das escolhas, impondo multiculturalismo e uma igualdade forçada e artificial. Para esses autores, a democracia representativa tem levado à "degeneração moral, desintegração social e familiar e decadência cultural constantemente crescentes na forma de taxas continuamente progressivas de divórcio, ilegitimidade, aborto e crime. Em consequência de uma quantidade – ainda em expansão – de leis e políticas de imigração antidiscriminatórias, multiculturais e igualitaristas, todos os cantos da sociedade americana são afetados pela administração governamental e pela integração forçada; assim, as tensões e hostilidade raciais, étnicas e culturais – bem como a discórdia social – têm crescido dramaticamente" (HOPPE, 2014 [2001]), p. 19).

É propriamente o que as políticas governamentais democráticas buscam combater – a discriminação, a exclusão social, o abandono, o massacre dos mais fortes pelos mais fracos, entre outras mazelas – que Hans-Hermann Hoppe aponta como consequência de tais políticas, provocando um debate sobre o que é causa e o que é efeito e sobre como políticas governamentais podem reforçar situações que elas buscam coibir. Os autores contrários à democracia representativa têm aumentado sua influência nos últimos tempos, oferecendo algumas fórmulas que líderes políticos populistas passaram a utilizar, como o combate à globalização e à integração, por exemplo. Muitos movimentos políticos que cresceram nos últimos tempos se inspiram nessas ideias.

Parte das explicações para o crescimento dos movimentos que demonstram desprezo pela democracia deve-se ao substancial descrédito, no Brasil e em boa parte do mundo, de instituições que são pilares no Estado Democrático. O Instituto Gallup, por exemplo, divulga anualmente pesquisa sobre a confiança da população americana nas principais instituições. O Congresso só mereceu grande confiança de 4% da população em 2019; a Suprema Corte, apenas de 18%. Até as escolas públicas não gozam de grande confiança, apenas 13%. No Brasil, o quadro é igualmente deplorável, segundo constata pesquisa de 2019 do Datafolha: apenas 7% confiam muito no Congresso Nacional; 17% no Supremo Tribunal Federal.

Ao analisar os motivos para a queda de Luís Filipe, em 1848, Tocqueville deixou lições que se aplicam de forma geral: "Que a causa real que faz com que os homens percam o poder é que se tornaram indignos de mantê-lo. (...) A classe que então governava tornara-se, por indiferença, egoísmo, vícios, incapaz e indigna de governar. (...) Minha convicção profunda e meditada é que os costumes públicos estão se degradando, é que a degradação dos costumes públicos vos levará, em curto espaço de tempo, a novas revoluções. (...) Vós ignorais; mas sabeis que a tempestade está no horizonte e que ela marcha sobre vós".

Se as instituições democráticas já sofrem com baixa confiança por seus próprios equívocos, esse problema foi reforçado pelo surgimento e disseminação em larga escala de notícias falsas (*fake news*), que transformam os fatos em detalhes irrelevantes para vastos segmentos da população. Embora sempre houvesse notícias falsas e distorções (o regime de Hitler, por exemplo, contou, como se sabe, com isso como um de seus pilares), inclusive pelos meios de comunicação tradicionais, a utilização em larga escala das redes sociais, alimentadas por uma indústria de robôs e especialistas em manipulação, elevou o fenômeno ao paroxismo. Significativos segmentos da sociedade se informam majoritariamente por meio de grupos de redes sociais e de canais no YouTube, muitos deles sem nenhum compromisso com informações fidedignas. Ao contrário, a infidelidade aos fatos é parte da estratégia de convencimento.

Formam-se nesses segmentos verdadeiras "câmaras de eco", que reforçam crenças preestabelecidas, barrando possibilidades de pensamentos diferentes serem apresentadas. Há evidência da utilização desse mecanismo em eleições e em movimentos como o Brexit (QUATTROCIOCCHI; SCALA;

SUNSTEIN, 2016). Nesse sentido, prega-se em favor de movimentos autoritários, contra as instituições democráticas, em prol de candidatos com agendas que negam direitos e valores que já se consideravam incorporados ao patrimônio de sociedades civilizadas, entre outros problemas. Dado que as pessoas tendem a reagir, em muitos casos, de acordo com o pensamento rápido, nos termos de Kahneman (2011), e que mesmo o pensamento mais refletido é fortemente influenciado pela opinião de especialistas, a capacidade de persuasão da propaganda computacional acaba por se tornar enorme, tudo isso a enfraquecer a democracia e sua regra original e básica de *"rule by the people"*.

Esses movimentos encontram o terreno fértil das insatisfações de grande parte da população com a atuação dos governos e a falta de perspectivas pela distribuição desigual das riquezas e dos avanços tecnológicos. Daí a exacerbação da tensão contra a democracia e suas instituições, que, também pela vasta manipulação presente nas redes sociais, enfrentam ataques e ameaças constantes.

É claro que, em cada país, além dos motivos gerais, há razões específicas para a desconfiança com a democracia e para a ascensão de líderes pouco afinados com seus valores. No Brasil, por exemplo, os seguidos e graves episódios de corrupção minaram a confiança nas instituições tradicionais e nos partidos políticos, constituindo um terreno fértil para propostas políticas fora do "sistema". O discurso comum de que os grandes meios de comunicação e os poderes constituídos estariam permanentemente mancomunados para extrair vantagens para si e de costas para o cidadão comum teve forte apelo, rendendo dividendos eleitorais e suporte político.

As instituições tradicionais têm buscado reagir; de início, muito timidamente, até por desconhecerem o fenômeno e seus desdobramentos, e por temor de invadir a liberdade de expressão, um valor tão caro às democracias. A reação tem se tornado mais enfática à medida que as instituições percebem que os riscos são reais. No Brasil, por exemplo, promoveu-se desde inquérito no Supremo Tribunal Federal, com várias prisões e outras medidas cautelares, até Comissão Parlamentar Mista de Inquérito no Congresso Nacional e legislação específica para combater *fake news*, permitindo responsabilizar seus autores. Na Europa e nos Estados Unidos, em maior ou menor medida, várias iniciativas têm sido empreendidas também.

As próprias plataformas de redes sociais têm buscado ampliar a autorregulamentação de diversas formas, desde alertas aos seguidores, suspensão temporária de usuários identificados como disseminadores de notícias falsas e até banimento permanente dos que reiteradamente reincidem nessas práticas. O exemplo mais notório foi a exclusão do então presidente Donald Trump do Twitter.

A discussão sobre arranjos institucionais que funcionem bem, deem guarida às diferentes vozes da sociedade e consigam distribuir com mais equidade os ganhos de produtividade da integração econômica, dos avanços dos métodos produtivos e da tecnologia da informação está sempre em pauta. Dentre os arranjos discutidos, a forma de Estado é dos mais relevantes (federal ou unitário, menos ou mais descentralizado).

Desde Montesquieu, pelo menos, que se entende que, para conter o poder, há de existir outro poder; que o poder sem limite tende a se expandir, a ocupar espaços cada vez maiores, sufocando preferências diferentes, como conter os excessos do poder foi uma das preocupações centrais dos federalistas e antifederalistas norte-americanos, o que ensejou o conhecido comentário de George Mason, um dos principais responsáveis pela Carta de Direitos dos Estados Unidos no fim do século XVIII: "Da natureza humana, podemos ter a certeza de que os que detêm o poder em suas mãos sempre que puderem tratarão de aumentá-lo".

O federalismo, nesse sentido, é essencialmente divisão de poderes – um governo federal que não exerce hierarquia sobre os governos estaduais e municipais. As competências são repartidas, compartilhadas para que possam atuar em harmonia e sem subordinação. Por tal razão, o diálogo, o entendimento, a coordenação horizontal devem ser a tônica. Daí a sempre importante lição de Proudhon (*Do princípio federativo*, de 1874) sobre a etimologia da palavra federal, que vem de *foedus, foederis*, que significam pacto, contrato, acordo. Essa repartição foi desenhada como um dos antídotos para preservar a democracia, para assegurar que a maioria que conquistou temporariamente o poder federal não avance sobre todos os campos do país, preservando a autonomia dos entes federados que fizeram escolhas diferentes, mas também para, assegurando as respectivas autonomias dentro da moldura constitucional, não permitir que maiorias locais sufoquem minorias e que ditaduras se instalem nos governos regionais. Daí a autorização – com uma série de requisitos e a participação de diversas instituições – de intervenção federal nos estados e intervenção estadual nos municípios.

Essa fórmula tradicional será capaz de conter a crise da democracia, os eventuais arroubos autoritários de líderes nacionais? De outra forma, o federalismo, ao lado da separação de poderes e da liberdade de expressão, fórmulas clássicas de contenção do poder, continua eficaz? Ou o avanço de líderes autoritários – suportados por larga parcela da população alimentada por vastas redes de *fake news* – prevalecerá, mesmo em democracias consolidadas, minando a credibilidade e, consequentemente, a capacidade de ação das instituições tradicionais? Albright (2018) relata que, dentre as primeiras medidas autoritárias de Adolf Hitler, estão a abolição das assembleias locais e a substituição dos governadores dos estados por nazistas. Essa fórmula também foi seguida no Brasil, por exemplo, tanto o Estado Novo (1930-1945) quanto o Regime

Militar (1964-1985) trataram de afastar governadores eleitos e nomear interventores nos estados.

Um bom exemplo da contenção do poder federal pelo poder estadual foi revelado no diálogo entre o então presidente Donald Trump e o secretário de Estado da Georgia, em que aquele pressionava a autoridade estadual para que esta alterasse o resultado das eleições com o objetivo de obter onze mil votos a mais, o que lhe asseguraria a vitória naquele estado e, consequentemente, os delegados correspondentes. A autoridade estadual demonstrou a impossibilidade e ainda divulgou a gravação do diálogo. O trecho a seguir é especialmente significativo sobre esse ponto (NBC News, 03 jan. 2021):

> Donald Trump: "O povo da Georgia está furioso. O povo do país está furioso. E não há nada errado em dizer que você recalculou".[3]
> Secretário de Estado da Georgia: "Bem, Sr. Presidente, a objeção que o Senhor tem é fundamentada em dados errados".[4]

O federalismo é a forma de Estado em boa parte do mundo. Estados Unidos, Canadá, México, Índia, Brasil, Alemanha, para citar alguns, enveredaram por esse caminho. Mesmo a experiência da União Europeia, embora não constitua um federalismo nos moldes clássicos, certamente contém diversos elementos próprios ao federalismo, como a inexistência de fronteiras internas e a moeda comum. É verdade que a decisão pela saída do Reino Unido da União (Brexit) arrefeceu os ânimos de um movimento que convergia a passos acelerados para constituir-se em federação de fato, reduzindo-se o papel dos Estados-Nações.

A pandemia de COVID-19 constituiu um desafio novo e substancial para as federações. A necessidade de que a cooperação atuasse com vigor, com a União utilizando

---

[3] "The people of Georgia are angry. The people in the country are angry. And there's nothing wrong with saying, you know, um, that you've recalculated."
[4] "Well, Mr. President, the challenge that you have is the data you have is wrong."

vastamente o seu arsenal para recuperar a economia e auxiliar os mais vulneráveis, mostrou-se essencial, evidenciando a importância de um federalismo cooperativo.

Na Europa, os movimentos contrários à integração se municiaram de argumentos para apontar que a ajuda aos países não chegava a tempo, apelando para a saída da União Europeia – a exemplo do Reino Unido – como a melhor forma para enfrentar os problemas. Embora a União Europeia não disponha de recursos financeiros consideráveis, uma vez que a maior parte dos orçamentos é administrado pelos Estados-Membros, no Conselho Europeu especial, em julho de 2020, os líderes se reuniram e, após complexas negociações, venceram as resistências, anunciando um pacote de recuperação de €1,82 trilhão.

Além disso, o Banco Central Europeu desempenhou um papel muito relevante. Como no ataque especulativo que o euro recebera alguns anos antes, a atuação do banco foi muito enérgica ao anunciar que aportaria os recursos que fossem necessários, não estabelecendo limites para compra de títulos, de forma a fornecer a liquidez necessária para o sistema econômico não colapsar.

No entanto, federação envolve outros elementos além dos financeiros. Os controles sanitários que muitos Estados tentaram impor acabaram por colocar problemas novos. Se boa parte da força da federação vem da livre movimentação de pessoas e mercadorias, medidas unilaterais dos Estados federados são obviamente complicações. Mesmo no Brasil, alguns governadores decidiram fechar aeroportos, prefeitos dificultaram a entrada de não residentes, entre outras medidas. Por exemplo, em declaração que circulou amplamente nas redes sociais, o prefeito de Belo Horizonte afirmou que a sua cidade estava se tornando cemitério do Brasil, com muitos doentes terminais trazidos de outros estados. Citou especificamente a Vale, maior mineradora do país, como responsável por levar doentes do Pará para a capital mineira e prometeu medidas para restringir esse fluxo (*O Globo*, 11 maio 2020), o que, felizmente, acabou por não se concretizar.

A pandemia fez aflorar uma característica até certo ponto saudável da divisão de competências, que é a competição entre os entes federados. O episódio da busca pela vacina foi sintomático. A postura ambígua do governo federal, notadamente do presidente Bolsonaro, que ora negava a importância e anunciava que não se vacinaria, fazendo seus milhões de seguidores desconfiarem dos benefícios da vacinação, ora tomava medidas importantes, por meio do Ministério da Saúde, abriu espaço para que o governador de São Paulo assumisse a liderança do processo de produção da vacina no Brasil. A tensão se elevou, mas fez o governo federal acelerar as providências para recuperar seu papel esperado de coordenação federativa.

É mais uma demonstração de como os desafios para um federalismo harmônico, cooperativo, são significativos e de como ainda não passa de um sonho a ideia de um federalismo global, em que países compartilham muitas instituições de coordenação e reduzem drasticamente os gastos de defesa, redirecionando-os para setores que aumentem o bem-estar social. A última parte da segunda década do século XXI mostrou diversas evidências disso. A eleição de Trump, em 2016, com sua veemente defesa do nacionalismo e resistência à integração, os avanços políticos dos movimentos contrários à integração em boa parte do mundo e o próprio Brexit são indicações de que não se trata de um caminho óbvio. A não reeleição de Trump, em 2020, pode ser um sinal de que os ventos começam a mudar, mas os resultados foram muito apertados para dizer que esse movimento político não está vivo.

Ao contrário, o desfecho parece em aberto, com sérios riscos de retrocessos dos avanços de integração alcançados até aqui. Em muitos países, o enfraquecimento do Estado-Nação é pouco mais que especulação. Há pouca influência das questões internacionais sobre os debates internos, incluindo o reduzido impacto nas opções legislativas e nas decisões judiciais, que raramente levam em conta o direito internacional e mesmo o direito comparado. Os Estados Unidos talvez sejam o melhor exemplo da baixíssima influência das instituições internacionais, particularmente do direito, sobre suas decisões internas. O debate do federalismo, em particular, que é muito forte naquele país, pouca influência externa recebe (SOMIN, 2017).

A despeito disso, os Estados Unidos, que têm larga tradição no tema, exercem grande ascendência sobre as demais federações. Os debates que lá acontecem, ora prevalecendo as forças descentralizadoras, ora as centralizadoras, repercutem fortemente. México, Argentina e Brasil, por exemplo, enveredaram por tal caminho, em grande parte, como tentativa de copiar as instituições norte-americanas, mas cada um seguiu rumos diferentes.

Um debate muito intenso foi (e ainda continua sendo discutido) o *Affordable Care Act* (ACA), também conhecido como Obama *Care*. Ao ampliar a cobertura de saúde, a nova lei criou uma série de obrigações para o setor privado e para os estados. O caso chegou à Suprema Corte (*National Federation Of Independent Business et al. v. Sibelius, Secretary of Health and Human Services et al.*), que decidiu, por apenas um voto de diferença, que o ACA era constitucional, mas fulminou alguns dispositivos relevantes do ponto de vista federativo. Os limites de disposições federais criarem obrigações para os entes federados estavam em disputa, o que fez o presidente da Suprema Corte enfatizar na decisão de que os poderes do governo federal são "limitados e enumerados". Como chamam a atenção Tribe e Matz (2014), essa decisão foi a mais importante nesse campo desde que a Suprema Corte teve que se posicionar sobre o *New Deal* de Roosevelt, que expandiu significativamente os poderes do governo federal.

Sete juízes – os cinco conservadores, acrescidos dos Juízes Breyer e Kagan – derrubaram uma parte central da expansão do Medicaid pelo ACA, que requeria que os Estados cobrissem todos com renda de até 33 por cento acima da linha de pobreza. (...) O ACA punia os Estados que não aderiam retirando-lhes todos os fundos existentes do Medicaid, que compunham uma parte importante de muitos orçamentos estaduais. *A Corte entendeu que esta regra representava uma coerção inadmissível do governo federal mesmo que a expansão do Medicaid fosse quase que inteiramente financiada pelo governo federal.*[5] (Grifos meus)

No Brasil, há um sentimento quase consensual de que o país se tornou muito centralizado. É como se houvesse uma desconfiança na capacidade de estados e municípios encontrarem soluções adequadas para seus problemas. Isso faz com que, embora haja em vários setores da sociedade brasileira discursos contrários à centralização, a experiência acabe por aprofundá-la a cada nova oportunidade. Nessa toada, leis são aprovadas para padronizar práticas e procedimentos por todo o país, repelindo a possibilidade de inovações institucionais locais.

Além disso, o STF, árbitro da federação, costuma decidir com forte viés centralizador, apesar das manifestações em prol da descentralização de alguns ministros. Com ironia, o ministro daquela corte Gilmar Mendes afirma que o federalismo no Brasil é "discurso de domingo". Ao longo da semana, não trabalhamos para concretizá-lo. O fato, por exemplo, de o STF decidir a favor dos estados em questões de descumprimento de regras contratuais que implicariam o

---

[5] *"Seven justices—the five conservatives, joined by Justices Breyer and Kagan—had struck down a central part of the ACA's Medicaid expansion, which required states to cover everyone with incomes up to 33 percent above the poverty line. (...) The ACA punished noncompliant states by stripping away all their existing Medicaid funding, which made up an important part of many state budgets. The Court held that this rule constituted impermissible coercion by the federal government, even though the Medicaid expansion was almost entirely federally funded."*

não repasse de transferências voluntárias não muda aquela constatação. No que é essencial – a divisão de competências legislativas e a possibilidade de experimentos institucionais –, a jurisprudência do STF continua centralizadora. O ministro do STF Edson Fachin aponta: "É preciso reflexionar criticamente, em alguma medida, sobre a imputação doutrinária de uma função centralizadora no pacto federativo desempenhada pelo Supremo Tribunal Federal, infirmando soluções constitucionais inovadoras desenvolvidas pelos Estados-membros, sob o fundamento de prestígio ao princípio da simetria" (ADI nº 825/AP).

É digno de nota a distância entre o discurso de parte considerável dos ministros em favor da descentralização, do respeito às decisões dos estados-membros, e a prática, em que o STF demonstra pouco confiar nas escolhas descentralizadas, frequentemente considerando inconstitucionais não apenas leis estaduais, mas também emendas à constituição dos estados. Trata-se de uma visão, não expressamente declarada, de que, nos estados-membros, os processos e procedimentos, bem como os valores próprios da democracia e da República, estão menos presentes, tais como o sistema de pesos e contrapesos, de independência e harmonia entre os Poderes, entre outros. A intervenção da União, particularmente do STF, representa como que um remédio a esse estado de coisas. Ao longo deste trabalho, vamos evidenciar várias formas de como essa visão se manifesta.

A pandemia de COVID-19 revelou, por outro lado, um STF que sabe prestigiar as decisões dos Estados. Por exemplo, na Suspensão de Segurança nº 5.383, o STF derrubou decisão do Tribunal de Justiça de Sergipe que desobrigava o autor da impetração a seguir decreto estadual, porque incompatível com decreto federal que incluiu a atividade do impetrante do mandado de segurança (barbeiro) como essencial. Firmou-se o entendimento de que a União não pode invadir competências dos estados exercidas em seus respectivos âmbitos de atuação quando o interese em discussão for de cunho eminentemente estadual. Ao que parece, quando as escolhas dos estados coincidem com as preferências dos membros do STF, elas são aplaudidas; se não é o caso, princípios centralizadores, como o da simetria, voltam a se impor.

Frequentemente, propostas com viés centralizador são apresentadas no Congresso Nacional. Mesmo aquelas que trazem discurso de descentralização carregam fortes elementos de centralização. A Proposta de Emenda à Constituição nº 188/2019, por exemplo, veio com a justificativa de ampliar a transferência de recursos para os estados e municípios, mas, embora traga previsão de que parte dos recursos do pré-sal destinados inicialmente à União seria dividida com estados e municípios, centraliza muitas decisões no Tribunal de Contas da União, que se torna em muitas matérias órgão recursal dos tribunais de contas dos estados. Isso acaba por implicar que um órgão exclusivamente federal, o TCU, passe a dar a última palavra em matérias que envolvem recursos estaduais. Em outras palavras, um ente federado utilizando recursos de sua competência passa a ser submeter a interpretações de um órgão federal. Centralização, portanto, aproximando o Brasil de um Estado unitário, e isso porque a federação é cláusula pétrea da Constituição Federal e princípio constitucional sensível, no sentido de que sua violação atrai o amargo remédio da intervenção federal. A opção pela federação já se apresenta no artigo primeiro da Constituição, sendo também vedada a secessão.

Federalismo é muito mais que mera descentralização política, administrativa e mesmo financeira. Trata-se, reafirma-se, de divisão de poderes entre várias esferas. Enquanto no Estado unitário pode haver – e frequentemente há – descentralização, no sentido de que se delegam funções para províncias e municípios, no Estado federal, há competências próprias dos membros, muito mais do que delegação. A relação é de poder com poder – muitas vezes, poder contendo poder –, e não de superior com subordinado, que emite ordens para serem obedecidas.

É claro que federalismo também implica centralização de certas funções. Sobre isso já chamava atenção Alexis de Tocqueville, que enaltecia a força e respeitabilidade de uma grande nação com a flexibilidade de uma pequena nação. Os *"founders"* americanos ressaltaram a importância da União, buscando delimitar a interferência dos estados-membros em seu governo. Para tanto, diversas providências foram tomadas, incluindo a mínima interferência dos estados nas eleições federais, a federalização da legislação eleitoral, com o objetivo de assegurar uniformidade nacional nos critérios de elegibilidade. A preocupação central foi que os eleitos para o governo federal fossem representantes do povo dos Estados Unidos, não dos estados. O contexto dos *"framers"* era o cuidado em assegurar a unidade nacional, reduzindo os riscos de fragmentação.

Sobre isso, há uma importante decisão da Suprema Corte americana, que entendeu incompatível com a Constituição Federal uma emenda à Constituição do Estado de Arkansas, que limitava o número de mandatos que os representantes do povo daquele estado na Câmara dos Deputados e no Senado Federal poderiam exercer, por entender que não cabia aos estados a decisão sobre os representantes do povo na União. As condições para a participação nas eleições nacionais já haviam sido delineadas pelos constituintes nacionais, não podendo os estados fixarem exigências não previstas na Constituição Federal.

O outro lado é a centralização excessiva, que amputa algumas das características mais fortes do federalismo, que são a flexibilidade e a capacidade de experimentalismos e o respeito às decisões dos habitantes de cada local. Para tanto, parcimônia na decisão sobre o que deve ser centralizado é essencial.

A flexibilidade para que estados e municípios possam testar modelos e implementar políticas públicas inovadoras é da essência de uma federação que pretende se renovar constantemente, deixando florescer novas ideias e experiências. Isso é, portanto, incompatível com um modelo que concentra excessivamente, incluindo atribuições na União sobre as matérias legislativas mais relevantes (direito civil, penal, processual, entre várias outras), além de esgotar os espaços legislativos nas matérias de competência concorrente, como licitações e contratos públicos, por exemplo.

Em adição, a forte concentração de recursos provenientes de tributos na União transformou estados e municípios, mesmo os mais prósperos, em dependentes do governo federal. É que estados e municípios concentraram inúmeras responsabilidades de gastos sem os correspondentes recursos financeiros. Na segurança pública, na educação, na saúde, na infraestrutura econômica, entre outras áreas, as responsabilidades foram fortemente descentralizadas. Ao mesmo tempo, os assimétricos movimentos de auxílio financeiro aos estados pela União retiraram em boa parte os incentivos para uma maior austeridade fiscal, uma vez que seguidas políticas de renegociação de dívidas e de pagamentos de encargos – incluindo decisões do STF – acabam favorecendo os menos ajustados, não premiando os que promoveram ajustes mais profundos.

Debater federalismo e democracia parece essencial. Em que medida pode-se reforçar o federalismo e suas características descentralizadoras para ampliar os diques que asseguram a liberdade, a difusão de pensamentos diferentes, a implantação de agendas políticas antagônicas dentro de um mesmo país, deixando abertos espaços de convivência, de experimentação, de diversidade e de alternância?

Em lugar do fim da história, como, em excesso de otimismo, preconizou o famoso trabalho de Fukuyama (1992), para quem as discussões ideológicas haviam cessado com a queda do Muro de Berlim e a dissolução da União Soviética, havendo o modelo de democracia liberal de prevalecer, o mundo assiste ao recrudescimento dos movimentos autoritários, de ameaças a instituições consolidadas e ao ataque a valores que pareciam definitivamente incorporados à sociedade contemporânea (MOUNK, 2018).

Nesse sentido, avaliar a vitalidade da democracia, os riscos que ela corre em um mundo extremamente complexo, é essencial. Uma série de problemas sempre desafiou a democracia: a influência do poder econômico, a ação dos grupos de interesse, a insuficiente participação popular, a manipulação pelos meios de comunicação, entre outros problemas que embotam a ideia de governo do povo.

É sempre salutar lembrar que a democracia é uma conquista e uma construção histórica. Da mesma forma que há numerosas reflexões exaltando suas vantagens em relação a outros regimes, há também poderosas mentes que escreveram textos contrários à democracia, caracterizando-a como algo extremamente negativo. De Platão, para quem a democracia era "uma forma agradável de anarquia com muita variedade e uma peculiar espécie de igualdade que se estende tanto aos iguais como aos desiguais", passando por Aristóteles, que a definia como uma forma má de Estado, a São Tomás de Aquino, Hegel e Marx, para citar alguns, muitos autores defenderam autocracias. Popper (1987 [1973], p. 16) analisou diversas doutrinas que apontavam que o totalitarismo seria inevitável e que a democracia seria "apenas uma das formas de governo que vêm e vão no decurso da história. Argumentam que a democracia, a fim de combater o totalitarismo, é forçada a copiar-lhe os métodos, tornando-se assim também totalitária".

Acreditar na perenidade da democracia, na sua suposta "vitória" definitiva no campo das ideias políticas, é um equívoco, e os movimentos contemporâneos alertam que sua preservação e fortalecimento dependem de muitos fatores. O próprio Popper (*op. cit.*, p. 17), ao discordar das teses que apontavam a inevitabilidade do fim da democracia, alertava que o futuro dependia da ação humana: "Essas profecias históricas de largo alcance estão inteiramente fora do âmbito do método científico. O futuro depende de nós mesmos, e nós não dependemos de nenhuma necessidade histórica".

A sociedade, assim, está em construção, com forças que se movem continuamente, às vezes bruscamente, às vezes lentamente, mas os resultados de maior ou menor democracia, de ampla participação, de fortalecimento ou enfraquecimento das instituições, de autocracias que desejam se impor, permanecem abertos, dependendo da movimentação de seus diversos participantes. Nos termos de Popper, nem a democracia nem a ditadura são inevitáveis.

O objetivo deste livro, portanto, é analisar a democracia e o federalismo em conjunto, estudando, contudo, os fenômenos separadamente também. Ao debater o federalismo, o livro busca aprofundar as controvérsias sobre democracia, déficit democrático, centralização e descentralização.

Para tanto, analisam-se diversas experiências de federalismo no mundo, a evolução do federalismo brasileiro, observando o seu desenvolvimento ao longo da história, as forças centrípetas e centrífugas do atual modelo de federalismo adotado no Brasil e, particularmente, como tem se comportado a jurisprudência do Supremo Tribunal Federal, observando se o STF tem privilegiado as escolhas do governo federal em detrimento dos estados-membros em suas decisões. É que o STF, nos termos da alínea f do inciso I do art. 102 da Constituição Federal, é o árbitro dos conflitos federativos.

A maior parte do livro é inédita, mas algumas ideias e trechos já foram publicados. Em 2007, por exemplo, publiquei um pequeno artigo sobre a relação entre democracia e federalismo na *Revista de Informação Legislativa*, editada pelo Senado. No meu *Curso de finanças públicas*, editado pela Editora Atlas, em 2015, há um capítulo sobre federalismo fiscal em que algumas ideias aqui presentes são ali discutidas, mas foram aqui estendidas e atualizadas. Uma versão inicial fez parte de um pós-doutoramento na Universidade de Coimbra, sob a supervisão do professor Vital Moreira, que foi posteriormente publicada, em 2017, na *Revista Nomos*, da Universidade Federal do Ceará. Por fim, em 2020, publiquei na *Revista Interesse Público* um artigo sobre desequilíbrios no federalismo fiscal brasileiro, que reproduzo aqui.

Sou grato a muitas pessoas e instituições ao concluir este livro. Ao professor Vital Moreira, da Universidade de Coimbra, que supervisionou durante um pós-doutoramento naquela universidade uma versão preliminar, bem como a todos os professores que participaram de seminários e da apresentação do trabalho naquele programa. Sou particularmente agradecido aos professores Jónatas Machado, Gomes Canotilho e Paulo Nogueira da Costa, que ministraram conferências inspiradoras, bem como a todos os participantes dos seminários de pós-doutoramento.

Também agradeço aos professores Fernando Rezende, José Maurício Conti, Marcus Abraham, Juarez Freitas, Sebastião Helvécio, Raul Velloso e à professora Ana Carla Bliacheriene pelos comentários estimulantes. Também sou grato a Carlos Herlano Pontes Lima e Pedro Henrique Morais Pontes, que leram o trabalho e fizeram sugestões valiosas, alertando para inconsistências e partes do trabalho que não estavam claras. Obviamente que eventuais erros remanescentes são de minha inteira responsabilidade.

Embora a análise não tenha se restringido ao contexto brasileiro, mas, ao contrário, tenha procurado observar esses fenômenos em sua escala global, a advertência de Posner (2003) de que, no fim do dia, cada um fala do direito que vivencia é válida aqui. Decisões de cortes constitucionais são fonte constante de pesquisa e citação, particularmente da Suprema Corte americana, mas uma ênfase específica foi dada neste trabalho à jurisprudência do Supremo Tribunal Federal.

Deirdre McCloskey (2019) cita uma sentença muito interessante de Francis Bacon: "Ler faz um homem completo; fazer conferências, um homem pronto; e escrever faz um homem preciso".[6] Este livro foi escrito para que eu sistematizasse meu pensamento sobre o assunto. Foi redigido inicialmente para mim mesmo, portanto, para que eu pudesse aprofundar a compreensão sobre as complexas inter-relações entre federalismo e democracia, sua aplicação em vários lugares e ao longo do tempo e como ele tem sido adotado na prática nas primeiras décadas do século XXI. Como nos ensinava Karl Popper, o autor escreve o trabalho e aprende com ele, sobretudo rejeitando muitas passagens e continuamente reescrevendo-o. Aconteceu muito aqui, muitos trechos foram reescritos muitas vezes. Acho que o livro pode ser útil para outras pessoas também. Ele é dirigido a todos os interessados em entender melhor esses fenômenos, desde os que estão iniciando agora os estudos sobre o tema até especialistas que desejem ler pontos de vista distintos.

---

[6] "Reading maketh a full man; conference, a ready man; and writing an exact man."

CAPÍTULO 1

FEDERALISMO E DEMOCRACIA

Em um mundo intensamente integrado, fortemente marcado por redes e associações internacionais, por notícias que se disseminam em grande velocidade, muitas delas falsas, pelo enfraquecimento dos meios tradicionais de comunicação, pela forte influência de instituições supranacionais, um antigo problema inquieta ainda com mais ênfase os grandes Estados federais. É a questão da democracia. Democracia e federalismo são conceitos que apresentam intricada relação (LIMA, 2007). O federalismo, pela descentralização a ele associada, tenderia a favorecer a prevalência das escolhas dos cidadãos em comparação a modelos unitários, em que a centralização tenderia a ser a tônica. É claro que as práticas políticas e administrativas vão definir de fato o maior ou menor respeito pelo princípio democrático, como analisaremos ao longo deste trabalho. Federalismo, descentralização e democracia acolhem forte componente empírico, portanto.

Numa definição bem geral, nos termos de Riker (1975), o federalismo é uma organização política em que o poder é dividido entre um governo central e governos regionais, cada um com responsabilidades por decisões finais. Poder dividido, portanto, é a primeira característica que se ressalta – e dividido entre níveis de governo distintos, cada um detendo autonomia política. Por isso, cada esfera de governo é responsável por escolhas que não dependem de outra esfera, que se esgotam naquela esfera, mas que não são isoladas, mas unidas por um pacto de cooperação, de convivência, de objetivos comuns e de concessões mútuas. No monumental *Democracia na América*, Alexis de Tocqueville (2005 [1835], p. 178-181) apontou as muitas vantagens:

> O sistema federal tem por objetivo unir as vantagens que os povos tiram da grandeza e da pequenez de seu território. (...) A União é livre e feliz como uma pequena nação, respeitada como uma grande. (...) Por conseguinte, as pequenas nações sempre foram o berço da liberdade política. Sobreveio que a maior parte delas perdeu essa liberdade ao crescer, o que mostra bem que esta dependia da pequenez do povo, não do próprio povo. (...) Os grandes Estados têm contudo vantagens que lhes são particulares e que cumpre reconhecer. (...) Neles o pensamento recebe, em todas as coisas, um impulso mais rápido e mais poderoso, as ideias circulam mais livremente, as metrópoles são como vastos centros intelectuais em que vêm resplandecer e se combinar todos os raios do espírito humano. Esse fato nos explica por que as grandes nações fazem as luzes e causa geral da civilização realizar progressos mais rápidos do que as pequenas. Cumpre acrescentar que as descobertas importantes exigem com frequência um desenvolvimento de força nacional de que o governo de um pequeno povo é incapaz; nas grandes nações, o governo tem mais ideias gerais, liberta-se mais completamente da rotina dos antecedentes e do egoísmo das localidades. Há mais gênio em suas concepções, mais ousadia em suas atitudes.[7]

Como defendido pela então juíza da Suprema Corte americana Sandra Day O'Connor:[8]

> [Federalismo] assegura um governo descentralizado que será mais sensível às diversas necessidades de uma sociedade heterogênea; ele aumenta a oportunidade para o envolvimento

---

[7] Aqui, cita-se a edição brasileira de 2005, publicada pela editora Martins Fontes.
[8] Citado por Dorf e Morrison (2010, p. 71).

do cidadão em processos democráticos; ele permite mais inovação e experimentação no governo; e ele torna o governo mais responsivo ao colocar os Estados em competição por cidadãos que se movem.[9]

Na mesma linha, Inman e Rubinfeld (1997) enfatizam as principais razões para a defesa do federalismo: estímulo a uma eficiente destinação de recursos no país, incentivo à participação política e ao senso de comunidade democrática, nos termos de Tocqueville, além de reforço à proteção das liberdades civis e políticas básicas.

Nessa visão, um governo centralizado toma decisões que afetam cada localidade sem observar as diferenças entre cada lugar, a partir da suposição de o que contempla os anseios de certos municípios contemplaria de todos. Por exemplo, leis nacionais sobre aquisições públicas e suas respectivas regulamentações centralizadas podem atender perfeitamente às necessidades de um grande município, mas deixam outros em completo desconforto. Uma vinculação de receitas para determinadas despesas é perfeitamente adequada para alguns municípios, mas gera desperdícios significativos em outros, cuja decisão sobre a destinação dos escassos recursos públicos seria muito mais bem decidida localmente, onde se identificam as necessidades mais importantes e urgentes. Vem de uma visão arrogante sobre a superioridade dos que decidem centralizadamente em relação a quem está nas localidades menores, que devem se limitar a executar o que foi decidido fora dali.

Os valores democráticos são reforçados na medida em que a descentralização possibilita um engajamento muito maior de cada cidadão. Mobilizar-se para influenciar o

---

[9] "*[Federalism] assures a decentralized government that will be more sensitive to the diverse needs of a heterogenous society; it increases opportunity for citizen involvement in democratic processes; it allows for more innovation and experimentation in government; and it makes government more responsive by putting the States in competition for a mobile citizenry.*"

parlamento nacional, a milhares de quilômetros, é bem mais difícil e complicado do que pressionar a câmara municipal, reforçando-se, portanto, a regra de governo pelo povo, já que esta conhece e pode lidar melhor com os dramas locais.

Além disso, experimentalismos institucionais são mais viáveis em pequenas localidades do que em todo o país ao mesmo tempo, fazendo com que floresçam as possibilidades de inovações em vários campos, que podem ser disseminadas, após o teste, para as demais localidades. Daí a necessidade de parcimônia na centralização, evitando o ímpeto de considerar as escolhas de cada localidade adequadas apenas quando coincidem com os próprios valores dos que ocupam os governos centrais.

Nem tudo que for descentralizado vai melhorar, obviamente. Muitas vezes, as elites locais sufocam a maioria local, utilizando vários métodos de controle do poder. Também escolhas locais podem estar excessivamente vinculadas a necessidades de curto prazo, sacrificando objetivos maiores de longo prazo. Além disso, como enfatizava Tocqueville, há muitas vantagens na grandeza, no sentido de ganhos de escala e de compartilhamento de esforços comuns. Por isso é que deve haver uma combinação funcional entre centralização e descentralização, de modo a aproveitar as vantagens do modelo. Na prática, não é nada fácil. A força centrípeta costuma ser muito forte, devendo haver mecanismos de contenção, o que se efetiva no dia a dia de cada país, havendo movimentos pendulares em que ora prevalecem instrumentos de descentralização, ora de centralização.

Muitas nações estão organizadas sob essa forma institucional. Dos Estados Unidos da América, onde ela primeiro se organizou do modo como a conhecemos no presente, à Alemanha, passando por Brasil e Colômbia, a forma federativa de governo tem sido muito adotada, sendo particularmente interessante para sociedades heterogêneas, em que as heterogeneidades se dão entre as diferentes regiões do país, mas também para países de grandes dimensões, como a Índia e o Brasil. A experiência mostra diferenças marcantes entre cada modelo de federalismo, havendo aqueles extremamente centralizados, como a Malásia, por exemplo, assemelhando-se a governos unitários e aqueles com forte descentralização, como o Canadá. Há, entre outras, diferenças quanto à origem histórica, à distribuição de competências e poderes entre os diversos entes, ao regime eleitoral e ao sistema partidário (ANDERSON, 2010). Como aponta Horta (1981, págs. 13-14), apresentam-se espécies variáveis no tempo e no espaço dessa forma de Estado: "Federalismo dual, federalismo centrífugo, federalismo centrípeto, federalismo de segregação, federalismo clássico, novo federalismo e federalismo cooperativo".

No contexto de federalismo, como assegurar que a centralização não suprima preferências locais em detrimento de decisões tomadas por maiorias nacionais? Como garantir a preservação da *"rule by the people"*, essência da democracia? Essas inquietações e dificuldades se aprofundam na medida em que decisões que classicamente se encontravam na esfera do Poder Legislativo se deslocam para o Poder Judiciário, notadamente para as cortes constitucionais, como Supremo Tribunal Federal, no Brasil. O déficit democrático inevitavelmente se intensifica, já que as regras de composição do STF não levam em consideração critérios regionais ou de representatividade popular.[10] Na composição do STF, em 2020, por exemplo, após muitos anos sem nordestinos ou nortistas, há um único membro originário do Nordeste brasileiro, região que concentra nove dos vinte e sete estados brasileiros, com 49 milhões de habitantes, o que representa quase 30% da

---

[10] Barroso (2009) traz uma discussão muito interessante sobre ativismo judicial no Brasil, particularmente sobre a atuação do STF, argumentando que a composição do STF após a Constituição de 1988 praticou em larga medida o ativismo judicial.

população brasileira. A região Norte, com sete estados e 18 milhões de habitantes, não tem um único integrante na composição do final de 2020.

Ao mesmo tempo, como fazer com que o prestígio às decisões locais não represente a consolidação de injustiças, de opressão da maioria sobre a minoria, a prevalência do poder de oligarquias, o sufocamento do florescer de valores que envolvem participação, inclusão e respeito às minorias? Nesse sentido, é importante a atuação do governo central, incluindo o Supremo Tribunal Federal, para exigir o cumprimento dos valores gerais obrigatórios a todos que integram a federação e estão sujeitos à Constituição Federal. Não se admite, portanto, que o respeito aos valores locais seja invocado para proteger o estupro de mulheres, a perseguição aos homossexuais, a ausência de eleições livres e periódicas, o desrespeito ao devido processo legal, entre outras práticas incompatíveis com uma sociedade "fraterna, pluralista e sem preconceitos", conforme preâmbulo da Carta da República.

O federalismo é motivo de consideráveis debates na literatura internacional, muito se discutindo sobre as forças centralizadoras e descentralizadoras que o conformam. Esse movimento é exponencialmente ampliado com o surgimento e fortalecimento de novos atores e fatos sociais, fora da moldura tradicional do Estado, que vêm exercendo um maior ou menor papel, como os grupos que se organizam em torno das redes sociais, os grupos econômicos transnacionais, as organizações internacionais, o intenso comércio eletrônico, inclusive internacional, entre outras manifestações contemporâneas. Além disso, a crescente participação do Poder Judiciário em decisões que historicamente se encontravam na esfera da política (e dos políticos) traz significativo impacto sobre esse quadro. Como conciliar um cenário que muitas vezes exige normas e decisões globais, mais do que nacionais, com as aspirações de decisões que respeitem as preferências locais, que não desejam ser sufocadas por regras de maioria? É um debate longe de estar resolvido.

O movimento de saída do Reino Unido da União Europeia, conhecido como Brexit, foi em grande medida resultante da insatisfação com a centralização de decisões em Bruxelas, sede da União Europeia. Embora haja significativa controvérsia sobre a classificação da União Europeia como uma federação, é inegável que ela apresenta diversos elementos para tanto (MOREIRA, 2014). A crítica sobre o déficit democrático desse tipo de arranjo tem sido intensa em toda a Europa em face da centralização de decisões que anteriormente se davam nas esferas nacionais.

Também costuma ser um motor importante de movimentos separatistas, como o da Catalunha, que eclodiu com extrema força em 2017, que são, em grande parte, movidos por insatisfação incontida com a centralização e a ausência de autodeterminação.[11]

Como bem observa Auclair (2005), o federalismo é um processo de negociações constantes, inexistindo uma fórmula pronta aplicável a todos os países. Cada modelo de federalismo deve estar aberto a promover negociações permanentes entre os entes federados e entre estes e a federação. Para sobreviver, o sistema deve ter flexibilidade suficiente para se adaptar aos anseios de mudança e de repartição de poder entre os múltiplos participantes. Vale a pena transcrever a reflexão de Auclair (2005, p. 3):

> Qual o modelo ideal? Para satisfazer todas as partes, a estrutura federal deve primeiramente ser flexível e refletir as particularidades de seus grupos ou regiões constituintes. *Não existem padrões a seguir.* Nenhum dos 25 países que optaram por uma constituição federal ganhou um troféu como a melhor federação.

---

[11] É claro que há também razões históricas, econômicas e culturais extremamente relevantes como motores de movimentos separatistas.

Deles, entretanto, nós podemos aprender bastante. Aprender pelos seus sucessos e aprender pelos seus erros. (Tradução e grifos meus)

No Brasil, a Constituição Federal define as competências legislativas, as responsabilidades, os tributos, a divisão da arrecadação, as regras gerais de funcionamento das instituições. Os estados-membros recebem competências expressas e, além disso, as competências que não foram definidas para a União (ou para os municípios). É a chamada competência residual (art. 25, §1º, da CF).

Como o federalismo envolve tanto componentes de centralização como de descentralização, a prevalência de um deles vai influenciar a extensão da própria democracia. Desse modo, um modelo de federalismo que conserve muitas competências para o governo central – atribuindo baixa efetividade ao princípio da subsidiariedade – pode trazer um significativo déficit democrático. Scott (2011) ressalta como o federalismo pode facilitar os processos de decisão, tornando a democracia mais efetiva.

A oportunidade de expressão a todas as esferas de governo é condição necessária, mas não suficiente para se garantir um federalismo democrático, pois as maiorias podem simplesmente sufocar as preferências das minorias. É que, quando decisões fundamentais são feitas em esferas mais distantes do cidadão, preferências locais podem ser ignoradas por regras de maioria. Por exemplo, no direito penal, um bem jurídico pode ter alta significância em determinada localidade, a ponto de sua violação ser passível de pena de reclusão, enquanto outra localidade pode não valorizar aquele bem jurídico ou lhe atribuir um valor bem menor, considerando, por isso, que sua infração é passível apenas de multa. Se democracia significa, em termos aristotélicos, *"rule by the people"*, as preferências das duas localidades deveriam ser respeitadas, cada uma adotando os valores que o povo dali consagrar. A centralização sufoca tais valores, uma vez que regras de maioria podem ignorar que a totalidade de determinada localidade poderia ter escolhas distintas (LIMA, 2007).

Note-se, portanto, que um federalismo muito centralizador anula boa parte das vantagens que historicamente lhe foram atribuídas. Esse é um ponto particularmente relevante. Não basta uma regra que garanta a participação de representantes de cada estado na formação da maioria. É que frequentemente se pode estar diante de ditaduras da maioria. A totalidade da representação de um estado vota contra uma matéria, refletindo as preferências de seus representados, mas os representantes dos demais estados pensam de forma distinta e aprovam uma lei.

A participação do Senado, que aprova todas as leis e é constituído por representantes dos estados, com idêntico número de membros, não consegue atenuar a centralização legislativa por várias razões: as mesmas regras de maioria são ali vigentes, não havendo mecanismos de veto por determinado estado e a tendência de que senadores sigam mais a orientação partidária nacional do que os interesses específicos de seu estado (BRANCO, 2007).

Uma mudança legislativa no Brasil ilustra o caso. Dirigir automóveis após ingerir um volume baixo de álcool passou a sujeitar o motorista a sanções administrativas (multa elevada e suspensão da carteira de motorista) e penais (detenção). Não é necessário que aconteça nenhum acidente para que se incorra nas penalidades. É o perigo potencial que se pune. Pois bem. Direito penal e direito relativo a trânsito são de competência privativa da União. É o Congresso Nacional, portanto, que aprova esse tipo de norma. Mesmo que a totalidade da população de um grupo de estados não considere relevante tal perigo, ela terá que se submeter a tais regras. É democrático?

Dobner (2010, p. 142), ao tratar da "constitucionalização global", lança argumentos que cabem ao debate do federalismo, apontando que a existência *rule of law* não basta para se obter um governo democrático:[12]

> A legalidade como tal não é necessariamente democrática, e não era no começo de sua implantação nas sociedades ocidentais. Para preencher as necessidades democráticas, a legalidade precisa ser democratizada. A questão assim permanece se e como a promoção da legalidade pode ser transformada em uma precondição para um autogoverno democrático.[13]

Em um federalismo muito centralizado, não basta seguir o que foi estabelecido em lei, pois esta pode conter, como se argumentou, um substancial déficit democrático. Os Estados Unidos, outra grande federação, tiveram uma preocupação maior em preservar as preferências locais ao reservarem, por exemplo, as competências legislativas em direito penal e civil para os estados. A jurisprudência da Suprema Corte em certos momentos tentou conter o ímpeto centralizador do Congresso, mas em outras ocasiões cedeu (DORF; MORRISON, 2010).[14]

Há que se ressaltar, todavia, que a descentralização nem sempre é positiva. Muitas vezes, a centralização implica levar valores republicanos para estados e localidades mais atrasados, como se o país moderno "puxasse" o país atrasado.

---

[12] Na medida em que os Estados-Nação aprofundam a integração e criam regras e instituições supranacionais, os riscos de aprofundar o déficit democrático vão se ampliando. Um problema antigo, que os países federalistas tentam resolver, que passa a se apresentar em escala global.

[13] *"The rule of law as such is not necessarily democratic, and was not in the beginning of its installation in Western societies. In order do fulfill democratic needs, the rule of law has itself to be democratized. The question therefore remains whether and how the promotion of the rule of law can be turned into a precondition for democratic self-government."*

[14] É claro que a origem do federalismo influencia fortemente a sua conformação. No caso dos Estados Unidos, as colônias se uniram, ao contrário do Brasil em que um Estado unitário se tornou federalista com a Proclamação da República, em 1889.

Antes da ênfase de Tocqueville, James Madison já chamava atenção para isso:[15]

> Quanto menor a sociedade, menos provavelmente serão os distintos partidos e interesses que a compõem; quanto menos partidos e interesses distintos, mais freqüentemente será encontrada uma maioria do mesmo partido; e quanto menor o número de indivíduos que compõem a maioria, e quanto menor a bússola na qual eles são colocados, mais facilmente eles irão conciliar e executar seus planos de opressão. Amplie a esfera e você terá uma maior variedade de partidos e interesses; você torna menos provável que a maioria do todo tenha um motivo comum para invadir os direitos de outros cidadãos; ou se tal motivo comum existe, será mais difícil para todos os que o sentem descobrir sua própria força e agir em uníssono uns com os outros. (Tradução minha)

Nessa linha, muitos estados americanos defendiam a prerrogativa de manter a escravidão antes da Guerra Civil e, já no século XX, o direito de manter a segregação racial. A política federal era consistentemente mais progressiva sobre raça do que a dos governos estaduais, que, com mais ferocidade, insistiam em suas prerrogativas constitucionais[16] (DORF; MORRISON, 2010, p. 76).

Também na mesma questão, é digna de nota a perplexidade de Ítalo Calvino, importante escritor italiano, sobre o aspecto negativo da autonomia dos estados nessa matéria.

---

[15] James Madison, *The Federalist Paper 10*: "*The smaller the society, the fewer probably will be the distinct parties and interests composing it; the fewer the distinct parties and interests, the more frequently will a majority be found of the same party; and the smaller the number of individuals composing a majority, and the smaller the compass within which they are placed, the more easily will they concert and execute their plans of oppression. Extend the sphere and you take in a greater variety of parties and interests; you make it less probable that a majority of the whole will have a common motive to invade the rights of others citizens; or if such a common motive exists, it will be more difficult for all who feel it to discover their own strength and to act in unison with each other*".

[16] "*Consistently more progressive on race than that of the state governments that most vociferously insisted on their constitutional prerogatives.*"

Em viagem aos Estados Unidos, no início dos anos 1960, ele observou:

> O mais difícil de entender para um europeu é como essas coisas podem acontecer numa nação que em três quartos não é segregacionista e como elas acontecem sem nenhuma participação do restante da nação. *Mas a autonomia dos estados funciona de modo que aqui estamos mais fora do alcance da autoridade de Washington ou da opinião pública de Nova York do que se estivéssemos, sei lá, no Oriente Médio* (CALVINO, [2006(1994)], posição 1668, grifos meus).

No Brasil, há inúmeros exemplos em que o governo federal propôs políticas mais progressistas do que muitos estados e municípios gostariam de seguir. É o caso da radicalização do concurso público para ingresso no serviço público, vedando-se concursos internos, ascensões e outras formas de restringir a ampla competição para ingresso no serviço público. É também o exemplo das licitações e contratos, que seguem as regras gerais estabelecidas em norma federal, entre vários outros exemplos.

Um caso decidido, em 2020, pelo STF e que teve grande repercussão pode ser enquadrado nesse campo (ADI nº 5.719). Foi a declaração de inconstitucionalidade de lei do estado de São Paulo que permitia computar os gastos com inativos nas despesas de manutenção e desenvolvimento do ensino. O STF entendeu, por unanimidade, após longas considerações do voto do relator, ministro Edson Fachin, sobre a importância da educação, que a lei do estado de São Paulo afrontava a competência da União para legislar sobre normas gerais. Além de questões formais, também considerou que a lei do estado de São Paulo "avilta o direito social fundamental à educação, pois prejudica a destinação de recursos para a manutenção e desenvolvimento do ensino". Considerar os inativos nos cálculos com a educação afrontaria o percentual mínimo para essa área, definido no art. 212 da Constituição Federal.

Assim, o STF contrariou uma interpretação do estado de São Paulo que, na prática, reduziria o gasto em educação. Note-se que os valores dos integrantes do Supremo prevalecem sobre os do estado de São Paulo, que, ao interpretarem pela inclusão de inativos em educação, estariam abrindo espaço no orçamento para outras despesas públicas. Por óbvio, as despesas com inativos da educação continuarão existindo e terão que ser cobertas pela redução de outras despesas. Não é necessário citar Cass Sunstein e Stephen Holmes, no ótimo *Cost of Rights*, para afirmar a obviedade de que toda política pública tem um custo. Se não vier da educação, virá da saúde, da infraestrutura, do saneamento, da habitação popular ou até do aumento da carga tributária ou do endividamento público.

Concluir que o STF trouxe avanços a uma interpretação supostamente atrasada do estado de São Paulo, que reduziria investimentos em uma área essencial como a educação, é uma possibilidade – outra vez a ideia de o país moderno "puxando" ou "empurrando" o país atrasado –, mas também se pode entender que a decisão é mais uma evidência da centralização do federalismo brasileiro, costumeiramente reforçada pelo STF, que só prestigia as escolhas dos estados e municípios quando estas coincidem com seus próprios valores. Uma evidência da visão "infantilizada" a respeito da atuação de estados e municípios.

O ministro Luís Roberto Barroso resume bem a ideia centralizadora como antídoto a práticas arcaicas e patrimonialistas presentes em muitos estados brasileiros:

> É bem verdade que a jurisprudência centralizadora do Supremo teve uma causa. É que os estados, na medida em que desfrutavam de mais autonomia, frequentemente eram apropriados oligarquicamente. A jurisprudência centralizadora era uma certa forma de levar republicanismo a alguns espaços oligárquicos. A flexibilização do centralismo vai envolver a proclamação da república em alguns estados da federação (ADI nº 3.165/SP, rel. min. Dias Toffoli).

É certo que uma das características do sistema institucional brasileiro é que a contenção de poder dentro dos estados é bem mais frágil do que na União. Diferentemente dos Estados Unidos, por exemplo, as assembleias legislativas são unicamerais e não há cortes supremas estaduais, apenas tribunais de justiça, além de meios de comunicação mais frágeis, muitas vezes dependentes financeiramente do governo e controlados pelos grupos políticos locais. Um chefe do Poder Executivo estadual forte costuma enfrentar bem menos limites para implementar sua agenda do que o presidente da República. A maior limitação acaba vindo das instituições federais, o Supremo Tribunal Federal como parte disso.

No entanto, também há exemplos em que os estados procuraram seguir modelos institucionais que reforçavam o sistema de pesos e contrapesos e foram impedidos pelo STF, sob o argumento, por exemplo, do princípio da simetria (MAUÉS, 2005).

Um caso interessante é o do estado do Espírito Santo, que passou por processo de degenerescência muito forte no início dos anos 2000 e conseguiu se reerguer basicamente com as forças do próprio estado, sem necessidade de intervenção federal. A sociedade civil se aliou a um forte movimento político que conseguiu reconstruir as instituições do estado. Sérgio Abranches resume bem o que houve em prefácio (MELO; SELIGMAN; DELGADO, 2020):

> Estados podem fracassar, assim como países fracassam. Podem se tornar estados-máfia. O Rio de Janeiro está em avançado processo de degeneração política, social e econômica que pode levar a seu fracasso. Há precedentes no Brasil? Mais importante ainda, há exemplos de estados que fracassaram e foram resgatados por uma política virtuosa? (...) O Estado do Espírito Santo beirou o fracasso e se tornou um estado-máfia. Hoje, é um caso de sucesso, após uma operação bem-sucedida de salvamento por uma coalizão envolvendo sociedade civil, lideranças empresariais e políticas.

Não há resposta correta e pronta para o grau de descentralização necessário, como se vê. O desconforto e o sucesso a partir de experiências concretas, empíricas, definem o grau adequado. Alguns princípios do federalismo podem ajudar a pensar, como o da subsidiariedade, por exemplo, que orienta para que todas as escolhas sejam feitas preferencialmente da forma mais descentralizada possível e que a centralização só deva ocorrer quando os ganhos forem muito evidentes. Em cada caso, portanto, é que se vai poder aferir o melhor caminho, tendo como norte de que a descentralização deve ser a primeira escolha.

CAPÍTULO 2

DEMOCRACIA: UM CONCEITO COMPATÍVEL COM OS DESAFIOS CONTEMPORÂNEOS

Antes de prosseguir na análise da relação entre democracia e federalismo, convém definir democracia, uma vez que se trata de um conceito complexo, repleto de nuances. A definição de Joseph Schumpeter, em *Capitalismo, socialismo e democracia*, de que a democracia é basicamente um sistema em que partidos políticos disputam eleições e recebem dos eleitores autorização para implementarem a agenda proposta, limitados pelas regras constitucionais e legais existentes, sempre teve forte apelo e aderência à realidade – tem sido chamada de democracia competitiva (FISHKIN, 2009). Isso implica que os eleitos podem decidir sobre uma série de assuntos sem necessidade de consultar os eleitores em cada escolha, mas significa também que não se trata de um cheque em branco, uma vez que uma série de restrições legais e constitucionais constrange essas escolhas. É a essência, como bem aponta Posner (2003), do Estado liberal, diferente do Estado absolutista, que não conhece limites, e diferente da democracia direta, em que as decisões são tomadas pelos próprios cidadãos, sem mediação de representantes, de partidos políticos, sem autorização prévia e tácita para uma série de decisões em que a população não participa.

Assim, os eleitos sujeitam-se a regras preestabelecidas, a principal delas a própria constituição. Como aponta Dobner (2010, p. 141): "O constitucionalismo tem um passado importante como meio de enquadrar e domar a política, orientar a legislação e unir as sociedades em um consenso tácito".[17] Não por acaso, o então presidente eleito Jair Bolsonaro recebeu um exemplar da Constituição Federal em diversas instituições nas visitas em que fez antes de tomar posse (Congresso Nacional, STF, TSE) a lhe lembrar e alertar que suas escolhas estariam limitadas pela Lei Maior. É famosa a conclusão do caso *Marbury vs. Madison*, no início do século XIX, em que o juiz da Suprema Corte americana John Marshall assentou: "Os poderes da legislatura são definidos e limitados; e aqueles limites não podem ser enganados ou esquecidos, a constituição é escrita".[18]

Richard Posner, em *Law, Pragmatism and Democracy*, de 2003, retoma a definição schumpeteriana. É uma visão de democracia de elite, porque a participação popular é muito limitada. Restringe-se às eleições, processo em que são apresentadas as propostas principais. Não decidirá o povo, por exemplo, sobre a política monetária, a política cambial ou as relações internacionais. Essas políticas serão decididas pelos eleitos, sujeitos a regras preestabelecidas, mas sem consulta aos eleitores. O desafio-chave para a democracia, como aponta Fishkin (2009), é assegurar transições pacíficas de poder e possibilidade concreta de alternância da liderança política. A negação do então presidente Donald Trump de reconhecer o resultado das eleições americanas e a invasão do Congresso

---

[17] "Constitutionalism has an impressive past as a means of framing and taming the political, guiding legislation and uniting societies in tacit consensus."
[18] "The powers of the legislature are defined and limited; and that those limits may not be mistaken, or forgotten, the constitution is written" (John Marshall, em *Marbury vs. Madison*).

Nacional por seus apoiadores ilustram como esse conceito básico não é elementar.

Mesmo os eleitos acabam por ter o raio de decisões muito limitado, e boa parte das matérias é muito técnica, sendo muito forte o poder dos funcionários não eleitos. A política monetária, por exemplo, com as autonomias dos bancos centrais em boa parte do mundo, acaba sendo decidida, em grande medida, sem participação de governantes que passaram pelo crivo popular. Isso se repete em vários campos, em maior ou menor grau, como na área tributária, na regulação de oligopólios e monopólios, na política educacional, na política de saúde, entre outras.

Não por acaso, o debate sobre a democracia, seus limites e a necessidade de revitalizá-la é central. Como compatibilizar escolhas políticas com decisões que são necessariamente técnicas, além de abrir canais de participação popular? Afinal, além da democracia de elite, que identifica eleições periódicas como requisito essencial, contemporaneamente também se exige a liberdade plena de associação, de manifestação e de participação efetiva da sociedade nas questões de governo e de Estado como requisitos essenciais para a democracia, nos termos tão bem expostos por Dahl (1989) e Bobbio (1986), por exemplo.

Como bem enfatiza Kelsen (2000 [1955], p. 202), ao defender o relativismo político como pilar da democracia:

> Um dos princípios fundamentais da democracia é o de que todos têm de respeitar a opinião política dos outros, uma vez que todos são iguais e livres. A tolerância, os direitos das minorias, a liberdade de expressão e de pensamento, componentes tão característicos de uma democracia, não têm lugar em um sistema político baseado na crença em valores absolutos. (...) Pode ser que a opinião da minoria, e não da maioria, esteja correta. Unicamente em função dessa possibilidade, que só o relativismo filosófico pode admitir – a de que o que hoje é certo pode estar

errado amanhã –, é que se deve permitir que a minoria expresse livremente sua opinião, dando-lhe uma plena oportunidade de tornar-se maioria.

Nesse sentido, os famosos requisitos para uma democracia em larga escala, sistematizados por Robert Dahl, são muito úteis para organizar as ideias (*Location 1239*): políticos eleitos; eleições justas, frequentes e livres; liberdade de expressão; fontes alternativas de informação; liberdade de associação; ampla e irrestrita oportunidade de participação política dos cidadãos adultos residentes.

Dahl reforça a ideia de democracia representativa (não direta) e busca reduzir o papel de tecnocratas e juízes não eleitos. Esse, por sinal, é um tema recorrente em Dahl, que questionava o alargamento do poder da Suprema Corte americana, que deveria se restringir a garantir o funcionamento da democracia e de suas instituições, autocontendo-se de assumir o papel de elaborar regras e, na prática, legislar.

Eleições justas e frequentes, que renovem frequentemente o mandato dos representantes, eleitos por regras preestabelecidas e aceitas pela maioria, são igualmente um requisito essencial. Além disso, os eleitores não podem ser coagidos, devendo gozar de ampla liberdade para fazer suas escolhas. Esse é um tema recorrente na democracia. Eleições fraudadas e eleitores pressionados e constrangidos por ameaças sempre atormentaram os defensores dos regimes democráticos, na medida em que minam o fundamento de que deriva a aceitação do resultado das eleições e consequentemente das decisões dos eleitos. Pode-se não concordar com as decisões tomadas, mas se reconhece que quem as tomou estava investido nas competências para tanto. Além disso, eleições frequentes implicam que os que perderam as eleições poderão disputar outra vez no período seguinte, podendo praticar oposição aos atos dos vencedores, na busca de convencer os eleitores de que são opções melhores. A expectativa é de que haja possibilidades reais de vencer as eleições para quem apresentar o melhor argumento, for mais convincente, havendo oportunidade para renovar os esforços de convencimento a cada disputa.

A liberdade de expressão é pré-requisito para isso tudo funcionar, uma vez que, para convencer, é necessário assegurar o mais amplo direito de discurso, de apresentar seus argumentos para os eleitores. Tal direito não pode ser constrangido por ameaças de punições de qualquer ordem. Nesse sentido, reserva-se a todos a possibilidade de criticar os atos governamentais, as escolhas políticas e até mesmo a democracia. Aqui, reside uma das maiores controvérsias: qual o limite da liberdade de expressão? No Brasil, por exemplo, a Constituição Federal veda expressamente a censura prévia, mas o ordenamento jurídico prevê sanções, por exemplo, para os que fazem acusações sem comprovações. É que a Constituição protege a ampla liberdade de expressão, mas também resguarda o direito à honra e à reputação. Frequentemente há tensão entre esses dois objetivos. O debate sobre *fake news* passa fortemente por essa questão, como se explorará mais à frente.

O acesso a diferentes fontes de informação é essencial para garantir que as notícias não sejam "filtradas" de acordo com o interesse de quem informa. Autocracias normalmente restringem a informação a veículos oficiais e criam inúmeras dificuldades para meios de comunicação de oposição ou independentes. Mesmo em democracias consolidadas, a prática revela que o poder econômico do governo e de grandes grupos financeiros enfraquece esse critério. Governos fazem generosos anúncios em jornais, revistas e canais de televisão, frequentemente exigindo reciprocidade dos veículos. Os grandes grupos financeiros também são expressivos anunciantes, quando não fundam diretamente seus próprios veículos. Daí uma fragilidade da democracia contemporânea, porque, embora meios alternativos existam, há um forte viés em prol dos detentores do poder. Por isso, a internet e as redes sociais foram inicialmente recebidas com grande entusiasmo, pois ampliariam, com baixos custos, as fontes alternativas de informação. As *fakes news* relativizaram essa vantagem, como vamos aprofundar em seguida.

A liberdade de associação também é um requisito vital, na medida em que permite que diferentes interesses individuais se aglutinem em torno de pontos comuns para tentar influenciar as decisões públicas. Isso envolve o direito de constituir partidos políticos, de organizar associações, sindicatos, institutos, academias, enfim, um amplo leque de possibilidades para a participação no debate público. O direito de constituir se estende ao direito de não interferência governamental no livre funcionamento dessas organizações.

Em arremate, Robert Dahl cita a cidadania inclusiva, que é basicamente a extensão das possibilidades de participação política para um número mais amplo possível de pessoas, o que inclui o direito de se expressar, se associar, de votar e de ser votado. No conceito contemporâneo de democracia, portanto, não se admite voto censitário, isto é, restrito a certos segmentos da população, a exclusão de grupos por questão de gênero, cor da pele, origem social, renda, lugar de nascimento, entre outras restrições que foram comuns no passado não tão distante.

Na mesma toada, Norberto Bobbio menciona que uma definição mínima de democracia deve obrigatoriamente envolver três características: a atribuição a um elevado número de cidadãos do direito de participar das decisões políticas, a existência de regras de procedimentos predefinidas e que haja ampla liberdade de expressão, de reunião e de associação, de forma que (BOBBIO, 2009 [2000], p. 32) "aqueles que são chamados a decidir ou a eleger os que deverão decidir sejam colocados diante de alternativas reais e postos em condição de poder escolher entre uma e outra".

Um conceito mais teórico do que prático, mas que recebe muita atenção, principalmente nos meios acadêmicos, é o de democracia deliberativa, que tem como principal expoente o filósofo alemão Jürgen Habermas. A ideia central é que os processos de decisão devem passar por contínuas rodadas de argumentação e justificação para que se tomem decisões e estas sejam aceitas. Diferentemente do conceito de democracia competitiva, nos termos de Schumpeter, aqui os participantes do processo decisório não têm o objetivo de ganhar a discussão e convencer uma maioria de que sua agenda é a mais adequada. O objetivo é tomar a melhor decisão possível, a partir da apresentação de argumentos, do recebimento de críticas e de reformulação de propostas, por meio de procedimentos que se retroalimentam até que se chegue a decisões amplamente legitimadas pelo processo, embora não necessariamente unânimes. Nos termos de Habermas, é o entendimento da prática política baseada na confiança no discurso racional, por meio do qual toda autoridade se legitima (p. 41, 1997): "Uma política radicalmente situada neste mundo deveria ser justificável com fundamento na razão, utilizando os instrumentos de teorização pós-metafísicos".[19]

Mendes (2012, p. 14) aponta sete componentes principais de um processo de decisão política a partir dos critérios de democracia deliberativa:

> Em primeiro lugar, pressupõe a necessidade de uma decisão coletiva que afetará diretamente os que deliberam ou, indiretamente, os ausentes; em segundo lugar, considera a decisão não como o fim da linha, mas como um ponto de chegada provisório a ser sucedido por novas rodadas deliberativas; terceiro, é como a prática de raciocinar juntos e de justificar sua posição para as deliberações de seus colegas; quarto, é atribuir razão por meio de um tipo particular de razão, uma que seja imparcial ou pelo

---

[19] "A politics radically situated in this world should be justifiable on the basis of reason, using the tools of postmetaphysical theorizing."

menos traduzível para o bem comum; quinto, pressupõe que os que deliberam estão abertos para revisar e transformar suas opiniões à luz de argumentos e implica uma "ética do consenso"; sexto, também envolve um elemento ético de respeito; sétimo, compreende um compromisso político de inclusão, empatia e capacidade de resposta em relação a todos os pontos de vista. (Tradução minha)[20]

Embora com forte apelo, no mundo real a implementação em larga escala é muito difícil e é ela própria passível de críticas. É operacionalmente complicada porque exigiria uma grande disponibilidade dos cidadãos de participar de procedimentos deliberativos longos, frequentemente recorrentes, em temas que, regra geral, as pessoas comuns têm apenas vagas ideias. Além disso, as pessoas com mais conhecimento, mais capacidade argumentativa, têm muito mais chances de observarem seus argumentos prevalecerem. Aqui, o próprio Habermas (1997, p. 62) reconhece as limitações:

> Tal compreensão culturalista da dinâmica constitucional parece sugerir que a soberania do povo deve ser realocada para a dinâmica cultural das vanguardas formadoras de opinião. Esse pressuposto alimentará ainda mais as suspeitas contra os intelectuais: poderosos na palavra, eles agarram para si próprio, por meio da palavra, o poder que professam que seria compartilhado.[21]

---

[20] *"First, it presupposes the need to take a collective decision that will directly affect those who are deliberating or, indirectly, people who are absent; second, it considers the decision not as the end of the line but a provisional point of arrival to be succeeded by new deliberative rounds; third, it is as practice of reasoning together and of justifying your position to your fellow deliberations; fourth, it is reason-giving through a particular kind of reason, one that is impartial or at least translatable to the common good; fifth, it assumes that deliberators are open to revise and transform their opinions in the light of arguments and implies an 'ethics of consensus'; sixth, it also involves an ethical element of respect; seventh, it comprehends a political commitment of inclusiveness, empathy, and responsiveness to all points of view."*

[21] *"Such a culturalistic understanding of constitutional dynamics seems to suggest that the sovereignty of the people should be relocated to the cultural dynamics of opinion-forming avant-gardes. This conjecture will fuel suspicions against intellectuals all the more: powerful in word, they grab for themselves the very power they profess to dissolve in the medium of the word."*

Também a abordagem da democracia deliberativa parece ignorar que os que querem implementar determinada política estão movidos, em geral, por interesses próprios, egoísticos, não estando abertos a serem convencidos por argumentos melhores em busca do bem comum. A democracia deliberativa parece pressupor um ser humano político muito mais idealizado do que o que há na prática em qualquer democracia real. Nos termos de James Buchanan e Gordon Turlock (1962), trata-se de uma visão romântica da vida democrática.

Esses autores ilustram a contraposição de objetivos de assegurar a participação, no sentido de que as decisões públicas não são tomadas por uma única pessoa ou por um grupo muito pequeno de pessoas, e os elevados custos de decisões coletivas longas e recorrentes. A democracia definida por Schumpeter parece um meio-termo satisfatório, por isso seu apelo continuar tão forte, por apresentar muito mais aderência com a realidade em relação à democracia deliberativa, que envolve custos muito elevados de participação.

Outro ponto relevante sobre a "legitimidade democrática" é a crescente internacionalização do direito, com a influência de instituições supranacionais nas decisões tomadas em cada país. Como aponta Dobner (2010, p. 141):

> Estamos simultaneamente confrontados com o declínio do constitucionalismo centrado no Estado como uma forma eficaz de subordinar o poder político ao direito constitucional. A principal razão para esta crescente incapacidade da constituição do Estado de cumprir suas tarefas é a mudança na qualidade do próprio Estado. A transformação do Estado tem destruído a antiga unidade de território, poder e povo, e desafiado a capacidade da Constituição de abranger de forma ampla a entidade política do estado.[22] (Tradução minha)

---

[22] "We are simultaneously confronted with the decline of state-centered constitutionalism as an effective way of fully subordinating political power to constitutional law. The main raison for

Assim, o Estado nacional e suas instituições não dão conta de explicar e conformar fenômenos contemporâneos relevantes. Além disso, a própria constituição nacional, suas modificações e as políticas de forma geral são influenciadas por fenômenos externos a cada país, não apenas por instituições oficiais supranacionais, como os diversos organismos internacionais que estão em constante movimento para influenciar as agendas nacionais, mas também de manifestações supranacionais não estatais.

2.1 *Fake news* e as redes sociais

Nessa linha, um dos fenômenos que mais requerem reflexão no momento é o papel das redes sociais digitais, cujos conteúdos produzidos, bem como sua disseminação, apresentam escala global. Materiais produzidos na Rússia ou na Índia, por exemplo, podem influenciar as eleições dos Estados Unidos e do Brasil – e há fartas evidências de que isso efetivamente está ocorrendo (SANOVICH, 2019). A avaliação do impacto sobre a democracia e sobre os limites do Estado nacional para controlar essa atuação ainda é tarefa por ser concluída, constituindo um debate candente.

Inicialmente, as redes sociais digitais foram vistas com grande entusiasmo, por amplificarem os mecanismos de participação popular direta, permitindo amplos debates, críticas a políticas e a políticos, e por facilitarem a mobilização popular, recuperando, de certa maneira, o espírito vibrante da democracia que tanto entusiasmou Tocqueville (2005 [1835]) na primeira metade do século XIX, nos Estados Unidos, particularmente nos estados mais ao norte.

---

this increasing inability of the state's constitution to fulfill its tasks is the changing quality of statehood itself. The transformation of statehood shatters the former unity of territory, power, and people, and challenges the constitution's ability comprehensively to encompass the political entity of the state."

O problema é que, assim como a democracia, nos moldes tradicionais, está sujeita a manipulações, a populismo, à demagogia, a argumentos falaciosos, as redes sociais também estão, e tudo de forma potencializada, uma vez que o poder de disseminação é muito superior aos métodos clássicos de propagação de informação (falsa ou verdadeira). Para utilizar a expressão da revista britânica *The Economist* (04 nov. 2017): "Em vez de trazerem esclarecimentos, as redes sociais têm espalhado veneno".[23]

É claro que a manipulação de informação não surgiu com as redes sociais. Um dos temas de Aristóteles, por exemplo, em *A política*, era uma crítica à demagogia, que implicaria o uso de argumentos falaciosos e de técnicas de oratória para iludir e convencer o povo. Greifeneder e outros (2021) documentam fatos históricos em que a presença de notícias falsas evidenciava o objetivo de manipular e convencer. Relatam, por exemplo, que, em 1274 a.C., Ramsés II inventou que sua tentativa de capturar a cidade de Kadesch havia sido bem-sucedida, disseminando a notícia falsa oralmente e por meio de pinturas nas paredes. De fato, qualquer pessoa que acompanhe, por exemplo, eleições há algum tempo conhece o assunto. Panfletos apócrifos distribuídos em locais de ampla circulação de eleitores sempre estiveram presentes. Notícias falsas, calúnias, difamações têm sido difundidas. Programas de televisão e de rádio também frequentemente costumam ser palco para fornecer informações fidedignas, mas também para distorcer mensagens e favorecer certos grupos e candidatos. A neutralidade dos meios de comunicação é uma ficção, e alguns veículos degeneram – em maior ou menor grau – para a distorção de notícias e a parcialidade, sem muitos disfarces. A história brasileira recente é repleta de exemplos.

---

[23] *"Far from bringing enlightenment, social media have been spreading poison."*

Há um fato histórico muito interessante no Brasil. Na famosa "Revolta da Vacina", no começo do século XX, no governo de Rodrigues Alves, a campanha para vacinar as pessoas contra a varíola, coordenada por Oswaldo Cruz, sofria muitas resistências e violentas críticas. E notícias falsas eram disseminadas. Priore (2017) relata um exemplo do que se passava:

> Um dos seus líderes, o socialista Vicente de Souza, por exemplo, argumentava que era uma ofensa à honra do chefe de família ter seu domicílio invadido e sua mulher e filhas despidas para a vacinação. Despidas onde? *No braço! Mas, de má fé, os oposicionistas deslocaram a vacinação para as coxas e depois, para as virilhas." "Inocular o veneno sacrílego nas nádegas das esposas e das filhas"* era argumento devastador. (Grifos nossos)

As notícias potencializaram a revolta, que chegou a envolver 20% da população e registrou 23 mortos e 90 feridos. Não foi necessário mídias sociais para disseminar informações falsas e manipular a população; ou, de outra forma, as redes sociais sempre existiram, mas obviamente não na forma digital como as conhecemos agora. É claro que, atualmente, a disseminação poderia acontecer de forma muito mais intensa e rápida, mas igualmente são possíveis os meios de combater as falsas notícias ou, pelo menos, de as várias partes apresentarem suas versões.

Os fatos essencialmente novos, portanto, nas redes sociais digitais são a capacidade de disseminação muito mais rápida e a um custo muito menor e a produção de conteúdo em escala mundial. Isso possibilita que qualquer pessoa com acesso a um computador e internet possa produzir grande quantidade de material e disseminá-lo com relativa facilidade, mesmo se não dispuser de muitos contatos. Basta produzir um material com apelo relevante e que interesse a alguns grupos que, graças aos dispositivos de compartilhamento, a progressão da disseminação pode se tornar geométrica. O lado positivo – encarado de início com grande entusiasmo – é a democratização da exposição de ideias. Se um jornalista, por exemplo, perdia o emprego em uma grande rede de comunicação no passado e não conseguia um novo emprego, o seu destino era o ostracismo. Hoje, jornalistas independentes lançam *blogs*, *sites*, canais no YouTube, interagem intensamente nas várias redes sociais, conseguem anúncios e patrocínios, de modo que podem atuar sem estarem atrelados a grandes grupos de mídia, da mesma forma intelectuais independentes, associações de classe, partidos políticos iniciantes; enfim, as possibilidades são quase infinitas para qualquer um que queira produzir e disseminar ideias. Como a própria democracia tradicional, isso representa uma notícia extremamente alvissareira, mas, ao mesmo tempo, envolve riscos muitos elevados.

Se a liberdade de expressão é levada ao paroxismo, também se potencializa a disseminação de ideias autoritárias, preconceituosas, o resgate de valores que já se consideravam incompatíveis com a quadra do tempo em que vivemos. Embora seja fato que as grandes mídias de comunicação sempre tiveram seus interesses e editavam matérias de acordo com isso, também representavam filtros contra ideias extremadas. Mounk (2018) chama atenção para esses fatos (Loc. nº 2.329):

> Há 25 anos, as emissoras tradicionais podiam interromper a divulgação de vídeos que possivelmente seriam do interesse de milhões de pessoas – das estripulias divertidas de um gato doméstico às decapitações brutais perpetradas por grupos terroristas – negando-se a levá-los ao ar. Hoje, as emissoras tradicionais ainda podem se recusar a transmitir determinado conteúdo, e às vezes o fazem. Mas sua função como difusores da informação praticamente evaporou: se o conteúdo viralizar o bastante, ele tende a se espalhar pelas redes sociais, tenham as emissoras tradicionais decidido transmiti-lo ou não.

Tudo isso sugere que a invenção da tecnologia de comunicação digital realmente terá um efeito político grande. Mas a perda de influência dos difusores tradicionais de informação irá empoderar as pessoas comuns e impulsionar a democracia – ou já causou estrago ao dar aos populistas a plataforma de que precisavam para envenenar nossa política?

Uma característica fundamental das mídias sociais digitais e que distorce seu caráter democrático é a possibilidade de impulsionamento de mensagens. Embora, como se afirmou, jornalistas independentes e intelectuais possam produzir textos e vídeos que podem disseminar, grupos políticos, financiados por interesses econômicos e financeiros, podem divulgar suas publicações de forma muito acelerada de diversas formas, Desde o pagamento para que mensagens sejam impulsionadas pelas próprias plataformas até a contratação de empresas especializadas na produção e disseminação de vídeos e textos, que chegam a utilizar tecnologias baseadas em robôs para tal atividade.

O jornal *O Globo* publicou entrevista com professor da Universidade de Oxford que conduziu estudo evidenciando esses fatos:[24]

> Nós encontramos evidências relevantes de que *bots* políticos estão sendo usados durante eventos políticos como eleições para silenciar oponentes e impulsionar mensagens em plataformas como Twitter e Facebook — afirma Philip Howard, professor do Oxford Internet Institute e um dos líderes da pesquisa. — O crescente uso da propaganda computacional como uma ferramenta poderosa para disseminar notícias falsas e coordenar campanhas de ódio e desinformação é uma tendência preocupante. Ao confundir e envenenar o debate político on-line, ela ameaça nossas democracias e fortalece a mão de Estados autoritários.

---

[24] *O Globo*, 20 jun. 2017.

Esses fatos desfazem o mito da democratização ou pelo menos reduzem sensivelmente a esperança inicial de democratizar a comunicação. O poder econômico e o poder político continuam com forte influência sobre a capacidade de disseminar ideias e fatos, muitos deles falsos. A "paridade de armas" para a divulgação do pensamento continua desigual e com um sério agravante: a capacidade de regulação por parte do Estado é absolutamente insuficiente. As iniciativas de controle nas eleições, por exemplo, são pífias, porque a disseminação é feita em escala global, com baixíssima capacidade de cada Estado nacional controlar.[25]

O poder econômico e político se manifesta de diversas formas: a "propaganda computacional" serve para divulgar opiniões de especialistas e de instituições fortemente financiados por patrocinadores que não aparecem, fenômeno conhecido como "*astroturfing*", termo derivado de marca de grama sintética que se assemelha à grama natural, algo falso, como o couro artificial também tenta se assemelhar ao couro natural. Esses especialistas e essas instituições defendem ideias, publicam artigos em jornais, em *sites*, e estes são replicados com grande velocidade nas redes sociais impulsionadas a fim de criar a sensação de que determinadas ideias são relevantes, são importantes, contam com amplo apoio, em busca do que tem se chamado *bandwagon effect*.

Bandwagon effect assemelha-se ao efeito manada, muito estudado em finanças e em economia. Basicamente, significa que as pessoas tomam determinadas atitudes porque outras pessoas também tomaram. A propaganda computacional é utilizada, portanto, para tentar convencer as pessoas de que

---

[25] O Tribunal Superior Eleitoral (TSE) tem realizado diversas iniciativas para tentar conter o avanço e a influência das *fake news*. Por exemplo, em 2019 organizou um grande evento para discutir o assunto e definir diretrizes. Já nas eleições de 2018, foram incluídas regras para tentar coibir a disseminação de notícias falsas. Os resultados, contudo, ainda estão muito longe de serem satisfatórios.

determinadas ideias são consensuais, que contam com grande apoio de especialistas e de personalidades influentes, de modo que muita gente acaba apoiando propostas que desconhece e mesmo que lhe desfavoreçam. Isso porque é um fato estudado pela psicologia de que a maior parte das pessoas prefere posicionar-se com a maioria. A propaganda computacional atua, desse modo, com o objetivo de criar falsos consensos, de modo a atrair apoios para propostas, candidatos, partidos etc. (WOOLEY; GUILBEAULT, 2017).

Um elemento importante para o sucesso da propaganda computacional são os *bots*, basicamente robôs que utilizam inteligência artificial, aprendendo e reproduzindo o comportamento de usuários comuns das redes sociais, e passam a emitir grande quantidade de opiniões em diversas plataformas, de forma a influenciar e manipular a opinião pública, em busca de criar tendências artificiais que favoreçam determinadas ideias e grupos políticos, além de minar propostas adversárias. Comportam-se como atores sociais, criando um ambiente de debates e de opiniões completamente artificial (WOOLLEY; HOWARD, 2019).

Como parte das estratégias de disseminação de ideias, formam-se verdadeiros exércitos para atuar no mundo digital e tentar influenciar o debate público. São os *cyber troops*, que consistem basicamente em equipes contratadas para produzir e publicar nas redes digitais materiais que interessam aos contratantes: vídeos, opiniões, planilhas, aplicativos, comentários em *sites* especializados, promoção de curtidas de postagens, críticas a opiniões divergentes, produção de campanhas difamatórias, entre outras formas. Além de contratantes privados, governos de todo o mundo têm se valido dessas práticas. Bradshaw e Howard (2017) listam uma série de estratégias nesse campo. Vale a pena reproduzir uma passagem ali descrita:

Nós descobrimos que as tropas cibernéticas são um fenômeno global e generalizado. Muitos países empregam um significativo número de pessoas e recursos para administrar e manipular a opinião pública online, às vezes com o objetivo de alcançar o público interno, às vezes de alcançar públicos estrangeiros.[26]

Essas ações atuam no "sistema 1" das pessoas, aquele pouco reflexivo, rápido, que age por impulso, a partir de estímulos recebidos, nos termos apontados por Kahneman (2011), mas também podem influenciar o "sistema 2", o mais racional, que toma decisões refletidas, principalmente pela contratação de especialistas e criação de *think tanks*, observatórios de política pública, institutos de transparência, que omitem os patrocinadores financeiros, em geral grupos políticos e econômicos, a fim de conferir aura técnica e imparcial aos seus trabalhos. O elemento comum e novo é a ampla disseminação, por meio da propaganda computacional, a fim de criar um movimento favorável às ideias patrocinadas, de modo que, após algum tempo, as pessoas comuns passem a repetir argumentos, compartilhar informações, ignorando os patrocinadores originais e os interesses representados por tais teses.

Uma vez convencidas as pessoas de determinadas ideias, torna-se difícil demovê-las, porque há vários mecanismos que reforçam o chamado viés de confirmação, que é basicamente o interesse de cada um de ler, comentar e compartilhar informações que coincidam com suas próprias crenças. Daí o ambiente propício para "câmaras de eco" nas redes sociais. As pessoas só se interessam por ideias semelhantes às suas e tendem a acreditar e disseminar postagens que reforcem essas

---

[26] "*We find that cyber troops are a pervasive and global phenomenon. Many different countries employ significant numbers of people and resources to manage and manipulate public opinion online, sometimes targeting domestic audiences and sometimes targeting foreign publics.*"

ideias, com baixo senso crítico, o que é um terreno fértil para as *fakes news*. Além disso, o sistema de inteligência artificial e de filtros das redes sociais apresenta novos conteúdos aos usuários de acordo com o perfil anterior de "curtidas" e compartilhamentos. Quattrociocchi, Scala e Sunstein (2016) realizaram um experimento com usuários do Facebook na Itália e nos Estados Unidos que evidenciou a tendência de promover suas narrativas favoritas, de formar grupos polarizados, que só repercutem postagens que coincidem com as suas preferências e que apoiam e disseminam – mesmo ideias claramente falsas – apenas porque confirmam suas crenças. E concluem (p. 15):

> Nas discussões aqui, os usuários mostram uma tendência a procurar e receber informações que fortalecem sua narrativa preferida (veja a reação a postagens ofensivas (trolling posts) em câmaras de eco conspiradoras) e rejeitar informações que a minam (ver o fracasso das tentativas de desmascarar os discursos falsos). A absorção das falsas teorias conspiratórias dos trolls em câmaras de eco mostra como o viés de confirmação opera para criar uma espécie de inoculação cognitiva.[27]

Dubois e Blank (2018) contestam a conclusão de existência de câmaras de eco para a grande maioria das pessoas. Eles concluem que essa visão ignora que se busca informação de forma muito abrangente, não se restringindo a mídias sociais. Assim, se a análise se restringir ao comportamento no Facebook, por exemplo, o comportamento de reforço a ideias preexistentes se confirma, mas, quando se observa o contexto mais amplo, de acesso a *sites* de notícias ligados a grandes grupos de comunicação, a *blogs* e *sites* independentes,

---

[27] "*In the discussions here, users show a tendency to seek out and receive information that strengthens their preferred narrative (see the reaction to trolling posts in conspiracy echo chambers) and to reject information that undermines it (see the failure of debunking). The absorption of trolls' intentionally false conspiracy theories into echo chambers shows how confirmation bias operates to create a kind of cognitive inoculation.*"

a ideia de câmara de eco se enfraquece, só permanecendo para menos de 10% da amostra que utilizaram (2.000 pessoas no Reino Unido). O resultado não deixa de ser interessante, embora a amostra seja restrita ao Reino Unido, porque contraria conclusões da psicologia de que as pessoas buscam reforçar suas crenças (IYENGAR; HAHN, 2009). Embora não seja intransponível o obstáculo, não é comum conservadores votarem em candidatos progressistas, republicanos votarem em democratas, esquerdistas votarem em candidatos dos partidos de direita e vice-versa, mas revela que a maior parte das pessoas da amostra que, em uma rede social, "curtem" e compartilham apenas conteúdos que confirmam suas crenças acessa, por outros meios de informação, conteúdos com abordagens distintos de suas crenças. O inusitado é que essa exposição deveria, em tese, modificar o comportamento na rede social, no sentido de um comportamento mais plural, mas não é isso o que ocorre, o que mostra a necessidade de aprofundar a análise.

A capacidade de as instituições estatais regularem e exigirem o cumprimento de regulação que estabeleça padrões minimamente aceitáveis é insuficiente, o que distorce as regras do jogo da democracia, levando à lei do mais forte, do poder de quem dispõe de mais recursos políticos e financeiros para manipular opiniões nas redes sociais de comunicação. Essa automação de opiniões em grande escala é promovida de forma anônima, fora do alcance da regulação do Estado nacional. É o Estado de natureza de Thomas Hobbes levado ao extremo.

Uma face talvez até mais complexa desse quadro consiste na expansão da capacidade de Estados autoritários controlarem seus cidadãos. Woolley e Howard (2019) investigaram o uso das mídias sociais em nove países (Rússia, Ucrânia, Canadá, Polônia, Taiwan, Brasil, Alemanha, Estados Unidos e China). Os resultados são alarmantes: há forte evidência de manipulação, de forte influência de notícias falsas nas eleições e nos movimentos políticos. Em alguns, Rússia e China, por exemplo, o controle do Estado sobre os cidadãos se ampliou consideravelmente.

Como parte desse processo, aplicativos de espionagem são massivamente utilizados. Embora a espionagem política sempre tenha existido com a finalidade de obter informações sobre adversários políticos e descobrir suas fragilidades e estratégias, as possibilidades tecnológicas atuais e o uso generalizado de *smartphones* elevaram em muitos degraus as possibilidades. O Pegasus, desenvolvido por uma empresa de Israel, por exemplo, permite que, remotamente, sem nenhuma ação do dono do *smartphone*, este seja controlado a distância, de forma a acionar a câmera e o microfone, por exemplo (*Revista Época*, 22 jul. 2019). Não por acaso, Mark Zuckerberg, CEO do Facebook e do WhatsApp, e outros líderes do mundo da informática e das redes sociais cobrem a câmera e microfone de seu notebook, exatamente porque sabem das possibilidades do acionamento remoto, sem o seu controle (*G1/Globo*, 22 jun. 2016).

Formas menos sofisticadas, mas igualmente danosas, envolvem o envio de *spyware* para computadores e celulares, que, uma vez acionado pelo acesso em um sítio falso, dispara um programa que passa a espionar as ações realizadas no computador ou celular infectado. Em alguns casos, o aplicativo de espionagem é capaz de ligar câmeras e microfones de seus dispositivos. Embora sejam bastante utilizados para fins comerciais, para acompanhar hábitos de consumo e, assim, enviar anúncios, os *spywares* podem ter utilização muito mais perigosa, principalmente para fins políticos.

O que surgiu como fato auspicioso para a democracia, como possibilidade de fortalecer os mecanismos de controle do Estado pelos cidadãos, na medida em que a transparência poderia ser elevada à máxima potência, permitindo aos eleitores fiscalização e participação muito mais ativas, acabou por representar o oposto, ampliando significativamente os meios de controle pelo Estado. Governos autocráticos podem, por meio de mecanismos de GPS instalados em celulares, por exemplo, saber de toda a movimentação dos cidadãos e identificar suas preferências políticas expressas em grupos de discussão, em curtidas e em comentários em redes sociais, dispondo de muitos mais meios de sufocar opositores e se perpetuarem no poder. A distopia de George Orwell, em *1984*, do controle absoluto do Estado sobre os cidadãos é plenamente possível com as tecnologias atualmente disponíveis. Nessa linha, Zuboff (2019), a partir dos impactos sobre a economia, no que denominou "capitalismo de vigilância" (*"surveillance capitalism"*), aponta que os instrumentos tecnológicos disponíveis podem ocasionar uma mudança de comportamento sem precedentes, criando instrumentos de dominação extremamente poderosos.

A invasão de celulares do então juiz federal Sérgio Moro e de procuradores do Ministério Público Federal que atuaram na Operação Lava Jato foi um exemplo desse tipo de ação por *hackers*. Com a prisão dos responsáveis pela invasão, revelou-se que inúmeras autoridades tiveram seus aparelhos invadidos, incluindo o presidente da República, os presidentes do Senado e da Câmara dos Deputados, além de ministros do Supremo Tribunal Federal e do Superior Tribunal de Justiça. Obviamente que esse tipo de invasão dá margem a chantagens, antecipação de estratégias governamentais de votação, conhecimento sobre visão de mundo e tendências políticas de magistrados, o que é fonte de enorme poder e, por isso, desperta tanto interesse. Os impactos são incalculáveis.[28]

---

[28] Ver, por exemplo, *O Estado de S. Paulo*, de 26.07.2019: *Ataque hacker deixa Poderes atônitos e apreensivos*.

De um lado, a liberdade de expressão é utilizada como justificativa para mínima intervenção estatal. Nos Estados Unidos, por exemplo, a Primeira Emenda à Constituição é invocada sempre que se discutem formas de limitação às redes sociais digitais. A Suprema Corte tem decidido nessa direção, embora reconheça a novidade do assunto e a necessidade de analisar com muito cuidado, dando passos lentos (PACKINGHAM v. NORTH CAROLINA CERTIORARI TO THE SUPREME COURT OF NORTH CAROLINA, 2017):

> Um princípio fundamental da Primeira Emenda é que todas as pessoas têm acesso a lugares onde podem falar e ouvir, e, depois de refletir, falar e ouvir mais uma vez. Hoje, um dos lugares mais importantes para trocar opiniões é o ciberespaço, particularmente as redes sociais, que oferecem "capacidade relativamente ilimitada e de baixo custo para comunicação de todos os tipos" (Reno v. American Civil Liberties Union, 521 U. S. 844, 870), para usuários envolvidos em uma ampla gama de atividades, protegidas da Primeira Emenda em qualquer número de assuntos diversos. As forças e direções da Internet são tão novas e tão inovadoras que os tribunais devem estar conscientes de que o que eles dizem hoje pode ser obsoleto amanhã. Aqui, em um dos primeiros casos que a Corte tomou para abordar a relação entre a Primeira Emenda e a Internet moderna, o Tribunal deve ter extrema cautela antes de sugerir que a Primeira Emenda fornece pouca proteção para o acesso a vastas redes nesse meio. (Tradução e grifos meus)

Como o tema é novo, há dúvidas se conceitos e soluções tradicionais dão conta de responder adequadamente – daí a cautela expressa na decisão da Suprema Corte americana.

Esse caso envolve mídias sociais digitais, mas é basicamente um conflito interno, em que ambos os polos estão nas fronteiras do Estado nacional e, assim, pôde ser resolvido basicamente pelos instrumentos tradicionais do direito, tanto do ponto de vista da legislação que fundamentou a decisão quanto das instituições judiciais que se ocuparam dele. Mesmo assim, ficou expressa a cautela dos julgadores em decidir a matéria em face das peculiaridades da utilização de mídias digitais.

O problema maior e muito mais difícil é quando as mídias digitais envolvem a escala global: por exemplo, material produzido na Rússia, disseminado no Brasil, na França, nos Estados Unidos, por exemplo, com influência direta nas eleições, na pauta legislativa e na formação do pensamento de magistrados e servidores públicos em geral. Quando se trata de ideias que não envolvem crimes, pode-se argumentar que está no campo do debate de pensamentos, de concepções de mundo, que têm e sempre tiveram a escala global como palco. Boa parte dos autores citados em qualquer universidade é estrangeira, e sempre houve um forte intercâmbio mundial de ideias. As redes sociais digitais apenas amplificam isso, o que se trata de notícia alvissareira.

O outro lado, como já se mencionou, é a distorção da paridade de armas, pelos diversos mecanismos fartamente utilizados para disseminar ideias (*astroturfing*, *cyber troops*, propaganda digital etc.), e, muito grave, a disseminação em larga escala de notícias falsas ou distorcidas. Estão as instituições nacionais preparadas para enfrentar tais desafios? Que passos têm sido dados para tanto? As estratégias de autorregulamentação das plataformas digitais (YouTube, Facebook, Twitter etc.) têm sido bem-sucedidas? Alguns analistas são bastante críticos quanto a isso. O jornal britânico *Independent* (18 abr. 2019), por exemplo, aponta:

> Estamos em um tempo de crise política e ninguém sabe o que acontecerá a seguir, mas a confiança em nossas eleições é essencial para reconstruir a fé pública na política. É por isso que o governo deve tomar medidas urgentes para proteger a integridade da nossa democracia. *Não temos as leis que precisamos para defender nossa democracia da interferência online.* (Grifos meus)[29]

---

[29] "We are in a time of political crisis and no one knows what will happen next, but trust in our elections is essential to rebuilding public faith in politics. That's why the government must

Nesse sentido, o banimento do ex-presidente americano Donald Trump do Twitter e as advertências e suspensões temporárias e definitivas de várias personalidades associadas à disseminação de *fake news* foram vistos como positivos por muita gente, como um fortalecimento dos mecanismos de autorregulação para coibir as distorções e um prenúncio de que outros líderes populistas seriam banidos se insistissem em estratégias semelhantes, citando-se, entre outros, o presidente brasileiro Jair Bolsonaro (*The Guardian*, 17 jan. 2021). Por outro lado, não faltaram críticas de que se tratava de censura, que se tentava dificultar a disseminação de ideias conservadoras, que a liberdade de expressão estava em risco, entre outros argumentos (*Financial Times*, 15 jan. 2021).

2.2 As tentativas de regular as redes sociais

As regulações existentes até aqui são claramente insuficientes. Há leis aprovadas em alguns países, mas que centralizam a atenção em combater ações de terrorismo, de pornografia infantil e ações evidentemente ilegais. A *BBC*, por exemplo, em matéria de 8 de abril de 2019, mostra que alguns governos têm proposto medidas para controlar e banir conteúdos nocivos, prevendo elevadas multas às empresas responsáveis pelas redes sociais digitais. Como aponta o juiz da Suprema Corte britânica Lord Neuberger (p. 3):

> Uma nova lei abrangente na França, com uma tradição relativa de interferência estatal mais forte, parece ter provocado uma resposta relativamente silenciosa, enquanto na Alemanha, com suas memórias dos nazistas e da Stasi, uma nova lei proposta, que provavelmente é menos invasiva, causou muita indignação.

take urgent action to protect the integrity of our democracy. We do not have the laws we need to defend our democracy from online interference" (grifos meus).

A atitude no Reino Unido parece estar em algum lugar no meio, enquanto nos EUA o público só se preocupa geralmente com a vigilância sobre o governo desde a revelação feita por Julian Assange e Edward Snowden.[30]

Justin Hendrix, em matéria no *site Just Security*, de 15 de fevereiro de 2018, aponta que a era das mídias sociais digitais sem regulação está no fim. Relata que parlamentares britânicos foram a Washington, D.C., para debaterem com especialistas em mídia, tecnologia e suas interseções com a democracia, a fim de propor medidas para regular o assunto no Reino Unido. As palavras de um membro do parlamento resumem bem o espírito do grupo:

> Você está feliz com o marco regulatório? Não estou falando de autoregulação; estou tratando de um marco regulatório. Você está feliz com o marco regulatório como ele existe atualmente? Dado que o debate está acontecendo agora, onde você vê esse debate indo em benefício não só do Facebook, mas da sociedade em geral? (Brendan O'Hara, deputado do Partido Nacional Escocês para Argyll e Bute, para Monika Bickert do Facebook).[31]

O que se observa é que não há clareza sobre o modo de regulação. Se, de um lado, há consenso de que a autorregulação das plataformas digitais foi insuficiente até aqui para evitar *fake news*, manipulações e campanhas difamatórias, há o

---

[30] "*A wide-ranging new law in France, with is relatively dirigiste tradition, seems to have prompted a relatively muted response, whereas in Germany, with its memories of the Nazis and the Stasi a proposed new law, which is probably less intrusive, has caused much outrage. The attitude in the UK appears to be somewhere in the middle, whereas in the USA the public has only become generally concerned about government surveillance since the revelation made by Julian Assange and Edward Snowden.*"

[31] "*Are you happy with the regulatory framework? I am not talking about self-regulation; I am talking about a regulatory framework. Are you happy with the regulatory framework as it currently exists? Given that the debate is now happening, where do you see that debate going to the benefit not just of Facebook, but of society in general?*" (Brendan O'Hara, Scottish National Party MP for Argyll and Bute, to Facebook's Monika Bickert).

cuidado de a regulação não matar a essência das redes sociais digitais, que é possibilitar uma ampla disseminação de ideias, de pôr pessoas em contato, de permitir um alcance global de muitos debates, antes restritos a circuitos locais.

O que se avançou até aqui é sobre a necessidade de mais transparência das plataformas digitais, o que se evidenciou com o episódio da Cambridge Analytica. Uma consequência é a proliferação de leis de proteção de dados, fenômeno que também chegou ao Brasil (Lei nº 13.709/2018), que passou a exigir uma série de cuidados para os detentores de dados de terceiros, como é o caso das plataformas digitais. Suzanne Nossell, por exemplo, se manifesta nessa linha de argumentação (*The Guardian*, 17 jan. 2021):

> Embora eu acredite que o governo não deve legislar o que pode ou não ser publicado em uma plataforma como o Twitter, precisamos de proteções muito mais robustas para o público em termos de transparência: como essas decisões são tomadas, quais são as regras, qual é a base do julgamento em uma instância individual. Se você tem uma reivindicação válida de que você não deveria ter sido expulso de uma rede social, na prática não há recurso; muitas vezes um recurso pode entrar em um buraco negro, as pessoas não podem obter respostas e nem sequer sabem que regra eles são acusados de violar. É preciso que haja um processo robusto acessível às pessoas em tempo real.[32]

Na Alemanha, depois de ataques a sinagogas e do assassinato de algumas pessoas, incluindo de político, o governo anunciou uma série de medidas para conter discursos de

---

[32] "While I believe the government should not be legislating what can and can't be published on a platform like Twitter, we need far more robust protections for the public in the terms of transparency: how these decisions are made, what the rules are, what the basis of adjudication is in an individual instance. If you have a valid claim that you shouldn't have been kicked off, there really is no recourse; often an appeal can go into a black hole, people can't get answers and don't even know what rule they are accused of violating. There needs to be a robust process accessible to people in real time."

ódio, dentre elas a obrigação de as redes sociais reportarem às autoridades manifestações que hostilizem grupos sociais e instituições, apagando as mensagens e indicando o *internet protocol* (IP) do usuário. Políticos locais passaram a receber a mesma proteção que políticos estaduais e federais contra ataques difamatórios e profissionais de medicina que realizam atendimentos emergenciais, bem como paramédicos, ou seja, proteção especial do Estado. Além disso, todos os programas existentes para prevenir e combater os movimentos antissemitas e de ódio, de forma geral, foram reforçados. A ministra da Justiça alemã Christine Lambrecht (SPD) declarou (*DW*, 30 out. 2019):

> O governo alemão está enfrentando o extremismo de direita e o antissemitismo por todos os meios habilitados pelo Estado de Direito. O que a desinibição e libertação do ódio na rede pode levar foi mostrado novamente no terrível ataque à comunidade judaica em Halle.[33]

A chanceler da Alemanha, Angela Merkel, aproveitou o episódio de banimento do presidente Trump do Twitter para reforçar a importância de aprovar leis mais restritivas para coibir discursos de ódio, sugerindo que os demais países, incluindo os Estados Unidos, poderiam aproveitar a experiência alemã nesse campo (*Financial Times*, 15 jan. 2021).

No Brasil, o Congresso Nacional instalou uma Comissão Parlamentar Mista de Inquérito para investigar as notícias falsas, identificar os responsáveis e avaliar os impactos nas eleições. Há também inquérito tramitando no STF com muitas providências, sendo algumas controversas, como ordem para bloqueio de contas de usuários suspeitos de promover atos

---

[33] *"German government is confronting right-wing extremism and anti-Semitism by all means enabled by of the rule of law. What the disinhibition and unleashing of hatred in the net can lead to was shown again in the terrible attack on the Jewish community in Halle."*

antidemocráticos e disseminar notícias falsas, além de ações de busca e apreensão e até ordens de prisão. Existem ainda ações no Tribunal Superior Eleitoral que questionam o resultado das eleições de 2018, que teriam sido fortemente influenciadas por esse tipo de manobra.

2.3 Comissão Parlamentar Mista de Inquérito

A CPMI foi requerida em 2019, inicialmente instaurada com prazo de 180 dias, posteriormente prorrogada por tempo indeterminado, para "investigar os ataques cibernéticos que atentam contra a democracia e o debate público; a utilização de perfis falsos para influenciar os resultados das eleições 2018; a prática de *cyberbullying* sobre os usuários mais vulneráveis da rede de computadores, bem como sobre agentes públicos; e aliciamento e orientação de crianças para o cometimento de crimes de ódio e suicídio".

O requerimento de abertura demonstra conhecer bem os mecanismos de atuação e os efeitos do uso das *fake news*, apontando que as estratégias de manipulação eleitoral e da opinião pública são semelhantes às utilizadas nas eleições americanas e que teriam começado a existir no Brasil desde 2012, mencionando a automotização de ferramentas de publicação, o uso de robôs, que são contas controladas por *softwares* que se passam por seres humanos e têm forte presença nas redes sociais, participando muito ativamente dos debates políticos:

> Nas discussões políticas, os robôs têm sido usados por todo o espectro partidário não apenas para conquistar seguidores, mas também para conduzir ataques a opositores e forjar discussões artificiais. Manipulam debates, criam e disseminam notícias falsas – as chamadas *fake news* –, e influenciam a opinião pública por meio da postagem e replicação de mensagens em larga escala.

O requerimento chega a mencionar a possibilidade de robôs estarem atuando do exterior, como se especula que teria ocorrido nas eleições americanas de 2016, fortemente afetadas pela participação russa, e menciona a *deep web*, área não rastreável da internet, que seria utilizada para prática de crimes de ódio, incentivo a suicídio e assassinatos em massa; além disso, especula-se que seja utilizada para tráfico de drogas, de armas e de órgãos.

No requerimento para prorrogar os trabalhos da CPMI por mais 180 dias, os subscritores assinalaram: "Os trabalhos até agora têm mostrado indícios robustos sobre o uso de perfis em redes sociais que atentam contra a democracia, a saúde pública e outros aspectos do cotidiano dos brasileiros".

2.4 O inquérito no STF

No STF, foi aberto, em 2019, o Inquérito nº 4.781, de caráter sigiloso, com o objetivo de investigar, na ambiência dos ministros do Supremo Tribunal Federal, "notícias fraudulentas (*fake news*); falsas comunicações de crimes, denunciações caluniosas, ameaças e demais infrações revestidas de *animus caluniandi, diffamandi* ou *injuriandi*, que atingem a honorabilidade e a segurança do Supremo Tribunal Federal, de seus membros; bem como de seus familiares, quando houver relação com a dignidade dos Ministros, inclusive o vazamento de informações e documentos sigilosos, com o intuito de atribuir e/ou insinuar a prática de atos ilícitos por membros da Suprema Corte, por parte daqueles que tem o dever legal de preservar o sigilo; e verificação da existência de esquemas de financiamento e divulgação em massa nas redes sociais, com o intuito de lesar ou expor a perigo de lesão ao Poder legitimado e ao Estado de Direito".

Como parte das investigações, após citar longamente as postagens e o modo de operação dos indivíduos alcançados, o relator, ministro Alexandre de Moraes, autorizou medidas de busca e apreensão de computadores, *tablets*, celulares e quaisquer outros dispositivos eletrônicos, "bem como de quaisquer outros materiais relacionados à disseminação das aludidas mensagens ofensivas e ameaçadoras", em poder de diversos investigados, além de bloqueio de contas em redes sociais, oitiva pela Polícia Federal, afastamento de sigilo fiscal e bancário de diversos empresários que seriam financiadores dos investigados, oitiva de alguns parlamentares supostamente envolvidos com o grupo e expedição de ofício para que a rede social Twitter forneça a identificação de alguns usuários.

A decisão foi apoiada por muitos segmentos da sociedade brasileira, mas também recebeu reprimendas. Um artigo assinado por Fernão Lara Mesquita, um dos membros da família proprietária do Jornal *O Estado de S. Paulo* resume bem as críticas (*"Sou da Velha Guarda"*, de 04 ago. 2020).

> Já vi esse filme antes. Júlio de Mesquita Filho, meu avô, foi preso 17 vezes e exilado duas pelo Alexandre de Moraes de seu tempo que também era fascista e também se tornou herói da esquerda brasileira (os radicais sempre foram gêmeos idênticos). E não parou nisso, como também não vai parar o de hoje. Em 25 de março de 1940, faltando menos de três meses para Getúlio Vargas saudar o desfile das tropas nazistas por baixo do Arco do Triunfo da Étoile, em Paris, como "Uma nova aurora para a humanidade...", discurso desaparecido dos anais, mas do qual havia memória viva em minha casa, este jornal foi invadido por soldados de baioneta calada. Dos dois Mesquitas que na época eram, sim, responsáveis pela opinião d'O Estado, o jornalista, Júlio, já estava no segundo exílio, fora do Brasil, e seu irmão, Francisco, que guardava a trincheira, saiu dali para a cadeia.
>
> (...)
>
> Assim, ainda que seja mais raro a cada dia eu ter certezas, esta, sem nenhum heroísmo, mantenho intacta. A História já me absolveu. Não há exceções. As tiranias se instalam quando o Estado consegue deter pela força o livre fluxo das ideias.

As tiranias desmoronam quando a informação volta a circular. Continuo tendo horror à censura. E certeza absoluta da sua malignidade. Fosse por mim, este jornal estaria como sempre: contratando os jornalistas "cancelados" e dando guarida a todo e qualquer perseguido político.

O ponto central do debate é a definição dos limites da liberdade de expressão, um dos pilares mais fundamentais da democracia. A partir de que ponto críticas duras ao STF são um atentado à instituição e ao sistema democrático? Defender a ideia de fechamento do STF, contestar asperamente decisões, defender mudanças de composição e o ingresso de novos membros, argumentar em favor de *impeachment* de alguns integrantes e disseminar amplamente os argumentos são vedados pela Constituição Federal? Certamente que não.

E valer-se de manipulação, de notícias falsas, de mecanismos de psicologia cognitiva para defender seus argumentos e convencer as pessoas é lícito? E, para isso, contar com uma vasta rede, financiada por empresários, encontra proteção no ordenamento jurídico? O livre fluxo de ideias garante a existência desses movimentos? Embora o fenômeno seja novo na forma de utilização de mídias sociais digitais, a questão do limite da liberdade de expressão é antiga. Por exemplo, na Alemanha, o livro *Main Kampf*, de Adolf Hitler, ficou 70 anos sem ser editado. É que os direitos autorais ficaram para o estado da Baviera, que não autorizava reedição. Com o fim desses direitos, o livro foi publicado pelo Instituto de História Contemporânea de Munique, com muitas críticas da comunidade judaica (*Observador*, 02 dez. 2005), mas livros defendendo outras ditaduras, como a do proletariado, de Karl Marx, e todos os autores contrários à democracia (com exceção da Alemanha, *Mein Kampf*, por exemplo, não encontra dificuldades para publicação) circulam livremente por todos os países democráticos. Basta uma pesquisa no *site* da

Amazon, por exemplo, de qualquer país democrático que se constata esse fato. Embora o ordenamento jurídico já preveja sanções para os que praticarem calúnia, difamação e injúria – os chamados crimes de opinião –, as mídias sociais digitais são muito mais difíceis de alcançar. Muitos conteúdos são produzidos fora do país por autores completamente desconhecidos, e a rede de robôs é de difícil identificação, porque existem muitos mecanismos que garantem o anonimato, o que torna a aplicação das leis contra os crimes de opinião muito mais complexa e difícil nesses casos.

Mesmo com essas questões, a censura prévia, o banimento de formas de expressão, por mais danosas que possam ser à própria democracia, enfrenta controvérsias de difícil superação. É o velho dilema de até onde a democracia tolera os que a querem destruir.

O ponto central aqui, porém, é a reação institucional à exacerbação do uso das mídias sociais digitais, com forte impacto nas eleições e, consequentemente, no próprio funcionamento das instituições. Como se analisou, há desde fortes medidas do Congresso Nacional, com comissão de inquérito e propostas legislativas de regulamentação, até inquérito na mais importante corte do Brasil.

2.5 Chegada ao Poder pelo uso da manipulação das redes sociais

Uma questão que tem chamado muito a atenção no atual debate político é a chegada ao Poder pelos meios da democracia e, uma vez lá, buscar solapar as instituições que limitam o Poder, como o Legislativo e o Judiciário e a imprensa tradicional. Parte de uma frustração de quem se elegeu para chefiar o Poder Executivo e não dispõe de poderes ilimitados, precisa aprovar leis, algumas leis são incompatíveis com a

Constituição, o que atrai a ação de cortes constitucionais, a contrariar os projetos desses grupos. Daí, por exemplo, as manifestações utilizando outras vezes as redes sociais digitais de que "Supremo é o Povo", *slogan* muito repetido no Brasil por grupos de apoio ao presidente Jair Bolsonaro contra decisões do STF que impediram suas ações. Além disso, uma das áreas de maior expansão na segunda década do século XXI tem sido a da ciência de dados, que consiste na coleta de grande quantidade de dados – de consumidores e de eleitores, por exemplo – para fins comerciais e políticos. Para tanto, sofisticadas plataformas computacionais de análise têm sido desenvolvidas, que permitem chegar a conclusões muito elaboradas sobre comportamentos, incluindo análises preditivas.

Episódios de grande repercussão aconteceram nesse campo. O Facebook, por exemplo, sofreu, em 2016, escândalo de grandes proporções em razão da empresa Cambridge Analytica ter utilizado dados coletados naquela rede social (curtidas, comentários etc.) para traçar perfil psicológico de usuários e, assim, enviar mensagens de cunho eleitoral de acordo com o perfil traçado. Estima-se que quase 100 milhões tenham sido atingidos por essa ação e que essas análises tenham influenciado os resultados do Brexit e a eleição de Donald Trump. O proprietário do Facebook, Mark Zuckerberg, prestou depoimentos no Senado americano e no Parlamento europeu, reconheceu as falhas, pediu desculpas, prometeu corrigir vulnerabilidades do *software*, mas não houve maiores consequências. Não por acaso, se uma pessoa ingressar em um *site* de compras e buscar determinado produto, em pouco tempo seu *e-mail* e sua conta do Facebook receberão grande quantidade de anúncios sobre o produto objeto da pesquisa. Certamente que não se trata de coincidência.

Leis de proteção de dados dos usuários de internet e de redes sociais foram editadas com o intuito de proteger os que as utilizam, mas, na prática, os resultados são ambíguos, porque se recebe um aviso, assim que se ingressa em um site, de que ele opera com *cookies*, que são programas que gravam as preferências dos consumidores, e o usuário é convidado a concordar para continuar no site. É um passo em relação ao modelo anterior, em que a informação era recolhida sem comunicação, mas não é tanta coisa, porque as pessoas querem acessar os *sites*.

Em *A máquina do ódio*, a jornalista Patrícia Campos Mello descreve em detalhes o funcionamento das relações entre as redes sociais e as agendas políticas, narrando também uma experiência pessoal em que foi vítima de intensa campanha de difamação após ser responsável por reportagens que revelaram detalhes sobre o funcionamento das estruturas de manipulação da opinião pública por meio das redes sociais, incluindo a ampla utilização nas eleições de 2018 (*Location 947*):

> Sob Bolsonaro, presidente eleito democraticamente, a era da perseguição voltou, por meio de redes sociais e milícias virtuais. Trata-se de uma nova forma de censura, terceirizada para exército de trolls patriótico repercutidos por robôs no Twitter, Facebook, Instagram e WhatsApp. E as jornalistas mulheres são vítimas preferenciais. À diferença de nossos colegas homens, é muito mais corriqueiro termos dados pessoais expostos na internet, sofrermos comentários jocosos sobre nosso aspecto físico, ofensas a nossa honra e ameaças on-line que muitas vezes migram para o mundo real.

Ela conclui que, apesar de não haver estudos comprovando que esse tipo de ação seja decisivo para o resultado de eleições, já há evidências de sua eficácia para (*Location 1523*) "inflamar as bases, convencer eleitores a espalhar uma mensagem ou sair de casa para votar".

É a distopia de George Orwell levada ao paroxismo. No famoso romance *1984*, o "Grande Irmão" controlava tudo, dispondo de vários meios para tanto. A "tela-tela" na casa de cada habitante era um dos meios mais eficazes de controle.

A Panopticon de Bethan, em que o controlado é visto em todos os seus mínimos movimentos e pouco ou nada consegue ver sobre quem o controla, encontra nas tecnologias hoje disponíveis amplas possibilidades de se realizar. Interessante que Norberto Bobbio, em livro publicado no início dos anos 1980, já alertava para esse fenômeno (BOBBIO, 1984, p. 120):

> Quão pouco em comparação com as enormes possibilidades hoje abertas para um Estado dono dos grandes memorizadores artificiais. Se esta perspectiva é apenas um pesadelo ou um destino ninguém está em condições de prever. Seria de todo modo uma tendência oposta à que deu vida ao ideal de democracia como ideal do poder visível: a tendência não mais rumo ao máximo controle do poder por parte dos cidadãos, mas, rumo ao máximo controle dos súditos por parte de quem detém o poder.

Governos autoritários e mesmo governos democráticos podem utilizar – e há evidências de que utilizam – esses programas para espionar e controlar seus adversários, como líderes políticos, jornalistas e intelectuais. Nos Estados Unidos, por exemplo, são frequentes as desconfianças e acusações sobre a atuação do *National Security Agency* (NSA). A União Americana pelas Liberdades Civis (ACLU) aponta constantemente esses perigos, citando programas como o PRISM, que permite que a NSA reúna e pesquise *e-mails* internacionais, ligações de internet sem autorização, o que foi motivo de denúncia que se tornou famosa por Edward Snowden em 2013. Patrick Toomey, um advogado da ACLU, afirma:[34]

> O governo insiste que usa este programa para atingir estrangeiros, mas isso é apenas metade do quadro: na realidade, ele usa o PRISM como pano de fundo para as comunicações privadas

---

[34] Disponível em: www.aclu.org. Acesso em: 15 out. 2020.

dos americanos, violando a Quarta Emenda em grande escala. Não sabemos o número total de americanos afetados, mesmo hoje, porque o governo se recusou a fornecer qualquer informação.[35]

2.6 O poder econômico e a democracia

Além do poder econômico utilizado para potencializar as redes sociais e influenciar as escolhas públicas, incluindo as eleições, a força do dinheiro influencia a democracia de diversas outras formas, promovendo ideias e personalidades nos meios de comunicação tradicionais, dificultando a divulgação de pensamentos contrários aos interesses dominantes, financiando campanhas eleitorais e até comprando votos.

Robert Dahl (2009) chama a atenção para o fato de a desigualdade econômica implicar desigualdade política, destacando que os recursos políticos acabam sendo menores para os grupos menores favorecidos, o que torna a desigualdade econômica desigualdade política. Formalmente, cada pessoa tem direito a um voto. Na prática, a capacidade de influenciar o debate e fazer prevalecer suas preferências é muito maior para os mais fortes economicamente.

Krugman resume as preocupações nesse campo:

> As contribuições de campanha, tradicionalmente dominadas pelos ricos, fazem parte da história. Um relatório do Times de 2015 descobriu que menos de 400 famílias respondiam por quase metade do dinheiro arrecadado na campanha presidencial de 2016. Isso é importante tanto diretamente – os políticos que propõem grandes aumentos de impostos sobre os ricos não podem esperar ver muito de seu dinheiro – e indiretamente: os doadores ricos têm acesso aos políticos de uma maneira

---

[35] *"The government insists that it uses this program to target foreigners, but that's only half the picture: In reality, it uses PRISM as a backdrop into Americans' private communications, violating the Fourth Amendment on a massive scale. We don't know the total number of Americans affected, even today, because the government has refused to provide any estimate."*

que os americanos comuns não têm e desempenham um papel desproporcional na formação da visão de mundo dos legisladores. (...) No entanto, a influência do dinheiro na política vai muito além das contribuições de campanha. O suborno direto provavelmente não é um grande fator, mas, no entanto, existem grandes recompensas financeiras pessoais para figuras políticas que apoiam os interesses dos ricos. Políticos pró-plutocratas que tropeçam, como Eric Cantor, o ex-presidente da Câmara – que celebrou o Dia do Trabalho homenageando proprietários de empresas – rapidamente encontram cargos lucrativos no setor privado, empregos na mídia de direita ou sinecuras bem pagas em think tanks conservadores. Você acha que existe uma rede de segurança comparável para gente como Alexandria Ocasio-Cortez ou Ilhan Omar? (*NYT*, 07 maio 2020).[36]

O *lobby* é uma das dimensões do poder econômico, uma vez que grupos de interesse conseguem reunir recursos para fundar *think tanks* e contratar pesquisadores, consultores, advogados, economistas e profissionais especializados de forma geral para produzir e disseminar conteúdos que reforcem seus pontos de vista entre os que tomam decisões, como parlamentares e juízes.

Embora não seja regulamentado no Brasil, é amplamente praticado de diversas formas, nem todas muito sutis.

---

[36] "*Campaign contributions, historically dominated by the wealthy, are part of the story.* A 2015 Times report found that at that point fewer than 400 families accounted for almost half the money raised in the 2016 presidential campaign. This matters both directly — politicians who propose big tax increases on the rich can't expect to see much of their money — and indirectly: Wealthy donors have access to politicians in a way ordinary Americans don't and play a disproportionate role in shaping policymakers' worldview". (...) However, the influence of money on politics goes far beyond campaign contributions. Outright bribery probably isn't much of a factor, but there are nonetheless major personal financial rewards for political figures who support the interests of the wealthy. Pro-plutocrat politicians who stumble, like Eric Cantor, the former House whip — who famously celebrated Labor Day by honoring business owners — quickly find lucrative positions in the private sector, jobs in right-wing media or well-paid sinecures at conservative think tanks. Do you think there's a comparable safety net in place for the likes of Alexandria Ocasio-Cortez or Ilhan Omar?" (*NYT*, 05 jul. 2020).

Há diversos escritórios de consultoria que circulam com desenvoltura pelos corredores do Congresso Nacional, além de associações empresariais e de diversas classes de trabalhadores organizados que atuam para implementar suas agendas políticas.

Também no Poder Judiciário, a força do poder econômico se manifesta. Escritórios de advocacia dispondo dos melhores recursos são obviamente muito caros e acessíveis a poucos. A figura do *"amicus curiae"*, embora importante, em muitos casos serve como prática de *lobby*, uma vez que setores poderosos contatam entidades para atuar como *"amicus"* da corte e secretamente financiam advogados caríssimos para que reforcem os argumentos dos litigantes principais. Com isso, esses grupos terão mais pessoas entregando memoriais aos ministros, argumentando nos processos e até fazendo sustentações orais.

Portanto, é uma ficção imaginar paridade de armas entre os vários setores da sociedade, na máxima de que "um homem, um voto", como se fossem todos iguais e prevalecesse a vontade da maioria. Na prática, há vários mecanismos que desmentem essa ideia, quer seja pela manipulação, em que as redes sociais (sem exclusividade) assumiram papel importante, quer seja nas pressões exercidas sobre parlamentares e membros do Poder Executivo pelas diversas formas de *lobby* e até sobre juízes, incluindo os membros do Supremo Tribunal Federal. Obviamente que pressão não implica imposição de preferências sobre as autoridades pressionadas, mas implica o desequilíbrio das possibilidades de apresentar argumentos a quem tem o poder de decidir.

O federalismo é importante como técnica de contenção do poder, no sentido de evitar que um pensamento único prevaleça em toda a extensão de uma nação e considerando que as pequenas localidades têm alguns mecanismos – embora lhes faltem outros – de controle do poder, como a maior possibilidade de vigilância sobre os atos dos governantes, por exemplo. Bobbio (2009 [1984]) desenvolveu essa ideia ao defender que a descentralização (o federalismo como a sua forma institucionalmente mais forte) era uma das maneiras de transparência mais eficazes, uma vez que, quanto mais próximo está o poder do cidadão, maiores as possibilidades de fiscalização por meio do acesso ao que está sendo decidido.

É claro que há outros problemas nas pequenas localidades – exploramos alguns neste livro – que dificultam um controle mais efetivo. Se é mais fácil visualizar os desvios, é também mais fácil perseguir, mais fácil sufocar grupos opositores por diversos meios que são menos acessíveis em localidades maiores. A vantagem do federalismo, nesse ponto, é que, ao mesmo tempo em que implica descentralização, também pode implicar centralização, no sentido de que excessos locais podem ser contidos por instituições centralizadas, desde o Tribunal de Justiça, que pode afastar um prefeito que cometa abusos, até o Supremo Tribunal Federal, que declara inconstitucional uma lei estadual, ou Superior Tribunal de Justiça, que pode afastar cautelarmente um governador corrupto.

Além disso, o sistema judiciário eleitoral é federal, embora a maior parte de sua composição seja de membros do respectivo Poder Judiciário estadual. Aqui, cabe um parêntese para esse sistema muito peculiar, em que o poder federal e o poder estadual convivem institucionalmente no mesmo teto. A legislação de regência da justiça eleitoral é federal, o orçamento é federal, mas a maior parte dos membros é estadual, incluindo o presidente e o vice-presidente do Tribunal Regional Eleitoral. Dentre os sete membros desse tribunal, há um juiz federal e um representante dos advogados, que é nomeado pelo presidente da República a partir de lista tríplice formada pelo respectivo Tribunal de Justiça. Conta ainda com a atuação do Ministério Público Eleitoral, que são membros do Ministério Público estadual (na primeira instância) e do Ministério Público federal (na segunda instância), que recebem uma gratificação extra para acumularem essas novas responsabilidades. Isso quer dizer que não se dedicam exclusivamente à fiscalização das eleições, mas continuam com suas atribuições ordinárias, como regra geral. É, portanto, um sistema híbrido, desenhado com o objetivo de garantir que as eleições sigam as leis e evitar que o poder econômico se imponha. É difícil avaliar se o desenho é adequado, se os elevados custos para manter esse arcabouço institucional são superados pelos benefícios de eleições hígidas. É fato que já houve até governadores afastados e que frequentemente prefeitos eleitos são impedidos de tomar posse por decisões de tribunais eleitorais. Mesmo assim, notícias de compras de votos e de abusos de poder econômico são frequentes, minando os fundamentos da democracia.

2.7 Federalismo e democracia: algumas proposições

Com o intuito de organizar melhor o pensamento, analisemos algumas proposições que estabelecem relações entre o federalismo e a democracia.[37]

2.7.1 Proposição 1: o federalismo não é condição suficiente para a democracia

Recorre-se novamente a Tocqueville (2005 [1835], p. 91), dessa vez para lembrar que o ilustre autor reconhece que nem sempre o pleno envolvimento do cidadão com as questões locais acontece, já antecipando que o federalismo não constitui condição suficiente para a plena democracia. Quando examinou os estados do sul dos EUA, notou que a participação do povo não era tão ativa quanto a da Nova Inglaterra, apontando que:

---

[37] Esta seção retoma Lima (2007).

À medida que descemos para o Sul, percebemos que a vida comunal se torna menos ativa; a comuna tem menos magistrados, direito e deveres; a população não exerce aí uma influência tão direta sobre a coisa pública; as assembleias comunais são menos frequentes e se estendem a menos objetos. O poder do magistrado eleito é, pois, comparativamente, maior e o do eleitor, menor; o espírito comunal é menos vivo e menos poderoso.

Além do possível baixo envolvimento dos habitantes locais, cabe analisar as demais razões por que o federalismo não garante a democracia. Suponha uma federação em que tenha se instalado uma ditadura. O ditador indica todos os dirigentes locais. Talvez caiba a pergunta se se trata de fato de uma federação, já que a autonomia das unidades é muito restringida pela indicação de seus dirigentes pela autoridade nacional.

Efetivamente, pode-se avaliar que a federação é meramente formal; a realidade, contudo, indicaria um modelo unitário, em que todas as decisões são tomadas pelo governo central, e os governantes locais se configuram como meros delegados do governo central.

Suponha, então, de forma distinta, que se trata de um federalismo pleno, com governantes locais autônomos em relação ao governo central, quer eleitos localmente, quer ditadores locais. Suponha que o governo central é uma ditadura. Admita ainda que não há separação de poderes nem liberdade de imprensa. Não se contesta, nesse caso, a existência de federação: há um governo central que exerce a soberania, governos autônomos que integram a federação e cláusula de indissolubilidade, mas os requisitos para a democracia não estão presentes.

Uma terceira situação permite igualmente concluir a não necessária simultaneidade entre federalismo e democracia. Admita uma federação em que há eleições para o poder central e para os governos locais e que estes sejam autônomos em relação àquele. Admita inexistir, contudo, imprensa livre e liberdade de associação. Conforme apontam Bobbio (2000) e Dahl (1997), faltam os requisitos básicos para se falar em democracia. Não se questiona, entretanto, a plena existência de federalismo.

Por fim, imagine-se uma federação em que há eleições livres e periódicas em todas as esferas de governo, com liberdade plena de imprensa e de associação. Admita, contudo, a inexistência de separação de poderes. O chefe do Poder Executivo controla o Poder Judiciário e o Poder Legislativo, o que se repete tanto no governo central quanto nos governos locais. A existência de eleições livres e periódicas não preenche todos os requisitos para a democracia. Na situação em escopo, o que há é uma ditadura que se renova periodicamente. É como se o povo escolhesse seu novo ditador para o próximo período. Sem Poder Judiciário independente, não se pode contestar se as decisões do governante estão em conformidade com a Consituição e as leis. O Poder Legislativo subordinado ao Poder Executivo torna este imune à fiscalização e à contestação.

O máximo que a população poderá fazer é trocar o ditador nas próximas eleições. Novamente se demonstra a não incompatibilidade entre federalismo – que, neste caso, é pleno – e ditadura. É fácil ver na experiência internacional diversos países que são constitucionalmente federais, mas difícil afirmar que constituem democracias plenas, como a Rússia e a Malásia, por exemplo. Também na história brasileira, registram-se diversos momentos em que a constituição era federalista, mas se vivia em regime não democrático, caso das Constituições de 1937 e de 1967/69.

Além disso, por problemas de baixa educação e de ausência de formação política, os cidadãos não se sentem preparados ou motivados para fiscalizar as ações do governo local, em situação semelhante à exemplificada por Tocqueville

(2005 [1835]) nos estados do sul dos Estados Unidos na primeira metade do século XIX. Nessa linha, prosperam casos de corrupção em diversos municípios brasileiros, conforme amplamente noticia a imprensa nacional e alguns estudos acadêmicos documentam – ver, por exemplo, Costa (2016) e Ferreira (2018). Por óbvio, tal estado de coisas enfraquece o argumento de que, nas localidades, as preferências dos cidadãos tendem a ser mais observadas e, consequentemente, os valores, democráticos, conforme a doutrina em favor da descentralização preconiza.

A corrupção é, talvez, a forma mais perversa de subversão da democracia nas localidades, mas não é a única. Com frequência, as instituições locais funcionam precariamente, com controle político quase que absoluto dos prefeitos, que dominam não apenas as câmaras de vereadores, como os diversos conselhos municipais (educação, saúde), que, em princípio, deveriam advir da população. A vida na comuna, com cidadãos vibrantes e senhores do destino local e, por meio dele, do futuro da nação, está, por conseguinte, muito longe da realidade da maior parte dos municípios brasileiros. Nessa direção, Hueglin e Fenna (2015) apontam que os esforços do Brasil para descentralizar competências na Constituição de 1988 paradoxalmente trouxeram elementos que implicam atrasos institucionais, uma vez que a influência das oligarquias ainda é muito forte em muitos estados e municípios.

É claro que sempre se pode argumentar que a participação popular é um processo, que envolve aprendizado, tendendo a aperfeiçoar-se ao longo do tempo. De fato, essa tese pode ser comprovada em algumas situações. Vejam-se as experiências com orçamento participativo. Os resultados são muito distintos, conforme a localidade que o adotou, mas, em alguns lugares, foi relativamente bem-sucedido (SOUZA, 2001; PIRES, 2011; PERES, 2020).

Peres (2020) aponta ainda que, apesar de algumas experiências exitosas, diminuíram as cidades que adotam o orçamento participativo ao longo dos anos. A autora argumenta que o processo de setorialização e verticalização das políticas públicas explica, pelo menos em parte, esse processo, na medida em que vincula as despesas nacionalmente, restando pouco espaço para discussões locais. Assim, hierarquizam-se as decisões mais importantes, não se permitindo que no ambiente local se tomem decisões relevantes sobre a destinação dos recursos públicos, o que, obviamente, gera desestímulo à participação. Trata-se de mais uma evidência de que federalismo não implica necessariamente maior democracia, sendo fundamental que o modelo adotado contemple amplas possibilidades de que as decisões mais relevantes sejam definidas na ponta.

Os três problemas da participação, conforme aponta Abers (2000), citado por Souza (2001, p. 6), resumem bem as dificuldades inerentes ao pleno envolvimento do cidadão nos negócios locais, nos moldes de Tocqueville (2005 [1835]):

> O primeiro é o "problema de implementação", isto é, mesmo quando os governos buscam implementar mecanismos participativos voltados para integrar grupos menos poderosos no processo decisório, os mais poderosos têm força para impedir essa participação. O segundo é o "problema da desigualdade": mesmo quando espaços são criados para que todos participem, as desigualdades socioeconômicas tendem a criar obstáculos à participação de certos grupos sociais. O terceiro é o "problema da cooptação": mesmo que os espaços de participação sejam genuinamente representativos, o desequilíbrio entre o governo e os participantes, no que se refere ao controle da informação e dos recursos, faz com que a participação seja manipulada pelos membros do governo.

De certa forma, esse é o problema, guardadas as particularidades, da democracia de forma geral: existência de práticas e procedimentos que, na prática, dificultam a participação política, o que é reforçado pela desigualdade entre os cidadãos, tanto do ponto de vista econômico quanto educacional, o que implica uma atuação muito mais efetiva dos grupos mais fortes e também em cooptação pelos detentores do poder dos grupos mais frágeis.

2.7.2 Proposição 2: a descentralização é condição necessária para a democracia

Esta proposição é tanto mais verdadeira quanto maior a heterogeneidade entre as regiões, os estados da federação e as localidades. Demonstra-se mais facilmente por oposição. Suponha um país em que quase todas as decisões sejam centralizadas, isto é, tomadas no âmbito do governo central, por representantes eleitos em cada localidade, mediante maioria simples. Suponha ainda que o país possua território médio e população distribuída ao longo do território. Admita também que, em alguns assuntos, os gostos e preferências da população de cada localidade sejam heterogêneos entre si, ou seja, diferentes localidades apresentam diferentes preferências. Desse modo, se um país tem dez localidades representadas e as decisões são tomadas por maioria de forma centralizada, as preferências de uma localidade que seja minoritária poderão ser preteridas.

Um exemplo ajuda a tornar mais claro o argumento. Suponha que a população de determinada localidade atribua grande valor ao ensino de religião na educação formal. As demais localidades entendem que as instituições educacionais não devem imiscuir-se no assunto, ficando a formação religiosa a cargo das famílias e das respectivas igrejas. Como a decisão é tomada centralizadamente, ganhará a segunda visão, frustrando a pretensão da primeira localidade. Tal decisão foi aparentemente democrática, pois, afinal, os que a tomaram foram eleitos pelo povo e decidiram pelo sistema de maioria. No entanto, a pretensão que poderia ser da totalidade ou de uma maioria muito expressiva da população de uma localidade foi sufocada. Sem descentralização, há, pois, possibilidade de a vontade de uma população não ser respeitada, tendo em vista assuntos que são de foro eminentemente local serem decididos por eleitores de outras localidades.

Sobre o tema da educação, um importante tema chegou ao STF (RE nº 888.815). É que os pais de uma menina de 11 anos ingressaram com mandado de segurança contra decisão de secretária de Educação do município de Canela, no Rio Grande do Sul, que negou pedido para que a criança fosse educada em casa e orientou-os a fazer matrícula na rede regular de ensino, onde até então havia estudado. As duas instâncias judiciárias gaúchas negaram o direito, sob o argumento de que não havia legislação que amparasse. O relator no STF, ministro Luís Roberto Barroso, em grande parte fundamentado na jurisprudência e prática dos Estados Unidos, reconheceu o direito do ensino domiciliar, no que não foi acompanhado pela maior parte dos ministros, que negaram provimento ao RE sob o argumento principal de que a matéria não estava regulamentada por lei e que as exigências de um padrão mínimo curricular e da necessidade de convivência comunitária foram estabelecidas pela Constituição Federal.

É um caso típico de decisão centralizada nacionalmente. Embora os argumentos sobre a necessidade de socialização, de exigências de padrão e de dificuldades operacionais para fiscalizar o ensino doméstico sejam eloquentes, é fato que a centralização no Ministério da Educação das decisões sobre os currículos mínimos – o que contribui para dificultar e até mesmo impedir, como no caso em análise, o ensino doméstico – acaba por padronizar valores decididos nacionalmente e atribuir menor importância a valores locais.

Tal aspecto se acentua se a heterogeneidade é uma característica do país. Tomemos, como exemplo, o Canadá, país com duas línguas oficiais, distribuídas entre as diferentes províncias.[38] Por óbvio, quanto mais centralizadas as decisões, menor o caráter democrático delas, dado que as preferências de cada província, conforme a língua e a origem cultural, tendem a ser muito distintas. Não por acaso, há um forte movimento separatista em Quebec, província de língua francesa, que se fortalece quando ações centralizadoras se ensaiam.

Tal reflexão se amolda às decisões tomadas centralizadamente. Por exemplo, quando o constituinte originário brasileiro decidiu que matérias de direito penal seriam de competência privativa da União, perdeu-se um pouco do caráter democrático da Carta. Afinal, determinados bens jurídicos podem ser muito valiosos no Acre, merecendo a ação da *ultima ratio* do estado, enquanto, no restante do país, o bem é de menor valor, merecendo reprimenda meramente moral ou cível, como uma multa, por exemplo. Como as decisões serão tomadas em Brasília, pelo critério de maioria, o povo do Acre não verá a prevalência de suas preferências.

Não por acaso o princípio da subsidiariedade é tão expressivo para o federalismo. Ele orienta que as decisões devem ser tomadas da forma mais descentralizada possível. A centralização só deve ocorrer em casos muito específicos, devidamente justificados por ganhos de escala ou por outras vantagens devidamente fundamentadas. Nessa linha de argumentação, a literatura que trata do federalismo fiscal também defende a descentralização. O teorema da descentralização de Oates (1972, 1999) postula que as preferências das pessoas são mais bem observadas quando as decisões são tomadas no nível local. Observa Oates (1999, p. 1.122, grifo nosso):

---

[38] De fato, apenas Quebec e New Brunswick têm o francês como língua oficial, sendo que a segunda província tem também o inglês, que é o principal para dois terços da população.

Na ausência de redução de custos da provisão centralizada de um bem público local e de externalidades, o nível de bem-estar será sempre tão alto (e tipicamente maior) se os níveis eficientes de consumo de Pareto forem fornecidos em cada jurisdição do que se algum nível único e uniforme de consumo for mantido em todas as jurisdições.[39]

O argumento é que, quanto mais próximo o governo estiver do cidadão, mais fácil será identificar suas preferências. Logo, o bem-estar social será tanto maior quanto mais se possa descentralizar as decisões de gastos, de receitas e todas as decisões que digam respeito unicamente ou majoritariamente à população local. O papel do governo central é, pois, subsidiário, *i.e.*, apenas nas funções em que sua atuação seja indispensável. É também o argumento que justifica o princípio da predominância do interesse, aplicado eventualmente pelo Supremo Tribunal Federal, que aprofundaremos mais à frente.

Tocqueville (2005 [1835]) observa que é nos governos locais que a democracia, a participação dos cidadãos, se dá de forma mais intensa. Nos governos centrais, torna-se difícil para o cidadão perceber a sua importância individual, a diferença que fará para o todo a sua participação, bem diferente do que ocorreria nas pequenas comunidades, em que a construção de uma ponte, de uma estrada, de uma escola ou hospital tem influência direta na vida de cada morador. A tendência de envolvimento, de participação e de fiscalização seria, portanto, muito maior. Nessa linha, o famoso autor raciocina que as responsabilidades deixadas para os governos locais, em conjunto com a liberdade de associação, seriam as condições fundamentais para o florescimento da democracia.

---

[39] *"In the absence of cost-saving from the centralized provision of a [local public] good and of interjurisdictional externalities, the level of welfare will always be at least as high (and typically higher) if Pareto efficient levels of consumption are provided in each jurisdiction than if any single, uniform level of consumption is maintained across all jurisdiction."*

Nesse sentido também Tocqueville menciona que dificilmente uma autocracia se instala de forma permanente numa pequena localidade, sendo esse o berço da liberdade política. É que, não tendo muitos assuntos para tratar, o autocrata passa a querer controlar todas as dimensões da vida, incluindo a vida particular, privada. Tal comportamento tolhe por completo a liberdade, tornando o regime insuportável e, por isso, suscetível à forte oposição. Vale a pena reproduzir suas próprias palavras (p. 179):

> Quando vem se estabelecer no seio de uma pequena nação, a tirania é mais incômoda do que numa nação maior, porque, agindo num círculo mais restrito, estende-se a tudo nesse círculo. Não podendo prender-se a algum grande objeto, ocupa-se de uma multidão de pequenos; mostra-se ao mesmo tempo violenta e implicante. Do mundo político que é, propriamente, seu domínio, ela penetra na vida privada. Depois das ações, aspira a reger os gostos; depois do Estado, quer governar as famílias. Mas isso raramente acontece; a liberdade constitui, na verdade, a condição natural das pequenas sociedades.

E justifica ainda Tocqueville que pequenas nações oferecem poucos atrativos para a ambição, uma vez que as rendas disponíveis pelos habitantes seriam muito pequenas para permitir a concentração nas mãos de um autocrata, e que o poder de mobilização e união de sociedades diminutas é muito maior para derrubar o tirano. Provavelmente Tocqueville estava sendo otimista demais quanto às pequenas localidades, uma vez que é comum a formação de oligarquias locais que se perpetuam no comando político. Vai depender de vários fatores a duração desse estado de coisas, mas o ponto do brilhante francês de que a possibilidade de mobilização é maior e de que a invasão em assuntos privados torna insuportável um regime não deve ser desconsiderado.

Tocqueville criticava ainda o inconveniente de centralização, que obrigaria as pessoas a se dobrarem às necessidades da legislação, e não o contrário, esta se acomodando às necessidades e aos costumes dos homens. A descentralização, que seria, em tese, inerente ao federalismo, resolveria esse problema na medida em que os detalhes legislativos, específicos a cada lugar, seriam decididos pelas legislações estaduais.

Note-se que se escolheu o conceito de descentralização, e não de federalismo, como condição necessária para a democracia. Isso porque não há que se negar que a Suécia, a Finlândia e a Dinamarca são grandes democracias, no entanto, são países unitários. Não são, entretanto, países centralizados. Ao contrário, os governos locais controlam mais de 40% das despesas públicas. Na Dinamarca, o mais descentralizado da União Europeia, a despesa pública local supera os 60% da despesa pública total. De outro lado, há países formalmente federalistas, mas com grande concentração das decisões públicas, como é o caso da Malásia, da Bélgica e do México (LANE; ERSSON, 2005), o que acaba por resvalar na discussão que se fez acima sobre federalismo formal e federalismo de fato.

Um ponto que não se pode olvidar, contudo, é que, em Estados unitários, a descentralização é uma concessão, não é repartição de competências, divisão de poderes entre entes federados. É claro que são as práticas políticas que acabam por moldar os resultados concretos. A descentralização pode ser tão forte na cultura do país que mesmo um Estado unitário pode ter fortes resistências políticas para centralizar. E o contrário pode ocorrer, como frequentemente ocorre, em federações que têm forte cultura centralizadora, enfrentando pouca resistência para medidas que aprofundam a centralização.

2.7.3 Proposição 3: sempre existirá algum déficit democrático

Na medida em que se ampliam o espaço e o universo das pessoas que decidem, expandem-se as possibilidades de preferências locais, bem como de certos grupos, não serem atendidas. Qual seria o tamanho mínimo necessário? Qualquer grupo heterogêneo vai estar sujeito a esse tipo de fato. Se, em uma comunidade, há 100 pessoas, 80 de uma religião e 20 de outra, há sempre a possibilidade de a maioria sufocar a minoria. Se a decisão é deslocada para um grupo maior, digamos de 1.000 pessoas, tanto o grupo dos 80 quanto o grupo dos 20 podem ter preferências sufocadas por outros grupos majoritários. Sempre que se amplia o tamanho do grupo, em havendo heterogeneidade, haverá possibilidade de preferências de grupos minoritários não serem devidamente consideradas.

Em *Legalidade e legitimidade*, de 1932, Carl Schmitt enfatizou que a formação de vontade por meio de votação em que a maioria simples decide só é razoável e suportável se os votantes integrarem um grupo homogêneo. Nesse caso, as diferenças de entendimento são pontuais, as decisões são compreendidas como de todos, e a votação faz surgir uma "concordância e uma unanimidade pressupostas e existentes em latência". Quando não é o caso, Schmitt aponta o déficit democrático em que um lado manda e o outro obedece, cessando "a identidade democrática de governantes e governados, de autoritários e obedientes. A maioria ordena e a minoria tem de obedecer".

Por isso a importância da liberdade, de existirem espaços que não entram na esfera de interferência do Estado ou dos grupos, mas permanecem como espaços livres, da esfera individual, familiar ou comunitária. Por isso também a importância de a União restringir seus espaços de atuação, principalmente em matéria legislativa, de forma a preservar as preferências locais. Quanto mais a União concentra competências, mais se intensificam as possibilidades de déficit democrático.

A teoria e prática de respeito aos direitos e liberdades fundamentais integram a ideia de reservar espaços em que o legislador não tem acesso, não pode interferir. Não são regras de maioria que vão interferir, por exemplo, na liberdade religiosa, nas escolhas sobre orientação sexual, nas decisões individuais sobre casamento e divórcio, no respeito aos diversos grupos étnicos, para citar alguns casos. As minorias precisam ser protegidas, portanto, de regras de maioria que eventualmente desejem sufocar suas preferências.

Tais direitos valem de forma muito específica para sociedades heterogêneas. Se tal heterogeneidade tiver características regionais, um federalismo descentralizado é um modelo muito adequado, um federalismo que decida apenas questões essenciais de forma centralizada e considere como liberdades fundamentais de cada unidade descentralizada a escolha das demais. Esse caminho reduzirá o déficit democrático. É, portanto, um instrumento de proteção não apenas de cada indivíduo contra opressões da maioria, mas também de unidades federadas com características específicas contra maiorias formadas no restante da federação.

O princípio da subsidiariedade funda-se nesse conceito. Devem-se deixar as escolhas nas esferas de governo mais próximas do cidadão. Apenas decisões que envolvam interesses mais gerais e em que haja substancial prejuízo em serem descentralizadas escapam ao princípio. Na prática, sabe-se que a centralização tem grande força de atração, sendo necessário esforço e vigilância permanentes contra isso.

CAPÍTULO 3

TEORIA DO FEDERALISMO

Cada país articula seu próprio modelo de federalismo. A experiência evidencia que simplesmente adotando o modelo de outro geralmente não se alcança um bom resultado. Já Tocqueville (2005 [1835]) apontava que o México basicamente copiou a Constituição americana, trazendo os princípios do federalismo, mas não trouxe o espírito federalista que moveu aquela nação (p. 187):

> Os habitantes do México, querendo estabelecer o sistema federativo, tomaram por modelo e copiaram quase inteiramente a constituição federal dos anglo-americanos, seus vizinhos. Mas, ao transportarem para seu país a letra da lei, não puderam transportar ao mesmo tempo o espírito que a vivifica. Vimo-los então se embaraçar o tempo todo entre as engrenagens de seu duplo governo. A soberania dos Estados e a da União, saindo do círculo que a Constituição traçara, penetraram cada dia uma na outra. Atualmente ainda, o México se vê incessantemente arrastado da anarquia ao despotismo militar, e do despotismo militar à anarquia.

Essa mesma advertência fez Simon Bolívar ao criticar a tentativa de implementar uma constituição na Venezuela nos moldes federalistas adotados nos Estados Unidos da América:

Mas, seja o que for deste governo, em relação à nação americana devo dizer que nem remotamente pensei assimilar a situação e natureza de Estados tão diferentes como o inglês-americano e o americano-espanhol. Não seria já muito difícil aplicar à Espanha o código de liberdade política, civil e religiosa da Inglaterra? Pois é ainda mais difícil adaptar à Venezuela as leis da América do Norte. Não afirma o Do Espírito das Leis que estas devem ser próprias para o povo a que se destina?, que é uma grande casualidade que as de uma nação possam convir a outra?, que as leis devem ser relativas aos aspectos físicos do país, ao clima, à qualidade do terreno, à sua situação, à sua extensão, ao gênero de vida dos povos? Referir-se ao grau de liberdade que a Constituição pode sofrer, à religião dos habitantes, às suas inclinações, às suas riquezas, ao seu número, ao seu comércio, aos seus costumes, à sua maneira de ser? Eis aqui o código que devíamos consultar e não o de Washington (VILLA, 2018, p. 84).

Embora não exista um modelo de federalismo a ser seguido por todos os Estados, alguns aspectos podem ser ressaltados. Formalmente, o federalismo pode ser definido como o governo em que unidades autônomas formam um governo federal. As lições de Kelsen (1945 [2005], p. 453) são atuais:

O Estado federal caracteriza-se pelo fato de que o Estado componente possui certa medida de autonomia constitucional, ou seja, de que o órgão legislativo de cada Estado componente tem competência em matérias referentes à constituição dessa comunidade, de modo que modificações nas constituições dos Estados componentes podem ser efetuadas por estatutos dos próprios Estados componentes. *Essa autonomia constitucional dos Estados componentes é limitada. Os Estados componentes são obrigados por certos princípios constitucionais da constituição federal;* por exemplo, segundo a constituição federal, os Estados componentes podem ser obrigados a ter constituições democrático-republicanas. (Destaques meus)

Observe-se que Kelsen menciona as constituições dos Estados-Membros. Esse é outro traço que distingue uma federação de um Estado unitário. Enquanto neste há apenas uma constituição, naquele, os membros da federação possuem sua própria constituição, embora esta seja restringida a seguir certos princípios estabelecidos na Constituição federal. O exemplo de Kelsen sobre a obrigatoriedade de constituições democrático-republicanas aplica-se perfeitamente ao caso brasileiro, não se admitindo aqui que qualquer estado da federação brasileira adote uma monarquia ou que deixe de ter eleições periódicas ou separação de poderes, por exemplo. Como aponta Kelsen, a constituição federal é a constituição da União (como ente da federação, assim como os estados federados também o são), mas é também a constituição do Estado federal inteiro.

Há, pelo menos, duas unidades federativas, a União (ou a federação, nas palavras de Kelsen) e os Estados federados, que se auto-organizam, elegem seus dirigentes e seu corpo legislativo e elaboram sua própria Constituição. Além disso, espera-se que a elaboração e as posteriores alterações da Constituição federal contem com a participação de todos os Estados componentes e que haja uma câmara que represente o interesse dos Estados no parlamento nacional.

Ainda nas palavras de Kelsen (*op. cit.*, p. 452), "cada indivíduo pertence, simultaneamente, a um Estado componente e à federação. O Estado federal, a comunidade jurídica total, consiste, assim, na federação, uma comunidade jurídica central, e nos Estados componentes, várias comunidades jurídicas locais".

Kelsen também se ocupa do modo de criação da federação. Para ele (KELSEN, *op. cit.*, p. 461):

> O seu modo de criação é irrelevante: quer tenha ele passado a existir por meio de um tratado internacional (estabelecendo a constituição federal) entre Estados até então soberanos, i.e., Estados subordinados apenas à ordem jurídica internacional, ou pelo ato legislativo de um Estado unitário transformando-se em

Estado federal através do aumento do grau de descentralização. Desse modo, a República austríaca, um Estado unitário com províncias autônomas, foi transformada, em 1920, em Estado federal por meio de uma emenda à constituição.

A origem do federalismo acaba, contudo, por influenciar suas características mais relevantes. Enquanto nos Estados Unidos, por exemplo, a federação surge da união de estados independentes, no Brasil, da mesma forma que na Áustria, ele surge do inverso, *i.e.*, um Estado unitário, nos moldes de Portugal, decide se organizar como federação, quando da proclamação da República no fim do século XIX. Daí se entender como traços tão distintos se apresentam nos dois modelos: muito mais autonomia no modelo americano em relação aos modelos brasileiro e austríaco, por exemplo. Erk (2004) chega a questionar se a Áustria não seria uma federação sem federalismo, uma vez que a centralização é a tônica, com poucos espaços deixados para que os estados (*Länder*) estabeleçam suas próprias formas de organização, crítica tão frequente no Brasil.

Embora a origem do federalismo implantado pelos Estados Unidos da América seja em geral ressaltada, ou seja, estados que se unem, a partir da experiência malsucedida da confederação após a independência, Tocqueville já ressaltava, de modo diverso, que a experiência de cada um dos 13 estados confederados de atuar de forma independente foi pequena, prevalecendo, ao contrário, a memória de atuar unidos, sob um mesmo império (p. 178):

> Mas na América, os Estados confederados, antes de chegarem à independência, fizeram parte por muito tempo do mesmo império; *portanto ainda não haviam contraído o hábito de se governarem completamente eles mesmos*, e os preconceitos nacionais não haviam podido lançar raízes profundas; mais esclarecidos que o resto do mundo, eram iguais entre si em luzes, não sentiam muito as paixões que, de ordinário, se opõem nos povos

à extensão do poder federal, e essas paixões eram combatidas pelos maiores cidadãos. Os americanos, ao mesmo tempo que sentiram o mal, encararam com firmeza o remédio. Corrigiram suas leis e salvaram o país. (Grifos meus)

As críticas a países organizados formalmente sob a forma federativa, mas que, na prática, se comportam como unitários, são frequentes. Como anota Beaud (2009, p. 424):

> Há muitos estados que são federais apenas no nome. A constatação é obviamente evidente para todos os estados federais de natureza soviética, pois o princípio federal está em desacordo com o princípio do centralismo democrático, mas a observação é muito mais geral, como Georges Burdeau apontou com sagacidade, em uma frase, que "muitas vezes se o Estado federal se apresenta como um sucesso, esse sucesso só é alcançado pelo desaparecimento das próprias razões de ser do federalismo". Este desaparecimento não é, como se acredita muitas vezes, evidenciado por uma mudança na distribuição de competências ao longo da federação, mas por mudanças muitas vezes mais difusas, o que significa que, gradualmente, a unidade política de referência torna-se a federação ao mesmo tempo em que esta se torna um "guardião" benevolente de seus Estados-Membros. Esse tipo de evolução ocorre lentamente e insidiosamente, e é somente quando o processo terminou que percebemos que a Federação evoluiu para um estado.[40]

---

[40] "Il y a beaucoup d'Etats fédéraux qui n'ont de federaux que le nom. *La constatation va évidemment de soi pour tous les États fédéraux de nature soviétique tant le principe federal est aux antipodes avec le principe du centralisme démocratique, mais le constat est bien plus general comme l'avait noté avec sagacité Georges Burdeau, observant, au détour d'une phrase, que "souvent si l'État fédéral se presente comme une réussite, ce succès n'est acquis que par la disparition de la raison d'être du federalisme. Cette disparition n'est pas attestée, comme on le croit trop souvent, par une modification de la répartition des compétences, mais par des changements souvent plus diffus, qui font que, progressivement, l'unité politique de référence devient la fédération en même temps que celle-ci se transforme en 'tutrice' bienveillante de ses États membres. Ce genre d'évolution se produit de façon lente et insidieuse, et c'est seulement quand le processus s'est achevé que l'on s'aperçoit que la Fédération s'est muée en un État"* (grifos nossos).

Beaud chama atenção de que a denominação de Estado federal não corresponde às práticas de autonomia para tomadas de decisão que se esperam do federalismo, e tal crítica não se restringe ao então existente modelo soviético de Estado federal, com o famoso e contraditório princípio do "centralismo democrático", mas também a várias outras experiências de federalismo, mesmo no mundo ocidental.

Quando lemos as preocupações de Carl Schmitt (2008 [1928]) sobre o federalismo alemão, por exemplo, notamos a influência do contexto histórico em que ele escreve, nas primeiras décadas do século XX, quando a Alemanha estava sob a Constituição de Weimar, que interrompera a experiência de federalismo vivida anteriormente, e a Europa havia passado por período de larga prosperidade e integração até 1914, quando irrompe a Primeira Guerra, até as tentativas posteriores de pacificação com a constituição da Liga das Nações, em 1920. Para Schmitt:

> A federação é uma associação permanente que permanece em um acordo livre e que serve ao objetivo comum da autopreservação política de todos os membros da federação, através da qual o status abrangente de cada membro da federação individual em termos políticos é alterado em vista do objetivo comum.[41]

Note-se que a definição acima é claramente de um federalismo que se organiza a partir de estados independentes que se unem, isto é, trata-se de um movimento centrípeto para utilizar a famosa analogia com a física. O próprio Schmitt, ao criticar os textos de direito público alemão, apontava que a distinção entre confederação e federação feita por tais autores se devia ao contexto histórico (p. 384):

---

[41] *"The federation is a permanent association that rests on a free agreement and that serves the common goal of the political self-preservation of all federation members, through which the comprehensive status of each individual federation member in political terms is changed in regard to the common goal"* (grifos meus).

É compreensível e explicável historicamente que, após 1871, a teoria do direito público do Reich alemão transformou a distinção deste Reich em comparação à federação alemã de 1815 em slogans tão simplistas e com isso o problema federal geral parecia resolvido. Hoje, esse método simples não é mais possível.[42]

Carl Schmitt aponta que o ingresso em um Estado federal implica uma mudança na constituição do novo membro, que adere a um contrato (*interstate status contract*) livremente, mas, uma vez integrado à federação, o estado-membro assume uma série de obrigações, e as seguintes consequências se apresentam:

(i) A competência da federação na constituição é limitada, devendo restringir-se às questões expressamente enumeradas. Isso quer dizer que a existência política de cada estado-membro persiste. Tal assertiva não envolve, como ressalta Schmitt, a questão da soberania.

(ii) O contrato da federação é permanente, não objetiva a provisoriedade. "Então, *cada federação é eterna*, em outras palavras, uma federação conta com o longo prazo."[43]

(iii) O acordo para formar a federação é um contrato constitucional, *um ato de formação do poder*, que contém simultaneamente a constituição da própria federação e é um componente da constituição de cada estado-membro. Schmitt ilustra com vários exemplos da federação alemã de 1815, em que vários ducados e reinados especificam

---

[42] "*It is understandable* and explicable historically *that after the year 1871 the public law theory of the German Reich rendered the distinction of this Reich in regard to the earlier German Federation of 1815 in such simplistic slogans and with that the general federal problem seemed resolved. Today, this simple method is no longer possible*".

[43] "*So every federation is an 'eternal' one, in other words, a federation counted on for the long term*" (grifo meu, p. 385).

em suas próprias constituições que formam um componente da federação germânica. Eis um trecho de uma dessas constituições citado por Schmitt (*op. cit.*, p. 385, tradução minha): "O reino de Württemberg é parte da federação alemã, de forma que todas as decisões orgânicas da Assembleia da Federação que envolvem as relações constitucionais da Alemanha ou as relações gerais dos cidadãos da Alemanha também têm força coercitiva para Württemberg".

(iv) A federação preserva a integridade territorial e a existência política de cada estado-membro. Nas palavras de Schmitt (p. 386, tradução minha): "A existência é garantida para cada membro individual em relação a todos os outros membros, e de todos os membros em relação a cada membro individual e em conjunto".

(v) A federação é também um acordo de proteção a cada estado-membro contra ataques de estados estrangeiros e contra ataques de outros estados-membros. Os conflitos internos devem ser resolvidos exclusivamente por meio jurídico, sendo a paz elemento essencial para a federação. Nesse sentido, os estados-membros renunciam individualmente ao direito à guerra contra os outros estados-membros, sendo permitidas apenas ações da federação sobre determinado estado-membro, com a finalidade de assegurar o cumprimento da constituição da federação. Schmitt exemplifica com a Guerra de Secessão americana, em que a federação se impôs sobre os estados do sul, e com a federação germânica, que se desfez com o ataque da Prússia sobre a Áustria, ambos até então estados da federação, uma vez que se quebrou um dos pilares da federação, o que comprometeu a sua própria existência enquanto tal.

(vi) A federação implica um "direito à supervisão", isto é, "*it must also be able to decide on the means for the maintenance, preservation, and security of the Federation and, if necessary, to intervene*" (SCHMITT, *op. cit.*, p. 387). Não por acaso, a Constituição brasileira especifica as várias formas em que as decisões dos estados podem ser anuladas por ferirem cláusulas da Constituição Federal e mesmo prevê a possibilidade, com muitos requisitos e diversos atores devendo participar da decisão, de intervenção da União nos estados, incluindo a nomeação de interventores federais.

(vii) A federação tem o direito à guerra (*jus belli*) contra outros estados – "*there is no federation without the possibility of a federation war*" –, mas não necessariamente um direito exclusivo, isto é, cada estado-membro pode conservar um direito à guerra contra agressões de estados que não integram a federação. Tal direito pode, no entanto, ser retirado pelo contrato da federação que especifique esse tipo de cláusula. É a regra usual contemporânea de que os estados-membros não entram em conflitos belicosos com estados estrangeiros. A personalidade jurídica para fins de direito internacional é exercida exclusivamente pela União, para todos os fins, incluindo a guerra (art. VIII, II, da Constituição Federal).

Schmitt enfrenta também as antinomias legais e políticas da federação e sua eliminação por meio da exigência de homogeneidade. A primeira antinomia apontada é sobre a vontade de preservar a independência política de cada membro da federação condicionada ao fato de que a adesão à federação implica uma diminuição dessa independência, tanto pela renúncia de promover guerra contra outro membro da federação quanto pela renúncia de resolver os problemas individualmente, isto é, sem interferência da federação.

A segunda antinomia é que cada membro da federação busca preservar sua independência política em relação à federação e garantir sua autodeterminação, mas a federação não pode ignorar os negócios domésticos de seus membros, *o que faz a possibilidade de intervenção em determinado estado-membro uma característica intrínseca das federações,* ou seja, cada membro da federação está intrinsecamente sujeito a interferências.

A terceira antinomia é o fato de que toda federação tem uma vontade coletiva e uma existência política, o que a distingue de uma simples aliança entre estados, o que faz com que uma federação apresente dois tipos de existência política: a existência coletiva da federação e a existência individual de cada membro da federação. Ambos os tipos de existência política devem coexistir, uma vez que os membros da federação não são subordinados à federação nem esta é subordinada a eles. Vale a pena transcrever as palavras de Carl Schmitt (p. 388):

> A essência da federação reside em um dualismo de existência política, numa conexão entre a união federalista e a unidade política, por um lado, e a persistência de uma maioria, um pluralismo de unidades políticas individuais, por outro. Tal condição intermediária leva necessariamente a muitos conflitos, que devem ser decididos.[44]

---

[44] *"The essence of the federation resides in a dualism of political existence, in a connection between federalist togetherness and political unity, on the one hand, and the persistence of a majority, a pluralism of individual political unities, on the other. Such an intermediary condition necessarily leads to many conflicts, which must be decided."*

Bobbio e outros (2010), na mesma linha de Carl Schmitt, apontam que o *princípio constitucional fundante do Estado federal é a existência de múltiplos centros de poder coordenados entre si,* atribuindo ao governo federal, que tem competência sobre toda a federação, uma quantidade de poderes apenas suficiente para manter a unidade política e econômica, reservando-se os demais poderes aos estados-membros. Duas características do federalismo sobressaem: os estados-membros são desprovidos de exércitos para autoproteção e inexistem barreiras comerciais entre eles. Essas características, ao lado da unidade monetária, proporcionam enormes vantagens econômicas, permitindo integração e ampliação dos mercados dentro da federação. Além disso, eliminam-se conflitos militares entre os estados, restringindo-os a conflitos jurídicos, sem caráter violento.

Raul Machado Horta, para citar um autor brasileiro, também busca encontrar características definidoras, elementos comuns que permitam identificar o federalismo, reconhecendo a dificuldade da tarefa ante a diversidade com que se apresentam ao longo da história. Horta (1981, p. 13) aponta:

> Na diversidade de seus tipos constitucionais e históricos, recolhem-se, entretanto, elementos definidores, às vezes mais nítidos e constantes, outras vezes fluidos e imprecisos, mas, de qualquer forma, presentes na estrutura federal: a composição plural dos entes estatais, a indissolubilidade do vínculo federativo, a repartição de competências, a autonomia do Estado-Membro, a intervenção federal, o sistema bicameral, a repartição tributária, a existência de um Supremo Tribunal dotado de jurisdição conclusiva na interpretação e na aplicação da lei federal e da Constituição Federal, conforme o modelo federal norte-americano, ou de um Tribunal Constitucional Federal, para o exercício concentrado da jurisdição constitucional, na mais recente criação do federalismo europeu.

Raul Machado Horta reconhece que a reunião de tais requisitos não se realiza plenamente e de forma homogêneas na prática, nas formas reais de Estado federal, havendo atendimento parcial desses requisitos na maior parte dos casos. Além disso, Horta (2010) chama a atenção que, mesmo quando determinados requisitos são atendidos, a forma concreta é marcada por especificidades. Assim é que cada experiência de federalismo vai dispor sobre as competências e forma de funcionamento da Câmara dos Estados (o Senado, no Brasil e nos Estados Unidos, por exemplo), sobre o alcance das constituições dos Estados federados, dos limites e hipóteses de intervenção federal, das competências tributárias e de definição e execução das despesas públicas dos diversos entes federados, entre outras definições.

Não por caso, encontram-se nas múltiplas experiências federativas modelos os mais diversos, desde aqueles muito centralizadores até os que reservam muitas competências para os Estados federados. Como lembra Horta (2010), socorrendo-se de muitos autores, a repartição de competências é a questão central do federalismo. Ele a divide em *duas grandes correntes*: a primeira derivada da experiência da Constituição dos Estados Unidos da América, de 1787, e a segunda derivada do constitucionalismo pós-Primeira Guerra Mundial, na segunda década do século XX.

No primeiro caso, a Constituição enumerou os poderes da União e reservou aos Estados federados as competências residuais, isto é, aquelas que não foram atribuídas à União. Além disso, a Constituição reconheceu ao Congresso Nacional os poderes necessários para assegurar o desenvolvimento e aplicação das competências enumeradas pela Constituição.

No debate moderno do federalismo dos Estados Unidos, há uma forte crítica de que, na prática, a União expandiu sobremaneira suas competências ao longo do tempo, deixando como passado a afirmação de Tocqueville de que *"o Governo dos Estados é a regra, o direito comum, o Governo Federal, é a exceção"*. Como apontam Dorf e Morrison (2010, p. 70), "a visão de salvaguardas políticas – o que tornaria os casos de federalismo essencialmente não justificáveis – faz uma zombaria da máxima de que o governo federal tem apenas poderes limitados".[45]

Há uma longa discussão naquele país sobre a expansão dos poderes do governo federal, fenômeno que vem se fortalecendo desde o *New Deal*, promovido por Franklin Delano Roosevelt. A Suprema Corte americana foi muito resistente e, por isso, sofreu fortes pressões do então presidente e do Congresso Nacional, incluindo tentativas de aumentar o número de membros a fim de incluir integrantes mais favoráveis às ideias de Roosevelt. O número de membros permaneceu o mesmo, mas a Suprema Corte acabou por aceitar as mudanças legislativas propostas pelo então presidente, que implicavam leis federais de proteção social, como fixação de salário mínimo, por exemplo. A jurisprudência então dominante na corte era a chamada "Doutrina Lochner", que defendia que alguns direitos não enumerados na Constituição eram intocáveis, dentre eles o direito de contratar. Nesse sentido, se o trabalhador aceitasse ser contratado por um valor mais baixo, seria incabível que o Estado tentasse impedir. Era o liberalismo extremo, também chamado libertarismo, que considerava inconstitucionais leis que ampliassem a intervenção do Estado, notadamente a interferência do governo federal.

A Suprema Corte acabou por aceitar as leis intervencionistas, o que assegurou um maior papel ao Estado de forma geral e ao governo federal em particular. No caso do *Affordable Care Act*, de 2012, esse debate voltou com força na corte máxima dos Estados Unidos. A maioria dos juízes

---

[45] *"The political safeguards view – which would render federalism cases essentialy nonjusticiable – makes a mockery of the maxim that the federal government has only limited powers."*

considerou constitucional a nova lei, entendendo possível a interferência do Estado em questões que seriam do âmbito da liberdade individual, como a obrigação de contratar seguro de saúde, com valor subsidiado, porque a lei abriu possibilidade de não contratação, com a única consequência de pagamento de uma multa. A Suprema Corte entendeu que tal multa era uma espécie de tributo, o que configurava parte do poder do Congresso Nacional.

Foi considerado inconstitucional, todavia, o dispositivo que previa a possibilidade de redução de outras transferências relacionadas à saúde para aqueles estados que não aderissem ao novo sistema, uma interferência indevida do governo federal na autonomia dos estados, segundo a corte. Embora as transferências e os mecanismos gerais do *Affordable Care Act* tenham sido, por maioria, considerados constitucionais, eles não poderiam "coagir" os estados a aderirem por meio de supressões de outras transferências. Como assinalou o presidente (*Chief Justice*) daquela corte (*National Federation of Independent Business v. Sibelius, 567 U.S.*, 2012):

> Em nosso sistema federal, o Governo Nacional possui apenas poderes limitados; os Estados e o povo retêm o restante. Há quase dois séculos, o Chefe de Justiça Marshall observou que "a questão que se refere à extensão dos poderes efetivamente concedidos ao Governo Federal surge continuamente, e provavelmente continuará a surgir, enquanto nosso sistema existir". Neste caso, devemos determinar novamente se a Constituição concede poderes que o governo federal afirma possuir, mas que muitos Estados e indivíduos acreditam que ele não possui. Resolver essa controvérsia exige que examinemos tanto os limites do poder do Governo quanto nosso próprio papel limitado no controle desses limites. (Grifos e tradução minha)[46]

---

[46] "In our federal system, the National Government possesses only limited powers; the States and the people retain the remainder. *Nearly two centuries ago, Chief Justice Marshall observed that "the question respecting the extent of the powers actually granted to*

A segunda grande corrente de divisão de competências, ainda segundo Horta (2010), inaugura-se com a Constituição da Áustria de 1920, que enumera expressamente tanto as competências da União quanto a dos estados, ficando a primeira principalmente com a legislação de princípios e os últimos com a legislação de aplicação e de execução em matérias comuns à União e aos estados. Aprofundando essa tendência, a Constituição alemã de 1949 repartiu as competências entre a União e os estados de forma expressa, existindo matérias de competência exclusiva da União e outras de competência comum à União e aos estados. Horta (2010) aponta que a legislação comum é mais numerosa, alcançando 23 temas, ao passo que a competência exclusiva da União se restringe a 11 competências. O autor indica na legislação comum as competências referentes ao direito penal, civil, regime penitenciário, direito empresarial, direito do trabalho, entre muitos outros, concluindo que o modelo alemão inaugurado em 1949 contém o modelo constitucional do *"federalismo de equilíbrio"* (HORTA, 2010, p. 281).

Quando analisa a União Europeia e seus traços que se caracterizariam como federais, o professor da Universidade de Coimbra Vital Moreira sugere quais são os elementos definidores de federalismo: mais de um nível de governo; ausência de fronteiras internas, o que se manifesta pela liberdade de circulação, de residência, de trabalho, de propriedade e de estabelecimento no território da União; bicameralismo no Poder Legislativo; eficácia direta do direito federal, que se sobrepõe ao direito de cada Estado federado; direito federal abrangendo várias áreas (MOREIRA, 2014).

the Federal Government is perpetually arising, and will probably continue to arise, as long as our system shall exist". In this case we must again determine whether the Constitution grants powers it now asserts, but which many States and individuals believe it does not possess. Resolving this controversy require us to examine both the limits of the Government's power, and our own limited role in policing those boundaries" (grifos meus).

Conti (2001), na mesma linha dos demais autores, elenca seis características do Estado federal: i) existência de pelo menos duas esferas de governo; ii) autonomia das entidades descentralizadas; iii) constituição que organiza o Estado; iv) repartição de competências entre os entes federados; v) espaço para os entes federados participarem da vontade nacional; vi) indissolubilidade.

Para entender melhor o próprio federalismo, é interessante distinguir uma federação de um Estado unitário. Neste, as competências das unidades descentralizadas são meras delegações do governo central. Este pode revogar competências e pode mesmo abolir níveis de descentralização. Hueglin e Fanna (2015) exemplificam com o caso do *Greater London Council*, criado em 1963 pelo parlamento britânico como um novo nível de governo local para a área metropolitana de Londres. Em 1985, o parlamento britânico simplesmente aboliu esse nível de governo. Fez isso porque o Reino Unido é um Estado unitário. Se fosse uma federação, tal nível não poderia ser abolido. O município de São Paulo, por exemplo, não pode ser extinto por uma decisão do Congresso Nacional. Apenas uma nova assembleia nacional constituinte é que poderia fazê--lo, na medida em que poderia reorganizar completamente a organização do Estado brasileiro, por se tratar de um novo pacto político. Sem esse novo pacto, conflitos entre a União e qualquer das unidades integrantes da federação terão que ser solucionados mediante negociação política e jurídica, não se admitindo a predominância, a imposição de uma unidade da federação sobre outra, porque inexiste hierarquia entre o governo da União e o governo dos estados (e dos municípios) e entre estes entre si.

Na federação, não se tem uma mera delegação de competências de um nível de governo para outro, mas uma distribuição de competências estabelecida na Carta Política que constitui a federação. Embora a mudança dessa distribuição possa ser feita em alguns casos, há fortes restrições a que se façam alterações substantivas. No Brasil, por exemplo, a forma federativa é cláusula pétrea (art. 60, §4º), o que implica que emenda à Constituição Federal que restrinja sobremaneira atribuições de estados e municípios, transferindo-as para a União, por exemplo, é considerada inconstitucional por ferir tal cláusula.

Confederação, por sua vez, se distingue de federação porque, naquela, a soberania de cada estado é mantida. É também uma União, com vistas a objetivos comuns, mas o grau de independência dos integrantes muitas vezes inviabiliza ações comuns. Como chama atenção Levi (2007), o que distingue a confederação da simples aliança entre estados é a criação de um órgão político integrado por representantes dos respectivos estados para decidir questões comuns, que foram definidas no documento que a criou, mas o poder desse órgão político não se sobrepõe ao poder de cada Estado soberano.

É um arranjo institucional muito antigo – a própria Bíblia faz diversas referências a confederações. Levi (2007) lembra as Cidades-Estado da Grécia antiga e seus órgãos comuns, citando também o império germânico do século XIX, as Províncias Unidas dos Países Baixos e a união dos Cantões suíços. Talvez o mais famoso seja a união das treze colônias americanas, logo após a independência, em 1776, arranjo institucional intermediário que as ex-colônias americanas adotaram até se chegar ao federalismo, em 1789, com a entrada em vigor da Constituição dos Estados Unidos da América.

3.1 Princípios que caracterizam o federalismo

Embora, como ressaltou Horta (1981), seja difícil estabelecer elementos comuns para as experiências federalistas, havendo sempre um princípio ou outro que não se encontra em determinada experiência, podem-se citar os que mais se apresentam. Os princípios têm a utilidade de orientar as escolhas legislativas, a interpretação dos tribunais e a implementação das políticas públicas. Aqui, destacam-se alguns.

3.1.1 Princípio da liberdade federativa

Tal princípio se aplica para a constituição da federação. Tanto para aquelas que são constituídas a partir de estados independentes que decidem se unir como para os Estados unitários que resolvem atribuir autonomia às suas províncias ou departamentos, a característica central é a liberdade do ato de formação. De forma diversa, nos regimes de conquista, como os impérios, a união se dá por coerção. Beaud (2009, p. 107) define bem:

> Quem diz Federação, diz princípio da liberdade federativa, ou seja, liberdade para que as unidades políticas se unam a outras unidades do mesmo tipo. Tal conceito torna possível elaborar uma oposição ideal entre a Federação e o Império, ambos grupos de Estados, mas baseados em princípios e conceitos completamente diferentes.[47]

O ato de formação dos Estados Unidos da América é o melhor exemplo histórico, quando os treze estados independentes – que até então constituíam uma confederação de estados soberanos – decidiram se unir, abrindo mão cada um de sua soberania. Na confederação, o Congresso detinha o poder para regulamentar o comércio internacional, a guerra contra outros países e os serviços postais e decidir questões monetárias, mas sem os correspondentes meios para fazer

---

[47] *"Qui dit Fédération, dit príncipe de liberté fédérative, c'est-à-dire liberté pour les unités politiques de s'unir avec d'autres unités du même type. Une telle conception permet de dresser une opposition ideal-typique entre la Fédération et l'Empire qui sont tous deux des groupements d'États, mais fondés sur des principes et des resorts tout à fait différents"* (grifos meus).

cumprir suas atribuições. O resultado foi a percepção de que o arranjo institucional era demasiadamente fraco, o que motivou o próximo passo em direção à federação. Inicialmente, os convencionais de Philadelphia cogitaram em apenas emendar os "Artigos da Confederação", mas desistiram da ideia, entendendo que as alterações drásticas ensejariam um novo documento para marcar um verdadeiro governo nacional (KLARMAN, 2016).

Além da federação americana, as federações suíça e alemã também se originaram de confederações. A Suíça, a despeito de até hoje manter a denominação de confederação, estabeleceu o federalismo pela Constituição de 1848, após violentos conflitos internos, que culminaram em guerra civil, cuja origem principal foram conflitos religiosos entre católicos e protestantes. O resultado foi o fortalecimento do poder central, uma vez que os cantões abriram mão de suas respectivas soberanias, mas preservando considerável autonomia para cada ente federado (PRIYA, 2017).

É uma discussão interessante se uma União que não se originou do acordo de mútuo consentimento pode se caracterizar ou evoluir para uma federação. Alguns autores apontam que isso é possível, pois não é a liberdade inicial de se associar o elemento essencial da federação.

3.1.2 Princípio da não secessão

É de se ressaltar, como já enfatizado, que a liberdade de associação não implica liberdade de secessão. Aliás, esta é uma característica geralmente presente nas federações que, uma vez formadas, não permitem a separação.

No Brasil, há expressa vedação na Constituição Federal para emendas constitucionais com o fim de abolir a forma federativa de Estado (art. 60, §4º). Além disso, o art. 1º da CF estabelece a união *indissolúvel* entre estados e municípios.

O art. 34, I, chega a prever a possibilidade de intervenção federal nos estados para manter a integridade nacional. Nos Estados Unidos, que já passaram no século XIX pela famosa Guerra da Secessão, debate-se se tal possibilidade se encontra em aberto. Os movimentos mais liberais do país defendem que tal possibilidade não pode ser descartada e é uma das manifestações dos princípios da liberdade e da autodeterminação tão caros àquele país (MCCLANAHAN, 2012). Há uma famosa manifestação Suprema Corte americana, de 1869, no sentido de que o Texas não poderia se separar dos Estados Unidos, embora já tivesse se separado do México (*Texas v. White*, 12 abr. 1869).

Com a independência do México em relação à Espanha, em 1821, o Texas (*Mexican Texas*) passou a ser um Estado autônomo da nova nação (México). A forte imigração de anglo-americanos, permitida pelo governo mexicano, fez a população de mexicanos ser apenas um quarto da população total do Texas em 1834. A ascensão do ditador Santa Anna, que dissolveu a Constituição de 1824 e tomou diversas medidas repressivas, incluindo a restrição do acesso aos tribunais e a intervenção militar em várias regiões do país, fez brotar um sentimento de rejeição ao poder central e o desejo de independência, o que ensejou a Revolução Texana, que culminou com a independência em relação ao México e a formação da República do Texas. Em 1845, o Texas decidiu se anexar aos Estados Unidos da América, tornando-se o 28º estado. Menos de vinte anos depois, em 1861, o estado declarou secessão dos Estados Unidos para se integrar aos Estados Confederados da América. A independência não foi aceita, e o movimento secessionista foi derrotado, o que ensejou os pedidos de reparação e a decisão da Suprema Corte dos Estados Unidos.

É o famoso caso *Texas v. White*, acima mencionado. Foi proposto originalmente na Suprema Corte, com o pedido do estado do Texas reclamando certos títulos dos Estados

Unidos como sua propriedade, solicitando que não se fizessem pagamentos a George W. White e a John Chiles, que haviam adquirido tais títulos do governo secessionista do Texas, em troca de grandes quantidades de algodão e de medicamentos. Isso tudo em 12 de março de 1865, em plena Guerra de Secessão. Dentre os argumentos do estado do Texas estava o de que nenhum dos títulos entregues a White e Chiles tinha o endosso do governador do estado, contrariando uma lei estadual (lei rejeitada pelos secessionistas) de antes da rebelião que estabelecera que os títulos só poderiam ser negociados com esse requisito.

A discussão sobre o direito de secessão tornou-se central para decidir o caso. John Chiles alegou como preliminar que o estado do Texas não poderia acessar as cortes americanas porque havia declarado independência dos Estados Unidos. A Suprema Corte não aceitou o argumento, afirmando que um documento de autorização (*letter of authority*) foi anexado à petição, sem contestação de autenticidade, no qual J. W. Throckmorton, governador eleito sob a Constituição estadual adotada em 1866, após a derrota do movimento secessionista, expressamente ratifica a ação conferindo plenos poderes aos procuradores para representarem o estado e ajuizarem a ação.

A primeira questão enfrentada pela Suprema Corte foi se o Texas, em algum momento, em razão da secessão, havia deixado de ser um estado americano. Em outras palavras, o não reconhecimento do direito de secessão por parte dos Estados Unidos tornava nulos todos os atos praticados durante sua vigência? A Suprema Corte enfatizou:

> *A União dos Estados nunca foi uma relação puramente artificial e arbitrária.* Começou entre as Colônias, e cresceu a partir da origem comum, das simpatias mútuas, dos princípios semelhantes, dos interesses semelhantes e relações geográficas. Foi confirmada e reforçada pelas necessidades da guerra, e recebeu forma e caráter definidos e sanção dos artigos da Confederação.

> *Por estes, a União foi solenemente declarada como "perpétua".* E quando esses artigos foram considerados inadequados às demandas do país, a Constituição foi ordenada "para formar uma União mais perfeita". É difícil transmitir a ideia de unidade indissolúvel mais claramente do que essas palavras. O que pode ser indissolúvel se uma União perpétua não for. (Tradução minha)[48]

Na decisão, a Suprema Corte estabeleceu uma série de parâmetros sobre o significado e as implicações de uma federação. Em primeiro lugar, lembrou que perpetuidade e indissolubilidade não envolvem a perda da existência individual e distinta, implicando o direito de autogoverno pelos estados. Embora mais restritos em relação à Confederação, os direitos não delegados à União nem proibidos aos estados permanecem. Também ressaltou que o povo de cada membro federado compõe um estado, com seu governo próprio e os meios necessários para exercer sua existência separada e independente da União, e que a União só existe como corpo político porque existem os estados, sendo a função da Constituição tanto preservar a União quanto preservar os estados (*"the Constitution, in all its provisions, looks to an indestructible Union composed of indestructible States"*).

A impossibilidade de secessão é reafirmada em diversas ocasiões, cada vez com mais ênfase pela Suprema Corte:

> Quando, portanto, o Texas se tornou um dos Estados Unidos, *ele entrou em uma relação indissolúvel*. Todas as obrigações da união perpétua e todas as garantias do governo republicano na União

---

[48] *"The Union of the States never was a purely artificial and arbitrary relation. It began among the Colonies, and grew out of common origin, mutual sympathies, kindred principles, similar interests and geographical relations. It was confirmed and strengthened by the necessities of war, and received definite form and character and sanction from Articles of Confederation. By these, the Union was solemnly declared to 'be perpetual'. And when these Articles were found to be inadequate to the exigencies of the country, the Constitution was ordained 'to form a more perfect Union.' It is difficult to convey the idea of indissoluble unity more clearly than these words. What can be indissoluble if a perpetual Union, made more perfect, is not"* (grifos meus).

foram anexadas de uma só vez ao Estado. *O ato que consumava sua admissão na União era algo mais do que um simples pacto; foi a incorporação de um novo membro no corpo político.* E era definitivo. A União entre o Texas e os outros Estados era tão completa, perpétua e indissolúvel quanto a união entre os Estados originais. *Não havia lugar para reconsideração ou revogação*, exceto através da revolução ou através do consentimento dos demais Estados.[49]

Uma vez que o Texas se tornou integrante dos Estados Unidos, para a Suprema Corte ele entrou em uma relação indissolúvel, com todas as obrigações de uma "união perpétua". A Suprema Corte então só vislumbrou duas possibilidades de saída da União: a revolução ou a permissão dos demais estados (algo como a Suprema Corte do Canadá entendeu no caso de Quebec, ou seja, uma saída pactuada, com uma série de condições obrigatoriamente aceitas por todas as partes). Portanto, a saída nos termos do movimento secessionista não foi aceita, sob o argumento de não guardar conformidade com a Constituição Federal, mesmo sendo ratificada pela maioria dos cidadãos texanos, o que tornou nulos todos os atos decorrentes do movimento separatista.

> Todos os atos de sua legislatura que pretenderam dar efeito a essa disposição eram absolutamente nulos. Eles estavam totalmente em desconformidade com a Constituição. As obrigações do Estado, como membro da União e de todos os cidadãos do Estado, como cidadãos dos Estados Unidos, permaneceram perfeitas e completas. É certo que o Estado não deixou de ser um Estado, nem seus cidadãos de serem cidadãos da União. Se isso fosse de

---

[49] *"When, therefore, Texas became one of the United States, she entered into an indissoluble relation. All the obligations of perpetual union, and all the guaranties of republican government in the Union, attached at once to the State. The act which consummated her admission into the Union was something more than a compact; it was the incorporation of a new member into the political body. And it was final. The Union between Texas and the other States was as complete, as perpetual, and as indissoluble as the union between the original States. There was no place for reconsideration or revocation, except through revolution or through consent of the States"* (grifos meus).

outra forma, o Estado deveria ter se tornado estrangeiro, e seus cidadãos estrangeiros.

(...) Nossa conclusão, portanto, é que o Texas continuou a ser um Estado, e um Estado da União, apesar das transações a que nos referimos. E esta conclusão, em nosso julgamento, não está em conflito com qualquer ato ou declaração de qualquer departamento do governo nacional, mas inteiramente de acordo com toda a série de tais atos e declarações desde o primeiro surto da rebelião.[50]

A decisão da Suprema Corte americana não deixou, portanto, margem para tentativas de secessão. Há também dispositivos constitucionais que impedem os Estados federados de firmarem tratados e alianças com outros países (*Article I, Section 10*), competência reservada exclusivamente à União.

No Canadá, outra federação importante, os movimentos separatistas são significativos. Já houve duas consultas populares sobre a separação, em 1980 e 1995, e, em ambas, a população de Quebec optou pela permanência na federação. A Suprema Corte do Canadá foi chamada a se pronunciar sobre a constitucionalidade da separação e ainda se esta estaria em consonância com o direito internacional. *A instituição reconheceu que o Canadá não é indivisível e que se uma maioria clara de Quebec insistir na separação, o restante do país terá que negociar os termos do processo como se fora uma emenda à Constituição.*

---

[50] "*All the acts of her legislature intended to give effect to that ordinance, were absolutely null. They were utterly without operation in law. The obligations of the State, as a member of the Union and of every citizen of the State, as a citizen of the United States, remained perfect and unimpaired. It certainly follows that the State did not cease to be a State, nor her citizens to be citizens of the Union. If this were otherwise, the State must have become foreign, and her citizens foreigners.*
(...)
Our conclusion therefore is that Texas continued to be a State, and a State of the Union, *notwithstanding the transactions to which we have referred. And this conclusion, in our judgment, is not in conflict with any act or declaration of any department of the National government, but entirely in accordance with the whole series of such acts and declarations since the first outbreak of the rebellion*" (grifos meus).

Não é um ato unilateral, porque os termos devem ser negociados, interpretando-se que uma separação unilateral violaria a Constituição canadense e as leis internacionais (HANNA, 1999). Esse é um ponto com particular relevância para descaracterizar a União Europeia como uma federação. É que o art. 50 do Tratado de Lisboa prevê expressamente a possibilidade de saída de qualquer Estado da União. A saída do Reino Unido (Brexit) fundamenta-se nesse dispositivo, tendo sido decidida de acordo com suas próprias regras constitucionais internas, independentemente da vontade do restante da União Europeia. Numa federação clássica, embora haja possibilidade, em alguns modelos, de a secessão ocorrer, ela será aplicável em situações muito restritas e estará sujeita a complexas negociações com o restante da federação.

O caso da Espanha é particularmente relevante. O forte movimento separatista da Catalunha alcançou o paroxismo em 2017, com a votação de referendo unilateral pela secessão. A Espanha reagiu fortemente: interveio na região autônoma, dissolveu o parlamento, afastou as principais lideranças separatistas de postos de poder e decretou a prisão do principal líder catalão.

Além disso, a Corte constitucional espanhola anulou a lei catalã que estabeleceu o referendo para a independência. Assim dispôs a Corte Constitucional espanhola (*Sentencia 114/2017, Recurso de Inconstitucionalidad 4334/2017*):

> *A Constituição não reconhece o direito de uma região da Espanha promover e concretizar a secessão unilateral do Estado espanhol* e não se pode argumentar que esse direito faz parte da ordem jurídica espanhola através dos tratados internacionais aos quais a Espanha faz parte. (Tradução e grifos meus)[51]

---

[51] "La Constitución no reconoce el derecho a que una región de España promueva y concrete la secesión unilateral del Estado español *y tampoco cabe aducir que ese derecho*

No entanto, a Corte Constitucional espanhola não negou expressamente que existiria a possibilidade de secessão, apenas que ela não poderia ser unilateral. Não era do mero alvedrio de cada região autônoma se separar ou não, mas a nação é que deveria decidir sobre "a permanência e o destino do Estado comum":

> O Acórdão afirma que questões fundamentais resolvidas no processo constituinte e que são subtraídas da decisão de poderes constituídos não podem ser objeto de consulta popular autônoma. A única maneira possível de redefinir a identidade e a unidade do titular da soberania é o processo de reforma previsto na Constituição, por meio de um referendo sobre a revisão constitucional. Da mesma maneira, a Nação, em cuja unidade a Constituição se baseia, é a de *todos os espanhóis, que são os únicos que poderiam ser chamados a decidir sobre a permanência e o destino do Estado comum*. (Tradução e grifos meus)[52]

Como se nota, o debate sobre a possibilidade de separação em uma federação é extremamente controverso, mas certamente não se aplica o princípio da liberdade federativa, aplicável apenas quando cada federação é constituída. A separação, nos casos em que é possível, é objeto de complexas negociações, não se admitindo como uma decisão unilateral do Estado federado ou região autônoma que queira se separar.

---

forme parte del ordenamiento jurídico español por vía de los tratados internacionales de los que España es parte" (grifos meus).

[52] *"La Sentencia declara que cuestiones fundamentales resueltas en el proceso constituyente y que están sustraídas de la decisión de poderes constituidos no pueden ser objeto de consulta popular autonómica. La única vía posible para redefinir la identidad y unidad del sujeto titular de la soberanía es el procedimiento de reforma previsto en la Constitución, a través de un referéndum de revisión constitucional. Asimismo, la Nación en cuya unidad la Constitución se sustenta es la de todos los españoles, quienes son los únicos que podrían ser llamados a decidir sobre la permanencia y el destino del Estado común".*

3.1.3 Princípio da dualidade federativa

Como mencionamos, há, no mesmo território, pelo menos duas ordens jurídicas: a da própria federação, ou da União, e a das respectivas unidades federadas. A primeira resulta da vontade e da ação das últimas de se unirem, mas as unidades federadas continuam a existir como unidade jurídica, com competências próprias, em conformidade com as autonomias política e administrativa que lhes são preservadas (BEAUD, 2009). Tal dualidade gera muitas tensões e disputas sobre poderes e áreas de atuação, o alcance da autonomia, a invasão de uma ordem jurídica sobre a outra. Em certos momentos, a União sufoca a autonomia das unidades federadas, apontando-se para a centralização, que faz a federação se aproximar, na prática, de um Estado unitário. Em outras situações, dá-se o inverso, com a fragmentação, pela ausência de coordenação, de mecanismos eficazes de cooperação, de elementos que assegurem unidade, de características que asseguram as vantagens dessa forma de Estado.

As cortes constitucionais são constantemente chamadas a decidir sobre conflitos de competência entre entes federados. Nos Estados Unidos, por exemplo, o famoso caso do *Affordable Care Act* (ACA) é o mais controverso e importante deste século (TRIBE; MATZ, 2014). O sistema de saúde americano (Medicaid) fornece ajuda financeira aos estados para atender mulheres grávidas, crianças, famílias carentes, cegos, idosos e deficientes físicos. O ACA propôs expandir a abrangência do Medicaid e aumentar o número de indivíduos que os estados devem cobrir, alcançando todos os adultos com até 133 por cento do nível de pobreza definido pelo governo federal. Antes disso, a cobertura em muitos estados abrangia apenas pessoas com renda muito inferior e não cobria adultos sem filhos. Embora o *Affordable Care Act* tenha expandido as transferências federais para compensar os estados pelas novas despesas, ele impôs que os estados que não aderissem às novas coberturas perderiam todas as transferências federais para o Medicaid (não apenas as destinadas ao ACA). A Suprema Corte entendeu que essa regra violava a Constituição por representar uma ameaça aos estados, que perderiam as transferências federais de que já dispunham se não aderissem às novas coberturas. Uma parte central do argumento do presidente Roberts, que escreveu a *Opinion*, foi sobre a natureza da dualidade federativa, que impõe a existência de mais de um nível de governo, cada um com autonomia em relação aos outros, o que constituiria para os que elaboraram a Constituição americana um pressuposto essencial para assegurar a democracia e a liberdade, no sentido de que o federalismo:

> Assegura aos cidadãos as liberdades que derivam da difusão do poder soberano. (...) Ao negar a qualquer governo a jurisdição completa sobre todas as preocupações da vida pública, o federalismo protege a liberdade do indivíduo do poder arbitrário (presidente da Suprema Corte John Roberts, na decisão que decidiu pela constitucionalidade parcial do *Affordable Care Act*).[53]

Embora se reconheça que o governo federal frequentemente atue para coordenar e induzir comportamentos ao longo da federação, essas ações devem se dar por negociações, por incentivos e entendimentos, não por imposições e ameaças aos demais entes federados. O governo federal pode, por exemplo, fazer transferências de recursos condicionadas a certas ações dos estados, mas não pode punir os estados que não seguem suas políticas, exatamente porque o federalismo implica a coexistência de pelo menos duas ordens jurídicas,

---

[53] "*Secures to citizens the liberties that derive from the diffusion of sovereign power.(...)By denying any one government complete jurisdiction over all the concerns of public life, federalism protects the liberty of the individual from arbitrary power.*"

do ponto de vista vertical, e diversas ordens, do ponto de vista horizontal, sem possibilidade de uma ordem jurídica impor-se sobre as demais.

3.1.4 Princípio da igualdade entre os entes federados

As duas ordens jurídicas, União e estados e estes entre si, são iguais, no sentido de não haver hierarquia entre elas, apenas campos distintos de competência. Além disso, as diversas unidades federadas também ocupam idênticas posições na federação. Para tanto, as federações costumam ter instituições com responsabilidade de decidir questões federativas, como é o caso do Senado e da Corte Constitucional ou Corte Suprema. Cada estado, independentemente do tamanho da população e da representatividade econômica, tem, no Brasil, três representantes, exatamente para assegurar a paridade entre as unidades federadas. Da mesma forma, nos Estados Unidos, cada estado conta com dois representantes no Senado. Outras federações apresentam composições no respectivo senado distintas, mas a preocupação de assegurar o equilíbrio regional costuma estar presente, como é o caso do Canadá, que tem 105 membros.

Uma das críticas ao Supremo Tribunal Federal brasileiro é que, apesar da atribuição de resolver os conflitos federativos, sua composição não respeita princípios de representação territorial ou regional. Por exemplo, o Nordeste brasileiro, que tem nove dos 27 estados e quase 30% da população, passou muitos anos sem nenhum representante naquela corte, por exemplo. Somente em 2020, foi indicado um juiz do Tribunal Federal de Recursos, de origem no Piauí, o ministro Kassio Nunes Marques. A região Norte, com oito estados e também com particularidades culturais relevantes, também não tem nenhum integrante.

Uma das atribuições do STF é declarar a inconstitucionalidade de leis federais e estaduais que estejam em desacordo com a Constituição Federal. Se, por exemplo, uma lei federal invade uma competência que é estadual, ela está em desacordo com a Constituição Federal. O STF, como guardião da Constituição e árbitro dos conflitos federativos, não pode ter um viés em favor do legislador federal nem ser favorável a nenhuma das unidades federadas – daí a importância de sua composição também respeitar critérios regionais.

Além disso, para o devido respeito e compreensão dos valores locais, essencial para decisões corretas sobre constitucionalidade de algumas normas, torna-se tarefa difícil sem a visão de quem viveu na região, recebeu ali pelo parte de sua educação e é capaz de compreender pela experiência concreta as implicações de certas decisões. E, mais grave, em algumas coisas, o viés do preconceito acaba predominando para os que não vivenciaram experiências concretas.

O princípio da não hierarquia aplica-se entre os estados, entre os municípios, entre estados e municípios e entre a União e os demais entes federados. Isso importa em dizer que os Poderes do Congresso Nacional, por exemplo, são limitados em relação aos estados e aos municípios. Tentativas de o governo federal – mesmo que por meio de leis – impor obrigações não previstas na Constituição Federal aos demais entes federados são incompatíveis com o federalismo, que pressupõe igualdade e não interferência em um ente sobre os demais. Isso obriga a que as soluções sejam negociadas e resultantes de amplos diálogos, que levem a consensos.

Quando decidiu o caso do *Affordable Care Act* (ACA), em 2012, a Suprema Corte dos Estados Unidos deixou muito bem assentada a inexistência de hierarquia entre a União e os estados e os limites de atuação do Congresso Nacional americano para impor obrigações aos estados. Como bem enfatizou o presidente da Suprema Corte daquele país (567 U.S., 519, p. 47) no caso *National Federation of Independent Business v. Sebellius*:

> A Constituição nunca foi entendida para conferir ao Congresso a capacidade de exigir que os Estados governassem de acordo com as instruções do Congresso. Caso contrário, o sistema de dois governos estabelecido pelos autores da Constituição daria lugar a um sistema que concentraria o poder em um governo central, enfraquecendo a liberdade individual.[54]

E reforça o entendimento de que o poder do Congresso Nacional há de ser exercido para harmonizar a federação e induzir a um federalismo cooperativo, podendo estimular que certas práticas sejam adotadas pelos governos estaduais, mas jamais emitindo ordens aos estados (567 U.S., p. 47):

> O Congresso pode usar seu poder de determinar os gastos públicos para criar incentivos aos Estados de agirem em consonância com as políticas federais. Mas quando a pressão se transforma em compulsoriedade, a legislação vai contra o nosso sistema de federalismo. (...) Isso é verdade se o Congresso ordena diretamente um Estado a regular determinado assunto ou indiretamente, se coage um Estado a adotar um sistema regulatório federal como se fosse seu.[55]

O princípio da não hierarquia é diretamente relacionado aos valores fundamentais sobre os quais se organizou a sociedade americana, notadamente com a liberdade e a democracia, a liberdade de cada estado decidir seu próprio caminho, sem

---

[54] *"The Constitution has never been understood to confer upon Congress the ability to require the States to govern according to Congress's instructions. Otherwise the two-government system established by the Framers would give way to a system that vests power in one central government, and individual liberty would suffer."*

[55] *"Congress may use its spending power to create incentives for States to act in accordance with federal policies. But when pressure turns into compulsion, the legislation runs contrary to our system of federalism. (...) That is true whether Congress directly commands a State to regulate or indirectly coerces a State to adopt a federal regulatory system as its own."*

interferência federal, e de acordo com as escolhas de seus habitantes, conforme se discutiu anteriormente. Quando o governo federal impõe suas políticas decididas centralmente a todos os estados, muito de liberdade e democracia se perde, uma vez que todos têm que seguir, de maneira uniforme, políticas que muitas vezes são contrárias aos valores locais.

É claro que eventualmente a centralização representa a extensão para todos os entes de valores mais avançados. A história registra muitos momentos em que isso ocorreu. O caso mais notório nos Estados Unidos, que motivou a famosa Guerra de Secessão, foi a libertação dos escravos imposta pelo governo federal, mas há de se reconhecer que se trata de um caso extremo. No geral, os valores democráticos impõem o respeito às escolhas descentralizadas, respeitando-se os direitos das minorias e as conquistas que a civilização ocidental alcançou. Isso, porém, as próprias constituições nacionais já asseguram, não havendo razão para permitir que o Congresso Nacional e, portanto, a União imponham deveres e decisões aos demais entes federados. Eventuais harmonizações de normas ou mesmo uniformização de conceitos e procedimentos devem decorrer de diálogo e negociações entre todos os entes, nunca de imposição. Essa é a essência do princípio da não hierarquia.

3.1.5 Princípio da solidariedade entre os entes federados

Esse princípio é, em parte, decorrente do princípio da igualdade. É que, em uma federação, não se concebem disparidades expressivas entre os diferentes membros. O que se espera é que as oportunidades para os cidadãos e o acesso a bens e serviços públicos sejam semelhantes ao longo da federação. Para tanto, costumam-se criar mecanismos de distribuição de recursos, de forma a equalizar ou pelo menos reduzir as disparidades. Na Alemanha, por exemplo, o sistema de transferências é muito abrangente: entre 1995 e 2012, a Bavária transferiu quase 42 bilhões de euros para os estados mais pobres, enquanto só a Saxônia recebeu mais de 18 bilhões de euros no mesmo período. Os três estados alemães mais ricos – Hessen, Baden-Württemberg e Bavaria – transferiram mais de 111 bilhões de euros para 13 estados.[56]

No Brasil, que detalharemos mais à frente, existe um amplo sistema de transferências que retira recursos dos estados mais ricos para os mais pobres. Mesmo nos Estados Unidos, cerca de 20% das despesas dos Estados são financiadas por transferências federais. Índia, Canadá e Austrália também contam amplos sistemas de transferências.

O montante das transferências costuma ser motivo de controvérsias e acalorados debates entre os membros das federações. Argumenta-se que elas levam a acomodações dos estados que recebem, que sacrificam os estados mais prósperos ao reduzir suas possibilidades de melhoria de infraestrutura e de oferta de bens e serviços governamentais e de diminuir suas respectivas cargas tributárias. Por outro lado, a solidariedade e o apoio aos estados mais pobres são importantes para evitar migrações internas substanciais e a desertificação de certas áreas do país.

Há várias espécies de transferências, desde as sem nenhum condicionamento até aquelas em que os entes federados que as recebem podem escolher as áreas prioritárias para destinar os recursos, que é o caso dos fundos de participação no Brasil (Fundo de Participação dos Estados e Fundo de Participação dos Municípios), como há também aquelas condicionadas a determinados objetivos nacionais, como educação, saúde ou outro programa qualquer. É o caso das transferências

---

[56] Dados do Ministério das Finanças da Alemanha (ver www.dw.com).

para o Fundo de Manutenção e Desenvolvimento da Educação Básica (Fundeb) no Brasil.

Além dos objetivos de diminuir as disparidades horizontais, isto é, entre os estados, as transferências também objetivam atenuar as diferenças verticais, aquelas entre a União e os demais entes federados. É que, por uma série de razões, certos tributos, muitas vezes os que têm maior capacidade de arrecadação, são concentrados na União. As transferências se prestam a reequilibrar a disponibilidade de recursos.

Na pandemia de COVID-19, o princípio da solidariedade foi muito acionado. Os estados federados e os municípios viram suas despesas crescerem abruptamente e suas receitas despencarem. Sem a ajuda federal, eles teriam entrado em colapso, deixando de cumprir suas responsabilidades essenciais. Esse auxílio ocorreu, em maior ou menor grau, em todas as federações, uma vez que a União dispõe do instrumento mais forte, que é o Banco Central. Ao comprar títulos públicos, o Banco Central financia os novos gastos. Claro que isso significa emissão de moeda, que tem implicações econômicas relevantes, possíveis impactos inflacionários, mas é inquestionavelmente um meio poderoso, que foi largamente utilizado durante a pandemia.

O ponto central é que a solidariedade da União com os estados federados se operou fortemente nos Estados Unidos, no Brasil e nas quase-federações, como a União Europeia. Em consequência, a dívida pública cresceu vários pontos percentuais do PIB, mas se garantiu a continuidade dos serviços públicos administrados pelos governos regionais.

3.1.6 Princípio da coordenação entre os entes federados

A federação preserva a autonomia de cada ente federado, não comporta relações hierárquicas entre eles, mas tem na ideia de unidade política, de constituição de um Estado único para diversos fins, um de seus elementos centrais, daí decorrente a famosa sentença de Tocqueville sobre as "vantagens da grandeza". Para que isso ocorra sem imposição, a necessidade de coordenação entre os entes federados é essencial, seja para definir e executar políticas comuns, seja para delimitar o âmbito de atuação de cada ente, notadamente nas áreas de competência comum.

Amaral Filho (2014) aponta que a função de coordenação é típica do governo central, o que o tornaria monopolista dessa função, isso pela própria posição institucional de representar a união dos entes federados. O autor anota ainda que o princípio da coordenação traz regras e incentivos que objetivam induzir e enquadrar ações coletivas. Em vez de imposição para atingir os objetivos pactuados, o governo central utiliza uma série de mecanismos não coercitivos para alcançá-los.

É claro que a posição do governo central na coordenação é relevantíssima, mas daí a afirmar que se trata de monopólio há um exagero. Há, no Brasil, várias experiências bem-sucedidas de coordenação horizontal sem participação do governo federal. Fóruns de governadores, por exemplo, frequentemente ocorrem e se encaminham soluções conjuntas, pactuadas, sem participação federal. Um exemplo notório é o Consórcio Nordeste (autarquia interfederativa integrada pelos nove estados da região), que foi criado em 2019 para ser "articulador de pactos em torno de políticas públicas". Cada estado aprovou uma lei estadual respectiva que ratificou o protocolo de intenções para a criação do consórcio interestadual. Há um orçamento anual aprovado pelos integrantes e um estatuto que especifica os objetivos que envolvem desde a realização de estudos técnicos e pesquisas até a formulação, implantação e operação de sistemas de informações articuladas. O mais importante, contudo, é que se trata de um fórum com forte representação política e com capacidade de coordenar iniciativas comuns aos estados da região.

A pandemia de COVID-19 foi um importante teste para a capacidade de coordenação nas federações. Houve conflito, competição, mas a necessidade de coordenação se impôs. No Brasil, por exemplo, embora o presidente da República tenha expressado uma visão distinta da maior parte dos governadores sobre como enfrentar a pandemia e isso tenha criado dificuldades, com trocas de ministros da Saúde e conflitos abertos com governadores, que tiveram de recorrer ao Supremo Tribunal Federal para implementarem suas políticas de isolamento e restrição das atividades econômicas, a coordenação não deixou de existir. Por exemplo, a compra das vacinas foi paga pelo governo federal e distribuída aos estados e municípios, que implementaram a vacinação.

Isso também ocorreu em vários outros campos durante a pandemia, como na complementação pelo governo federal (Lei Complementar nº 173) das receitas tributárias estaduais e municipais, deprimidas pelos efeitos da pandemia e das medidas para combatê-la, e no apoio financeiro em decorrência da redução das transferências dos fundos constitucionais (Lei nº 14.041, de 2020). A União utilizou sua capacidade de endividamento, que é muito maior do que a dos estados e municípios, para proceder às compensações e evitar o colapso dos demais entes federados.

Há várias experiências relevantes de aplicação do princípio da coordenação nas federações durante a pandemia. Na Alemanha, por exemplo, a primeira-ministra e os líderes dos estados acordaram as regras para manter fortes restrições no país para dificultar a disseminação do coronavírus. Não houve imposição do governo federal aos estados (*Länder*), mas tampouco foram medidas unilaterais, sem consentimentos mútuos por parte de cada ente. Isso não impediu que regras e critérios próprios, de acordo com as especificidades de cada estado, fossem aplicadas.

3.1.7 Princípio da subsidiariedade

Um dos princípios mais caros ao federalismo é o da subsidiariedade, que estabelece que as decisões políticas e administrativas devem ser tomadas nas esferas políticas e administrativas mais próximas possíveis do cidadão. As esferas mais distantes só devem atuar quando razões de escala (de natureza econômica) ou quando fortes efeitos negativos da descentralização justificarem. O argumento em favor do princípio é que, quanto mais próximo do cidadão, mais fácil identificar suas preferências, mais fácil fiscalizar e mais fácil cobrar dos administradores públicos – maior, portanto, a eficiência das políticas públicas (OATES, 1999).

A transferência das decisões para esferas mais distantes do cidadão só se justificaria quando os recursos necessários fossem elevados para uma esfera administrativa de pequeno porte e houvesse externalidades substanciais envolvidas. É o caso, por exemplo, da defesa nacional, de grandes hospitais de referência e de universidades de excelência, por exemplo, que implicam custos muito altos para serem arcados por um município e acabam por beneficiar municípios vizinhos que não incorreram com os custos de construção e não contribuem com a manutenção.

Esse desincentivo de contribuir com os custos de construção e manutenção de um serviço público ao qual se terá acesso independentemente da contribuição acaba por levar a uma oferta aquém da necessária do bem ou serviço público (OATES, 1999), o que aponta para a centralização como forma de evitar o problema.

A discussão sobre a área de atuação de cada esfera de governo é importante tanto do ponto de vista de *federalismo cooperativo* quanto de um *federalismo dual*. No primeiro, não há uma distinção estanque entre as responsabilidades da União e dos estados-membros, o que parece ser uma tendência em boa parte das federações. Por exemplo, Gunlicks (2003) aponta que, desde o *New Deal*, nos Estados Unidos, o governo federal e o governo dos estados têm partilhado mais e mais responsabilidades, incluindo o financiamento de uma ampla gama de políticas públicas.

No federalismo dual, a divisão de responsabilidades é bem definida; por exemplo, o governo federal responde pelo sistema de previdência social, enquanto os estados cuidam do policiamento das ruas. Não há, portanto, compartilhamento de atribuições, mas competências previamente fixadas de cada esfera de governo.

No caso de cooperação entre as unidades federativas, discute-se a forma de cada ente participar. Um bom exemplo é a segurança pública, que é responsabilidade de todos os entes federativos, mas as tarefas de cada ente devem ser divididas de acordo com os princípios da subsidiariedade. É claro que muitos fatores acabam por influenciar como as responsabilidades são divididas na prática: disponibilidade financeira, capacidade operacional, pressões políticas etc., muitas vezes prevalecendo sobre o princípio da subsidiariedade.

Nos Estados Unidos, por exemplo, o debate sobre a distribuição de competências entre a União e os estados é muito forte. Formalmente, a 10ª Emenda à Constituição Federal estabelece que as competências da União são expressas e exaustivas. Todas as demais são dos estados-membros: "*The powers not delegated to the United States by the Constitution, nor prohibited by it to the States, are reserved to the States respectively, or to the people*".

Na prática, contudo, há um forte descontentamento com a centralização de poderes na União, fenômeno que se iniciou com o *New Deal*, nos anos 1930. Mayer (2016) resume essa avaliação:

> Nos primeiros 125 anos, o governo federal limitou-se em grande parte aos poderes expressos listados na Constituição. Quando tentou expandir-se, a Suprema Corte dos EUA estava lá para

rejeitar a invasão do governo federal nos direitos e poderes dos Estados e do povo americano. *Tudo isso mudou na Era do Novo Acordo (New Deal) – 1933-37 – quando o presidente Franklin Roosevelt, com o consentimento da Suprema Corte, obtida depois que ele a ameaçou, expandiu significativamente os poderes e o alcance do governo federal.* As novas leis usurparam as leis estaduais sobre salários e horários de trabalho, o cultivo e o consumo de alimentos na agricultura familiar e as disputas entre capital e trabalho.[57] (Tradução e grifos meus)

A centralização nos Estados Unidos, como aponta Mayer (2016), foi realizada com a colaboração da Suprema Corte, que foi fortemente pressionada, incluindo a possibilidade de aumento expressivo do número de membros, de forma que os novos integrantes fossem afinados com a visão política de Roosevelt. Na mesma direção, Somin (2017):

Embora a revisão judicial tenha promovido tanto a centralização quanto a autonomia dos Estados em diferentes momentos, *o resultado líquido foi o fortalecimento da primeira em detrimento da segunda*. Esse padrão tem sido especialmente prevalente desde a década de 1930, quando a Suprema Corte dos EUA abandonou em grande parte os esforços anteriores para impor limites ao poder do Congresso, ao mesmo tempo em que impôs uma crescente gama de direitos individuais contra governos estaduais e locais. (Tradução e grifos meus)[58]

---

[57] "*While judicial review has therefore promoted both centralization and state autonomy at different times, on balance it has strengthened the former at the expense of the latter. This pattern has been especially prevalent since the 1930's as the U.S. Supreme Court largely abandoned earlier efforts to police limits on congressional power, while simultaneously enforcing a growing array of individual rights against state and local governments.*"

[58] "*While judicial review has therefore promoted both centralization and state autonomy at different times,* on balance it has strengthened the former at the expense of the latter. *This pattern has been especially prevalent since the 1930's as the U.S. Supreme Court largely abandoned earlier efforts to police limits on congressional power, while simultaneously enforcing a growing array of individual rights against state and local governments.*"

3.1.8 Princípio da predominância do interesse

É um princípio muito próximo da subsidiariedade. Basicamente, ele informa que deve tratar da matéria – na ampla acepção de tratar, que envolve legislar, administrar e fiscalizar – a esfera de governo mais afetada pelo tema. Pressupõe-se que a legitimidade das decisões em boa parte decorre desse princípio.

É claro que o seu exercício concreto – como em todos os demais – é limitado pela própria Constituição, que já distribui a maior parte das competências entre os entes federados. O STF tem se manifestado no sentido de que a Constituição brasileira já o levou em conta, o que obrigaria o intérprete a aplicá-lo como elemento central na interpretação da norma. Embora tenha prestigiado a União nas competências legislativas (CF, art. 22), também trouxe um amplo rol de competências concorrentes e de competências comuns, a evidenciar que a descentralização goza de prestígio constitucional (ver, por exemplo, ADI nº 6.193/MT, voto do relator, ministro Alexandre de Moraes).

Assim, se um problema de saúde, por exemplo, afeta principalmente determinada localidade ou a afeta de forma particular em relação a outras localidades, as decisões sobre aquele problema devem ser descentralizadas. Não deve o governo federal decidir sobre algo que tem repercussões exclusivas em determinado município ou afeta diferentemente cada lugar. Essa questão surgiu com força na pandemia de COVID-19. O presidente da República editou um decreto que definia atividades essenciais que poderiam funcionar durante o período de isolamento. Tal decreto conflitou com decretos estaduais e municipais, que não incluíam as mesmas atividades. Os casos chegaram ao Supremo Tribunal Federal, que entendeu pela aplicação do princípio da predominância do interesse, no sentido de que o interesse predominante era dos estados, que tinham melhor condição de avaliar como lidar diretamente com a pandemia, que conheciam os recursos de que dispunham para tratar dos infectados (disponibilidade de leitos, de UTIs, respiradores etc.) e, por isso, a decisão deveria permanecer com eles, não se aplicando o decreto presidencial. Resguardou, contudo, a competência geral da União para lidar com os problemas decorrentes da pandemia, ressaltando que a competência era comum aos entes federados.

O Poder federal deve tratar sobre matérias que afetem todas as esferas, notadamente nos casos em que os efeitos se dão de forma semelhante, estabelecendo que o interesse nesse caso é geral. Outra possibilidade são aqueles casos em que a falta de legislação de um ente pode afetar diretamente os outros entes, abrindo espaço para a legislação federal. No caso de uma pandemia, por exemplo, a União pode legislar de forma ampla se houver inação de algum ente federativo e tal inação ponha em risco os demais.

Outro exemplo é o estabelecimento de normas gerais para aquisições relacionadas à pandemia, deixando as especificidades para cada localidade. Foi o que fez a Lei Federal nº 13.979/2020, que fixou normas específicas apenas para o governo federal e normas gerais para todos. Os demais entes federados podem adotá-las na totalidade se lhes for conveniente ou editar suas próprias normas nas questões particulares, desde que não conflitem com as normas gerais.

Obviamente que a prática traz muitas controvérsias sobre o que é geral e o que é específico e sobre se a legislação específica não conflita com a legislação geral. Por exemplo, a Lei Federal nº 10.671/2003 estabelece a proibição de não portar bebidas proibidas ou suscetíveis de possibilitar a prática de atos de violência nos estádios de futebol, sem especificar as bebidas proibidas. Alguns estados editaram leis permitindo bebidas com menor teor alcoólico nesses estabelecimentos.

O STF foi acionado, por exemplo, quando o estado de Mato Grosso permitiu a comercialização e consumo de bebidas não destiladas com teor alcoólico inferior a 14% em dias de jogo. O STF decidiu, pelo princípio da predominância do interesse, que deveria prevalecer a lei estadual, entendendo que se tratava de direito do consumidor e que a competência legislativa concorrente dos estados deve prevalecer nesses casos.

O princípio da predominância do interesse frequentemente entra em choque com o princípio da simetria. O pêndulo do STF costuma tender mais para este, como vamos analisar em mais detalhes à frente, embora o discurso descentralizador esteja muito presente e, em algumas ocasiões, tenha prevalecido também, em particular, durante a pandemia.

Na Alemanha, por exemplo, que muitos especialistas afirmam que, apesar de federal, convive com muitas disposições próprias do Estado unitário (KOMMERS; MILLER, 2012), a Corte Constitucional considerou incompatível com a Constituição uma lei federal de 2002 que estabelecia exigências para qualificação e ascensão de professores universitários nas universidades administradas pelos estados. O problema é que as regras foram muito detalhadas, deixando para os estados (Länder) apenas questões secundárias. O argumento central da Corte Constitucional para declarar a inconstitucionalidade da lei federal foi que a competência do parlamento federal era apenas de estabelecer regras gerais, não preencher quase que por completo os requisitos, que seriam de competência estadual, de acordo com suas especificidades e interesses (JUNIOR PROFESSOR CASE, 2004):

> Mas essa esfera de regulação é marginal e sem consequências à luz do alto grau de regulação nos parágrafos 44 a 48 da "Lei de Bases do Ensino Superior". *As disposições relativas ao professor júnior constituem um conjunto de regras operacionais que exaurem todos os elementos essenciais;* eles predeterminam o conceito central da cátedra júnior e, no máximo, permitem que os parlamentos estaduais tenham espaço para acréscimos sem relevância, mas nenhum alcance de significado substancial para regulações

próprias. O Parlamento federal não demonstrou consideração pelo fato de que era intenção dos redatores da constituição e da emenda constitucional que os Estados (Länder) deveriam manter um alcance legislativo substancial no que diz respeito ao ensino superior. (Tradução e grifos meus)[59]

Assim, na visão da Corte Constitucional alemã, o interesse predominante era estadual, não cabendo ao parlamento federal estabelecer os detalhes, que seriam de competência exclusiva de cada estado. Essa controvérsia é muito frequente, também no Brasil, para estabelecer os limites das normas gerais na competência concorrente entre União e estados. Quando, a propósito de estabelecer normas gerais, a União esgota o assunto, não deixando nenhum espaço para os estados legislarem, está-se diante de violação de normas constitucionais de distribuição de competências que, expressamente, limita o alcance da legislação federal, mas que, em regra, é ultrapassada no Brasil, com o beneplácito da jurisprudência centralizadora do Supremo Tribunal Federal, que atribui enorme prestígio ao princípio da simetria, a seguir analisado.

3.1.9 Princípio da simetria

O princípio da simetria é utilizado com frequência no Brasil e apresenta significados distintos. Em um sentido mais geral, ele representa a busca de padrões sociais e econômicos mínimos entre as várias unidades federativas, de modo que

---

[59] *"But that sphere of regulation is marginal and of no consequence in light of the high degree of regulation in §§ 44 to 48 of the Higher Education Framework Law. The provisions concerning the junior professorship form an exhaustive set of operational rules covering all the essential elements; they predetermine the central concept of the junior professorship and, at most, allow the Land parliaments scope for minor additions, but no scope of substancial significance for enactments of their own. The Parliament has failed to show regard for the fact that it was the intention of the framers of the constitution and the constitutional amendment that the Länder should retain substantial legislative scope in respect of higher education."* (Citado por KAMMERS; MILLER, 2012)

se procurem reduzir diferenças significativas. Para tanto, busca-se aproximar a renda *per capita*, o acesso à educação, à saúde e aos demais serviços públicos ao longo da federação, assegurando um padrão mínimo de qualidade, de modo que as assimetrias sejam as menores possíveis. Desse princípio geral decorrem outros, como o da solidariedade entre os entes, já mencionado.

No sentido jurídico-constitucional, a simetria representa a reprodução obrigatória pelos estados-membros de princípios e regras aplicáveis para a União. Basicamente, ele obriga que algumas normas estabelecidas na Constituição Federal para a União devam ser necessariamente reproduzidas pelas constituições estaduais. Em algumas situações, a própria Constituição Federal estabeleceu a regra aplicável aos estados (por exemplo, quando o art. 75 da CF estabelece que os tribunais de contas dos estados terão sete conselheiros). Há, portanto, simetria obrigatória entre os estados, independentemente do tamanho do orçamento de cada um. Araújo (2009, p. 129) assim o define:

> Princípio de interpretação da nova hermenêutica constitucional destinado a identificar normas de extensão na Constituição Federal que devem ser necessariamente reproduzidas pelas Constituições estaduais, bem como destinado a identificar as normas da Constituição Federal que, mesmo não gerando a obrigação de reprodução, geram a imitação facultativa de um modelo federal válido para os estados membros, funcionando, inclusive, como argumento de exclusão das vedações para reprodução desses mesmos modelos.

De forma mais restrita, o STF tem interpretado o princípio da simetria como a obrigatoriedade de normas estabelecidas para a União serem reproduzidas pelos estados. Como analisaremos em mais detalhes adiante, embora o STF não tenha uma atuação exatamente coerente nesse campo,

O princípio da simetria é aplicado a partir dos princípios constitucionais extensíveis (ARAÚJO, 2009), isto é, aqueles em que a não observância pode implicar um enfraquecimento da separação de Poderes, ou de um princípio caro ao modelo republicano. Nessa linha, como aponta Araújo, o princípio da simetria seria mais um princípio de interpretação jurídica, e não um princípio jurídico normativo, embora o mesmo autor identifique diversos casos em que o princípio da simetria foi utilizado diretamente como fundamento para uma decisão do STF.

O objetivo principal da utilização da simetria é garantir a coerência e a integridade do sistema constitucional, mas, obviamente, se utilizada de maneira excessiva, pode sufocar iniciativas locais, impondo um padrão homogêneo ao longo da federação, impedindo a diversidade, um dos traços mais marcantes e significativos do federalismo. A experiência brasileira mostra que a aplicação do princípio da simetria tem sido um dos traços mais centralizadores do federalismo. O fenômeno se apresenta tanto na interpretação jurisprudencial de que mesmo normas não expressamente destinadas aos estados devem ali se aplicar, tal como o processo legislativo federal, como pela imitação voluntária de muitos estados ao modelo federal.

Uma análise das constituições dos estados-membros constata disposições praticamente idênticas entre eles, em boa parte dos casos resultado da reprodução direta do estabelecido pela Carta Federal. Isso torna o modelo brasileiro, em grande parte, um "federalismo sem diversidade", perdendo, portanto, um dos traços mais ressaltados dessa forma de organização do Estado.

Dentre os muitos exemplos de simetria obrigatória, Gonet Branco (2012) menciona a separação de poderes, pela qual o constituinte estadual é obrigado a seguir integralmente a forma de organização e de relacionamento entre os poderes adotados pela Constituição Federal. Dessa maneira, não se admite, por exemplo, interferência de um poder estadual sobre outro poder estadual, além daquelas enumeradas pela Constituição Federal. Tentativas de estabelecer variações têm sido rechaçadas pelo STF (MAUÉS, 2005).

Da mesma forma, não se admite que estados-membros adotem o parlamentarismo ou a monarquia, por exemplo. Horta (2010) aponta que a história constitucional brasileira sempre se preocupou com a simetria ao longo da federação. O autor cita vários exemplos, tais como as tentativas de instituir a obrigatoriedade de aprovação pela Assembleia Legislativa na escolha de secretários de Estado, no Ceará, na segunda metade da década de 1940, o que foi rechaçado pelo STF (Representação nº 93/1947). Na mesma linha, o STF entendeu inconstitucionais os dispositivos da Constituição do Estado do Rio Grande do Sul que estabeleciam diversos mecanismos apropriados ao parlamentarismo, mas incompatíveis com a separação de poderes adotada pela Constituição Federal brasileira (Representação nº 94/2017).

Em outras federações, o princípio da simetria também se aplica. Nos Estados Unidos, por exemplo, o estado de Arkansas tentou restringir o número de mandatos dos seus representantes ali eleitos para a *House of Representantives* (Câmara dos Deputados) e para o Senado Federal. O *Justice* Stevens escreveu a decisão da Suprema Corte (*US Term Limits v. Thorton*, 22 maio 1995, compilado em DITTMER, 2017):

> A Constituição também prevê que as qualificações dos representantes de cada Estado serão julgadas pelos representantes de toda a Nação. Assim, a Constituição cria um órgão nacional uniforme representando os interesses de um único povo. Se fosse permitido que os Estados individuais formulassem diversas qualificações para seus representantes resultaria em uma colcha de retalhos de qualificações estaduais, o que enfraqueceria a

uniformidade e o caráter nacional que os autores da Constituição (framers) vislumbraram e procuraram garantir.⁶⁰ (Tradução e grifos meus)

No caso, o estado de Arkansas aprovou uma emenda à sua própria Constituição que proibia a candidatura de quem já tivesse exercido três mandatos na Câmara dos Deputados ou dois mandatos no Senado. A própria Suprema Corte estadual julgou incompatível com a Constituição Federal, o que foi confirmado pela Suprema Corte do país. O argumento central é que a regra geral da democracia é que o povo pode escolher quem bem entender para governá-lo (*"the people should choose whom they please to govern them"*), sendo admitidas unicamente as restrições que a própria Constituição Federal estabeleceu. Escreveu o *Justice* Stevens para enfatizar que apenas uma emenda à Constituição Federal é que poderia modificar as exigências de qualificação para os candidatos ao parlamento nacional:

> Permitir que os Estados individuais adotem suas próprias qualificações para o serviço do Congresso seria inconsistente com a visão dos autores da Constituição (Framers) de uma legislatura nacional uniforme representando o povo dos Estados Unidos. Se as qualificações previstas no texto da Constituição forem alteradas, o instrumento é a emenda à Constituição.⁶¹

---

[60] *"The Constitution also provides that the qualifications of the representatives of each State will be judged by the representatives of the entire Nation. The Constitution thus creates a uniform national body representing the interests of a single people. Permitting individual States to formulate diverse qualifications for their representatives would result in a patchwork of state qualifications, undermining the uniformity and the national character that Framers envisioned and sought to ensure"* (grifos meus).

[61] *"Allowing individual States to adopt their own qualifications for congressional service would be inconsistent with the Framer's vision of a uniform National Legislature representing the people of the United States. If the qualifications set forth in the text of the Constitution are to be changed, that text must be amended."*

CAPÍTULO 4

FEDERALISMO NO BRASIL

O federalismo foi formalmente inaugurado no Brasil com a proclamação da República, em 1889, e formalizado precisamente pela Constituição de 24 de fevereiro de 1891. Até então, o país vivia no regime unitário, com a Carta do Império, de 1824, concentrando poderes políticos e administrativos no imperador, que nomeava e demitia *ad nutum* os dirigentes das 20 províncias, todas a ele subordinadas. Bonavides (1985) entende que a "história política do Brasil, desde os primórdios da nossa colonização, gravita ao redor de dois polos distintos: o unitarismo, sinônimo de centralização, autoritarismo e opressão; e o federalismo, sinônimo de descentralização, liberdade e autonomia".

O sentimento federalista e as pressões por maior descentralização estiveram, contudo, presentes em vários momentos do Império, o que provocou inúmeros movimentos de insurreição, como a Confederação do Equador (1824) e a Revolução Farroupilha (1835-1845), para citar dois casos. Mesmo expoentes defensores da monarquia (pelo menos até certo momento) – Joaquim Nabuco e Rui Barbosa, por exemplo – defendiam a adoção formal do federalismo pelo regime monárquico, argumentando que, se a monarquia houvesse seguido tal caminho, ela poderia ter perdurado. Barreto (2013) cita o argumento de Rui Barbosa:

A federação garantia ao povo, por meio da repartição constitucional de competências, justamente uma maior vinculação do governo à lei máxima e, consequentemente, mais liberdade. *Seria ela, então, plenamente adaptável ao regime monarquista brasileiro*, caracterizando-se como o mecanismo hábil para atualizar nosso governo, permitindo a sadia perpetuação dele e sua inserção na era moderna e liberal. A monarquia federativa era, portanto, a única forma de arrefecer as correntes dissidentes. (Grifos meus)

Alguns autores apontam que, apesar de unitário, o Estado brasileiro do Império apresentava diversos elementos descentralizadores, embora com forte movimento pendular. Rezende (2016) argumenta que, a despeito de que o Ato Adicional de 1834 não tenha conseguido aprovar uma monarquia federativa, uma série de pequenos tributos antes administrados pelo governo central foram distribuídos às províncias, bem como a competência para tributar as transações internas. No entanto, leis posteriores recentralizaram o país.

Amaro Cavalcanti, mesmo tratando do Estado unitário, já chamava a atenção de que a descentralização administrativa deveria ser a tônica (CAVALCANTI, 1896, p. 56):

> Quando se trata de um Estado unitário, em regra, dividido em províncias ou departamentos e municípios, que também constituem circunscrições administrativas relativamente autônomas; a maneira mais correta de proceder, por parte do poder central em relação à despesa, é: *que o Estado abandone à administração provincial ou local todos os serviços e objetos, que pertençam ou interessem à economia das mesmas, concedendo-lhes igualmente meios e fontes, de onde tirem os rendimentos precisos*. Com efeito, a província, assim como o município, conhecendo melhor que o Estado, as suas próprias necessidades e as condições destas, encarregar-se-ão, com maior conveniência, da sua satisfação e despesa, e deste modo ficará o orçamento geral aliviado de tais encargos. Uma grande centralização administrativa, além de outros males, acarreta maior despesa pública geral, e esta é,

ordinariamente, mal aplicada aos serviços e interesses locais, à falta de dados bastantes para ajuizar-se com todo o critério ao seu respeito. (Atualização ortográfica e grifos nossos)

Como se nota, as discussões sobre os princípios da subsidiariedade e da predominância do interesse já estavam fortemente presentes no Brasil no século XIX. Cavalcanti (1896, p. 57) reforça o argumento em prol da descentralização:

> A consideração que acaba de ser feita é, sem dúvida, aplicável à Federação, cuja despesa – entre a União e os Estados – deve ser repartida de maneira a mais conveniente, e *guardando-se, o mais possível, o princípio da descentralização administrativa.* (Grifos meus)

Nos debates que precederam à Constituição de 1891, a autonomia dos estados foi tema central. Havia grande ansiedade nas antigas províncias por maior liberdade. Isso motivou, ainda em dezembro de 1890, a proposta na Assembleia Constituinte de que os estados só poderiam se organizar e eleger seus dirigentes após a aprovação da Constituição Federal, o que – embora rejeitada – representava uma reação à intensa pressão dos estados por auto-organização.[62]

Na mensagem que Deodoro da Fonseca envia ao Congresso Nacional, na 1ª sessão da 1ª legislatura do Congresso Nacional, já vigente a Constituição republicana, o tema é tratado:[63]

---

[62] A proposta rejeitada, de autoria do constituinte Erico Coelho, era a seguinte: "O Congresso Constituinte declara inconvenientes os ensaios de organização dos estados, ficando adiada até ser votada a Constituição Federal e adoptada pelo poder legislativo nova lei eleitoral, que assegure a comparticipação de todos os cidadãos na obra da fundação dos estados respectivos" (ver Congresso Nacional, histórico das sessões de 2 a 30 de janeiro de 1891).

[63] Atualizei a ortografia (extraído de Congresso Nacional, Termo de Abertura da 1ª sessão da 1ª legislatura do Congresso Nacional, 15 jun. 1891, p. 12).

> Nos termos e pela forma prescrita no Estatuto Federal, os diversos Estados, no exercício legítimo da soberania que lhes é reconhecida quantos aos respectivos negócios internos, têm estabelecido os lineamentos gerais de sua organização, preparando-se desta arte para viverem a vida autônoma dos povos unidos pelo laço da federação. Alguns deles, os do Piauí, Alagoas, Sergipe e Santa Catarina já se acham constituídos; outros elaboram atualmente os seus códigos políticos, havendo já em vários Estados sido eleitos os governadores.

Uma diferença central do federalismo brasileiro em relação ao federalismo americano, de que tratava Alexis de Tocqueville, ou alemão, de que se ocupava Carl Schmitt, é que aqui o federalismo se originou de um Estado unitário, e não de Estados soberanos independentes que renunciaram à soberania e se aglutinaram.

O texto da Constituição de 1891 deixa claro o movimento centrífugo:

> Art 1º - A Nação brasileira adota como forma de Governo, sob o regime representativo, a República Federativa, proclamada a 15 de novembro de 1889, e constitui-se, por *união perpétua e indissolúvel das suas antigas Províncias*, em Estados Unidos do Brasil.
>
> Art 2º - Cada uma das antigas Províncias formará um Estado e o antigo Município Neutro constituirá o Distrito Federal, continuando a ser a Capital da União, enquanto não se der execução ao disposto no artigo seguinte.

No Estado unitário do Império brasileiro, os estados eram apenas províncias, sem autonomia política. Os poderes de que dispunham eram mera concessão do poder central, que desconcentrava atribuições, e não repartição de competências, como no Estado federal. João Barbalho, em seus magistrais comentários à Constituição de 1891, assim se pronunciou sobre o federalismo brasileiro recém-inaugurado (BARBALHO, 1924, p. 14-15):

Há os Estados, *com sua existência autônoma, com seus governos à parte*, separados quanto ao regime de sua vida local; mas eles são do Brasil, da mesma una e grande pátria, de cuja integridade tanto se mostrou sempre cioso e zelador o povo que os destinos humanos colocaram nesta parte da América. *Aquela denominação indica que pela nova ordem de coisas constituíram-se no solo nacional vários Estados, mas a pátria não cindiu-se*, consta deles todos, é uma só e continua como tal – o mesmo território, um só país, todo ele uma nação só.

Aliomar Baleeiro ressalta que a expressa divisão de tributos entre a União e os estados foi uma significativa inovação da Constituição de 1891. O autor enfatiza (BALEEIRO, p. 32):

> Grande inovação foi uma expressa divisão dos tributos entre a união e os estados, determinando-se que estes escolheriam alguns de seus impostos para os Municípios (só pela CF de 1934, estes passaram a ter expressamente impostos exclusivos).
>
> União, Estados e Municípios podiam cobrar taxas (tributos como contraprestação de serviços específicos prestados ao contribuinte) e as rendas de seus bens e serviços não coativos (rendas industriais e comerciais). Competiam exclusivamente à União impostos de importação, direitos de entrada e saída de navios, selos, taxas de correio, telégrafo. Aos Estados, exclusivamente, impostos de exportação de seus produtos; os sobre imóveis rurais e urbanos; sobre transmissão de propriedade (sisa sobre bens de raiz); sobre indústrias e profissões; selos sobre os atos de seu governo e negócios de sua economia; taxas sobre seus correios e telégrafos.

O século XX, como chamou atenção Paulo Bonavides, foi marcado, no Brasil, por momentos de centralização seguidos de momentos de descentralização. Embora a Constituição de 1891 trouxesse fortes elementos descentralizadores – eleição direta dos presidentes estaduais, competência legislativa para os estados, entre outras providências –, consagrando formalmente o federalismo, na prática, houve períodos de centralização, maior ou menor, conforme quem ocupasse a presidência da República (FAGUNDES, 1997). A descentralização, contudo, não implicava democracia e participação popular, a confirmar a proposição 1 anteriormente formulada de que descentralização não garante *per se* a democracia. Ao contrário, nos estados, predominava o domínio político de poucos, o coronelismo, uma população pouco preparada e, em geral, afastada completamente do poder. Zimmermann (2005, p. 303) bem resume o quadro que caracterizou os primeiros anos da República:

> A Carta de 1891 foi, por isso, literalmente assolada pela nossa fortíssima e mais eficaz constituição sociológica, eternamente vigente para infelicitar nosso País. Esta constituição, paralela, cultural, informal, por sua própria vontade e inteiramente alheia às formalidades da Carta de 1891, *dispôs-se prontamente a positivar o domínio das regiões mais fortes, os abusos das oligarquias, o aumento das desigualdades sociais, a manipulação dos sufrágios abertos, a dificuldade das autonomias municipais e, enfim, a completa degeneração do ideal federativo e democrático.* (Grifos nossos)

As críticas ao modelo seguido pelo Brasil no começo do século XX eram frequentes. Joaquim Nabuco, por exemplo, apontava:

> Não há um Brasil independentemente dos Estados, por isso, com vinte governadores (...), é uma ilusão esperar que o presidente possa consertar o país. As instituições federais atuais são um obstáculo invencível à reorganização financeira do país.[64]

Uma das demonstrações da fragilidade do federalismo brasileiro sob a égide da Constituição de 1891 foi a ampla revisão constitucional empreendida em 1926. Em um federalismo forte, a modificação das relações entre as unidades federadas

---

[64] NABUCO, Joaquim. *Diários*, v. 2, p. 152.

exige a participação destas, como no federalismo americano. Aliás, a ausência de participação dos estados para a modificar a Constituição é um elemento comum das constituições brasileiras, incluindo a Constituição de 1988. A necessária aprovação pelo Senado não elide essa deficiência, principalmente se levarmos em conta que, em boa parte, os membros do Senado se comportam movidos por regras partidárias, mais do que por alinhamento de interesses dos respectivos estados que representam. Na Alemanha, por exemplo, os membros do Senado são indicados pelos governadores de cada *Länder*, garantindo, assim, a aderência entre os correspondentes interesses dos estados (ZIMMERMAN, 2005). No Brasil, ao contrário, é comum que, no mesmo estado, governador e senadores sejam adversários políticos.

Essa é uma característica interessante do federalismo brasileiro: o Brasil foi o primeiro país federalista em que os representantes dos estados na Câmara Alta do parlamento nacional foram eleitos diretamente pelos cidadãos (RODRIGUES e outros, 2017), característica que passou a ser adotada posteriormente por outras federações, como a americana, por exemplo. Nos Estados Unidos, porém, permanece a necessidade de aprovação direta dos estados (pelo menos três quartos, isto é, 38 dos 50 estados devem ratificar) a reformas na Constituição, ou seja, a participação do Senado não é suficiente para firmar o posicionamento dos estados federados.

Em 1926, a Constituição de 1891 foi amplamente reformada. O federalismo foi alterado pela ampliação das possibilidades de intervenção federal, passando a abranger também os casos em que os estados se encontrassem insolventes; além disso, restringiram-se competências da Justiça federal e limitaram-se as hipóteses de *habeas corpus* (LANG, 1987). Muitos se opuseram à reforma de 1926, apontando-a como fortemente centralizadora. Trigueiro (1980, p. 257) resume bem esse diagnóstico:

A Reforma de 1926 restringiu a autonomia dos Estados, que passaram a sofrer rigoroso controle político e mesmo administrativo, por parte da União. O Brasil era, então, talvez mais que hoje, uma federação governada pelos grandes Estados, que submetiam os pequenos a uma espécie de federalismo fraterno. O que se pretendia impor ao País não era o federalismo dos Estados Unidos ou da Suíça – em que a autonomia jamais foi objeto de contestação –, mas o federalismo do México e da Argentina, onde a frequente, e tantas vezes abusiva, intervenção do poder federal na vida dos Estados repudia na prática o regime federativo, modelo nos textos legais.

A reforma de 1926 não foi suficiente para assegurar a perenidade da Carta de 1891 e logo sobreveio a Constituição de 1934, que teve curtíssima duração e trouxe alguns avanços do ponto de vista federativo, introduzindo de forma explícita, pela primeira vez, elementos para a autonomia municipal, ao discriminar seus tributos. O federalismo continuou sendo a forma de Estado, com os governadores sendo eleitos. O grande problema dessa constituição foi sua ambiguidade, uma vez que as forças que a aprovaram tinham influências muito antagônicas, do fascismo ao liberalismo, da centralização unitarista ao federalismo descentralizador. Não poderia ter perdurado muito tempo, logo sobrevindo uma carta mais em consonância com o espírito ditatorial, a Constituição de 1937.

A Constituição de 1937, fortemente autoritária e inspirada nos movimentos fascistas então em voga na Europa, restringiu sobremaneira o federalismo no Brasil, embora o texto constitucional o mantivesse formalmente: "Art. 3º - O Brasil é um Estado federal, constituído pela união indissolúvel dos Estados, do Distrito Federal e dos Territórios". Era o "Estado Novo", a ditadura comandada por Getúlio Vargas.

O presidente da República podia nomear interventores nos estados que fariam as vezes dos governadores. Além disso, os interventores nomeavam os respectivos prefeitos e vereadores municipais (BONAVIDES, 1985). Os governadores eleitos que estavam no cargo quando do início da vigência da nova Constituição precisaram ter seus nomes confirmados pelo presidente da República. A regra formal para os governadores continuou sendo a eleição, mas em uma posição extremamente fragilizada, porque as hipóteses de intervenção eram muito amplas e abertas.

O Senado Federal foi substituído pelo Conselho Federal, cujos membros não eram mais eleitos diretamente, e sim por cada assembleia legislativa, com obrigatória aprovação pelo respectivo governador. Além disso, em vez de dois representantes, cada estado contava com apenas um membro, e o presidente da República passou a indicar dez membros. Ou seja, além da ampla possibilidade de intervenção nos estados, o órgão legislativo nacional de representação estadual foi quase que completamente controlado pelo chefe do Poder Executivo federal.

Não é preciso um esforço muito grande de análise para concluir que a federação brasileira praticamente deixou de existir sob a Carta de 1937, passando a vigorar na prática um Estado unitário, em que os governadores, muitos dos quais interventores, eram meros prepostos do presidente da República.

A Constituição de 1946 veio com a redemocratização do Brasil, o fim da guerra e a derrota do nazifascismo. O federalismo foi restabelecido com o fim da figura do interventor e a eleição direta dos governadores. O Senado também voltou a existir, com senadores eleitos diretamente pelo voto popular e com três representantes por estado, abolindo-se os representantes indicados pelo presidente da República. Como na experiência dos Estados Unidos da América, o vice-presidente da República exerce a função de presidente do Senado, tendo apenas voto de qualidade, isto é, para desempatar as votações.

Os municípios, embora não tivessem ainda conquistado a condição de membro da federação, gozavam de autonomia expressa por diversos dispositivos constitucionais, como a eleição direta de prefeitos e vereadores, pela arrecadação e administração de alguns tributos e pela autoadministração. Não dispunham, contudo, de lei orgânica, sendo regidos pela Constituição Federal e pela respectiva Constituição estadual.

Embora com avanços notáveis e óbvios em relação à Carta do Estado Novo, persistiram críticas em relação à centralização com a Carta de 1946. Por exemplo, as palavras de Carlos Medeiros Silva (1955, p. 13) resumem as críticas:

> Desta exposição se verifica que a absorção da administração estadual e municipal pela União é notória e incontestável e que ela se vem operando com a solicitação e o pleno assentimento dos Estados e Municípios. Este fato, de larga repercussão na vida nacional, vai subverter, dentro em pouco, os alicerces do regime federativo. À medida que alienam atribuições e se demitem da direção de serviços locais, em favor da União, ou de órgãos por esta criados, ou controlados, os Estados e Municípios sacrificam a sua autonomia e restringem as áreas administrativas até então submetidas à sua ingerência. A execução de serviços de seu peculiar interesse passa a depender da decisão e da orientação de entidades centrais, que vão fiscalizar, ainda, o seu funcionamento, para velar pelo emprego, ou recuperar, em certos casos, as somas investidas.

A centralização decorria de vários fatores, mas principalmente de causas econômicas, uma vez que a intervenção do Estado na economia alcançara patamares muito elevados, e ela se dava principalmente por meio de órgãos federais. Silva (1955, p. 11) reproduz ainda as palavras de Cândido Mota Filho, segundo as quais:

A Constituição de 1946 reforçou a União em face dos Estados, em matéria judiciária, eleitoral, militar, municipal, de discriminação de rendas, de funcionalismo público. *Estamos agora, diz ele, diante de uma máquina federal poderosa e extensa, que se faz sentir por toda a parte* (p. 20). (Grifos nossos)

A Constituição de 1967, com as alterações posteriores da Emenda Constitucional de 1969, é outra vez um documento elaborado sob uma ditadura. Tem, portanto, óbvia inspiração autocrática e centralizadora, embora formalmente, como a própria Carta do Estado Novo, tenha preservado o federalismo e a democracia (o §1º do art. 1º afirma que todo poder emana do povo).

Apesar de a Constituição de 1967/69 expressamente prever que a eleição de governadores seria por sufrágio universal e voto direto (art. 13, §2º), na prática, os governadores só voltaram a ser eleitos diretamente em 1982, próximo do fim da ditadura militar. Até então, por força do Ato Institucional nº 3, de 1967, eram eleitos pelas respectivas assembleias legislativas, mas com forte influência do governo federal, que apontava o nome de seu interesse. Os prefeitos das capitais, por sua vez, eram indicados pelo respectivo governador, evidenciando a ausência de autonomia municipal.

O Senado foi mantido, mas a composição passou a ter forte influência do governo federal, que instituiu, a partir da eleição de 1978, a figura do senador "biônico", não eleito diretamente, e sim pela respectiva Assembleia Legislativa, em regra, alinhado à vontade do governador, que, por sua vez, não era muito mais do que um preposto do governo federal. Tais senadores representavam um terço da composição do Senado.

Além disso, do ponto de vista de competências legislativas, a concentração na União foi expressiva, aprofundando a tendência que vinha de constituições anteriores, mesmo a de 1946, como se mencionou anteriormente. O art. 13 estendia para os estados uma série de regras aplicáveis à União, como processo legislativo, número de deputados estaduais, composição dos tribunais de contas, entre outras. Raul Machado Horta (p. 2) resume o diagnóstico sobre o federalismo brasileiro no período:

> Tornou-se generalizada a impressão de que, não obstante as características formais do Estado Federal que a Constituição acolheu, o federalismo brasileiro encontra-se esmagado pela exacerbação centralizadora de poderes e de competências da União, *convertendo o federalismo constitucional em federalismo puramente nominal e aparente*. (Grifos meus)

A Constituição Brasileira de 1988, por sua vez, contemplou diversos elementos descentralizadores (SERRA; AFONSO, 1999). O presidente da República quando de sua votação, José Sarney, chegou a afirmar que o Brasil se tornaria ingovernável, entre outras razões, pela substancial transferência de recursos da União para estados e municípios, sem as transferências dos respectivos encargos. No entanto, as emendas constitucionais e as modificações legislativas promovidas desde então e a jurisprudência do STF recentralizaram, em parte, o país (REZENDE, 2009; MAUÉS, 2005).

Nessa linha, frequentemente o modelo brasileiro é avaliado como excessivamente centralizador, notadamente no tocante às competências legislativas mais relevantes. No campo administrativo, a descentralização é mais profunda, vigorando ampla autonomia para estados e, em menor escala, mas também substancial, para municípios. Um indicador desse fato é que quase 50% das despesas públicas são realizadas por estados e municípios, sendo responsáveis pela maior parcela dos gastos em educação, saúde e segurança (REZENDE, 2011). Nesse aspecto, o federalismo brasileiro se assemelha ao alemão, em que as competências legislativas são grandemente concentradas no governo federal, enquanto as competências administrativas estão fortemente presentes nos estados (*Länder*), que participam da elaboração legislativa apenas indiretamente, por meio de seus representantes no *Bundesrat* (Senado).

A concentração das competências legislativas na União alcança o direito penal, civil, processual, trabalhista, eleitoral, de trânsito e de transporte, entre vários outros. Aos estados, reservam-se as competências não vedadas pela Constituição, isto é, aquelas em que a Carta não atribuiu competência privativa para a União, nos moldes do federalismo americano, além das competências legislativas concorrentes (direito tributário, financeiro, econômico, orçamento, entre outras), em que a competência da União se limita a estabelecer normas gerais. Aos municípios, por sua vez, compete legislar sobre assuntos de interesse local e suplementar a legislação federal e estadual, no que couber. *Na prática, a competência legislativa dos estados é muito pequena.*

Raul Machado Horta, expoente jurista mineiro, apontava que o modelo de federalismo adotado pela Constituição de 1988 se inspirou fortemente no modelo alemão, consistindo em um verdadeiro "federalismo de equilíbrio", em que as competências da União, mas também as dos estados (e dos municípios), são formalmente expressas no Texto Constitucional. A estes, ao contrário do modelo dos Estados Unidos da América, não se atribuem apenas as competências residuais, ou seja, aquelas não reservadas à União, mas também muitas competências comuns (ou concorrentes), em que à União cabe legislar sobre normas gerais e, aos Estados, definir regras de acordos com suas especificidades (HORTA, 2010).

Embora formalmente seja correta a conclusão de que há muitas competências compartilhadas entre a União e os entes federados, a prática legislativa brasileira, reforçada pela jurisprudência dominante do Supremo Tribunal Federal, tem privilegiado a centralização por meio de vários instrumentos, dentre eles a exacerbação do princípio da simetria, como se analisará em profundidade mais à frente neste trabalho.

No *campo político*, a descentralização é bastante expressiva, pois os governadores dos estados e os prefeitos municipais são eleitos diretamente, o mesmo se repetindo nas assembleias legislativas estaduais e nas câmaras municipais. Os municípios, entretanto, não detêm Poder Judiciário e Ministério Público próprios, e se submetem à fiscalização financeira e orçamentária de tribunais de contas estaduais.

Outro elemento centralizador do federalismo brasileiro é o modo de modificação da Constituição Federal, como se abordou anteriormente. Enquanto, nos Estados Unidos, a modificação da Carta Máxima exige a aprovação direta de três quartos dos estados, no Brasil, os estados e municípios não participam diretamente de emendas à Constituição. No máximo, pode-se argumentar que os estados participam indiretamente por meio do Senado, que precisa aprovar as propostas de emenda à Constituição. O problema é que os senadores são eleitos por regras majoritárias em cada estado, e a atuação de cada senador na prática se pauta por critérios político-partidários, diferentemente da Alemanha, por exemplo, em que os membros do Senado são indicados pelo governador de cada estado (*Länder*).

Há as competências comuns aos três entes da federação: as competências concorrentes entre e União e estados e as competências privativas a cada esfera de governo. Vamos em seguida analisar em mais detalhes a competência de cada ente federativo no atual ordenamento jurídico brasileiro, iniciando com as competências que se aplicam a todos os entes.

4.1 Competências compartilhadas pela União, estados e municípios: as políticas públicas e a proteção das instituições

O art. 23 da Constituição Federal estabelece as chamadas competências comuns à União, aos estados e aos municípios. De fato, são obrigações que competem a todos os entes da federação e se referem tanto à proteção das instituições quanto a políticas públicas. O Texto Constitucional lista as seguintes competências comuns:

> I - zelar pela guarda da Constituição, das leis e das instituições democráticas e conservar o patrimônio público;
>
> II - cuidar da saúde e assistência pública, da proteção e garantia das pessoas portadoras de deficiência;
>
> III - proteger os documentos, as obras e outros bens de valor histórico, artístico e cultural, os monumentos, as paisagens naturais notáveis e os sítios arqueológicos;
>
> IV - impedir a evasão, a destruição e a descaracterização de obras de arte e de outros bens de valor histórico, artístico ou cultural;
>
> V - proporcionar os meios de acesso à cultura, à educação, à ciência, à tecnologia, à pesquisa e à inovação; (Redação dada pela Emenda Constitucional nº 85, de 2015)
>
> VI - proteger o meio ambiente e combater a poluição em qualquer de suas formas;
>
> VII - preservar as florestas, a fauna e a flora;
>
> VIII - fomentar a produção agropecuária e organizar o abastecimento alimentar;
>
> IX - promover programas de construção de moradias e a melhoria das condições habitacionais e de saneamento básico;
>
> X - combater as causas da pobreza e os fatores de marginalização, promovendo a integração social dos setores desfavorecidos;
>
> XI - registrar, acompanhar e fiscalizar as concessões de direitos de pesquisa e exploração de recursos hídricos e minerais em seus territórios;
>
> XII - estabelecer e implantar política de educação para a segurança do trânsito.

Como se nota, envolvem desde o dever de zelar pela guarda da Constituição e das instituições democráticas até a tarefa de cuidar da saúde pública, passando pela proteção das florestas. Abrangem também o combate às causas da pobreza e a proteção de documentos de valor histórico. A CF deixa para lei complementar a tarefa de fixar as normas para que tais competências sejam exercidas de forma harmônica e cooperativa.[65] O STF tem sido chamado a decidir em diversas ocasiões sobre as competências comuns. Por exemplo, na ADI nº 2.544/2006, questionava-se o limite de atuação dos municípios sobre a proteção dos bens de valor arqueológico:

> A inclusão de determinada função administrativa no âmbito da competência comum não impõe que cada tarefa compreendida no seu domínio, por menos expressiva que seja, haja de ser objeto de ações simultâneas das três entidades federativas: donde, a previsão, no parágrafo único do art. 23, CF, de lei complementar que fixe normas de cooperação (v. sobre monumentos arqueológicos e pré-históricos, a Lei 3.924/1961), cuja edição, porém, é da competência da União e, de qualquer modo, não abrange o poder de demitirem-se a União ou os Estados dos encargos constitucionais de proteção dos bens de valor arqueológico para descarregá-los ilimitadamente sobre os Municípios (ADI nº 2.544, rel. min. Sepúlveda Pertence, julgamento em 28-6-2006, Plenário, *DJ* de 17-11-2006).

Ressalte-se que ainda não há lei complementar delimitando o escopo de atuação e as formas de cooperação de cada esfera de governo nas competências comuns, o que acaba por gerar muitas controvérsias. No cuidado à saúde, por exemplo, não é evidente o âmbito de responsabilidade dos estados e dos municípios. A Constituição Federal, no seu art. 198, III,

---

[65] Raul Machado Horta critica essa previsão de lei complementar para regular a cooperação, sob o argumento de que apenas a Constituição Federal poderia – diretamente – tratar da forma de cooperação. Lei complementar editada pela União poderia implicar uma incursão na autonomia dos estados e municípios (HORTA, 2010).

§1º, estabelece que o Sistema Único de Saúde será financiado com recursos do orçamento da seguridade social, da União, dos estados, do Distrito Federal e dos municípios. Fixa ainda o percentual mínimo de 15% da receita corrente líquida da União destinado à saúde e os critérios de rateio dos recursos da União vinculados à saúde destinados aos estados e aos municípios, e dos estados dirigidos aos municípios.[66] Enfatize-se que expressamente a CF prevê que os critérios de distribuição devem objetivar a redução progressiva das disparidades regionais (art. 198, §3º, II).

Note-se, contudo, que a Emenda Constitucional nº 95, de 2017, alterou, a partir de 2018 e por 19 anos, a obrigatoriedade desse limite de 15%. É que os valores estabelecidos para saúde e educação em 2017 serão apenas reajustados pela taxa de inflação do ano anterior, sem garantia de vinculação à receita. Com isso, se a receita corrente líquida crescer em termos reais, os gastos em saúde e em educação permanecem os mesmos, apenas com o reajuste do IPCA. Em Lima (2017, p. 189), a emenda é tratada em detalhes:

> O mínimo definido de 18% da receita de impostos da União foi assegurado para a manutenção e desenvolvimento do ensino apenas para 2017. Nos anos seguintes, contudo, o percentual pode cair se a receita de impostos subir, pois só se assegura a correção pelo IPCA do limite definido em 2017, como no caso das demais despesas. O mesmo se deu para as ações e serviços públicos de saúde, em que se assegurou o mínimo de 15% da receita corrente líquida em 2017, mas apenas a regra de correção pelo IPCA para os anos seguintes. Se a garantia de despesas em saúde e educação em um percentual mínimo das receitas continuasse a vigorar, as demais despesas públicas seriam obviamente comprimidas, o que não é o objetivo da Emenda.

---

[66] Note-se que os 15% da receita corrente líquida começam a vigorar a partir de 2020. A Emenda Constitucional nº 86/2015 estabeleceu os seguintes percentuais: 13,2% em 2016, 13,7% em 2017, 14,1% em 2018, 14,5% em 2019 e 15% a partir de 2020.

A repartição de competências de políticas públicas de saúde, na prática, não é bem definida, mas, em linhas gerais, pode-se apontar que: a União coordena as políticas nacionais, principalmente do Sistema Único de Saúde (SUS); os estados se encarregam dos hospitais de referência; e os municípios são responsáveis pela atenção básica. Há, no entanto, muitos casos em que os estados se encarregam também da atenção básica e há muitos exemplos de municípios responsáveis por hospitais de referência. Abraham (2019), por exemplo, ressalta a grande e crescente descentralização das despesas de saúde, apontando um percentual inferior a 40% do orçamento federal de saúde gasto diretamente pela União. Também se socorre de dados do Ministério da Saúde para apontar que a União foi responsável por 44% das despesas totais em saúde, os municípios, 30%, e os estados, 26%, no período entre 2010 e 2014.

Como as competências não são claramente definidas, as necessidades e pressões locais acabam por prevalecer em muitas situações, afastando a divisão de responsabilidades acima especificada. Muitas decisões judiciais refletem essa indefinição de competências – prevalecendo a solidariedade dos entes federados em matéria de saúde –, sendo frequentes decisões que obrigam indiscriminadamente a União ou algum estado da federação ou municípios a arcarem com custos de tratamentos de saúde. Veja-se, por exemplo, o voto do ministro Gilmar Mendes na decisão do STF para que a União custeasse determinada despesa em saúde:

> Além disso, a agravante (a União), reiterando os fundamentos da inicial, aponta, de forma genérica, que a decisão objeto desta suspensão invade competência administrativa da União e provoca desordem em sua esfera, ao impor-lhe deveres que são do Estado e do Município. Contudo, *a decisão agravada deixou claro que existem casos na jurisprudência desta Corte que afirmam a responsabilidade solidária dos entes federados em matéria de saúde*. (...).

Entendo, pois, que a determinação para que a União arque com as despesas do tratamento não configura grave lesão à ordem pública (STA 75-AgR). (Grifos meus)

A pandemia de COVID-19 evidenciou a falta de definição precisa sobre as responsabilidades de cada ente. De início, o governo federal aprovou a Lei nº 13.979/2020, que dispôs sobre as medidas a serem adotadas, prevendo a possibilidade de isolamento, de quarentena, de determinação para realização compulsória de exames médicos e testes laboratoriais, de restrições a deslocamentos interestaduais e intermunicipais, entre outras ações. Cumpria, portanto, o papel de coordenação que cabe à União no federalismo. No entanto, a situação desandou ao longo da pandemia, com o presidente da República em conflito com o ministro da Saúde, que foi substituído. O sucessor também ficou no cargo pouco tempo e, por vários meses, a pasta foi ocupada por um ministro interino (que acabou efetivado), um general sem experiência anterior em saúde pública.

O cerne do conflito foi a posição contrária do presidente da República a medidas de isolamento, defendendo que a população teria que conviver com o vírus, chegando a editar decreto bastante flexível sobre atividades essenciais que não estariam sujeitas a medidas de fechamento. Os meios de comunicação noticiaram fartamente o posicionamento do presidente – por exemplo, "Bolsonaro volta a criticar isolamento social: 'Não dá para continuar assim'" (*Estadão*, 26 maio 2020). A maior parte dos governadores e prefeitos, no entanto, adotou restrições duras para reduzir a disseminação do vírus. Daí o embate, que chegou ao Supremo Tribunal Federal, como já se comentou. Este afirmou a prevalência da competência dos estados nessas matérias, entendendo que o interesse a ser preservado seria majoritariamente estadual nesses casos.

Apesar do posicionamento do presidente da República, a União (em toda a sua abrangência, que inclui, além do Poder Executivo, o Congresso Nacional e o Poder Judiciário, notadamente o STF) adotou uma série de medidas para viabilizar as providências decorrentes da pandemia, o que incluiu desde transferências de receitas para estados e municípios para complementar a queda de arrecadação dos tributos estaduais e municipais e a própria redução das transferências constitucionais até a renegociação de pagamentos e dívidas dos estados com a União (Lei Complementar nº 173/2020, Emenda à Constituição nº 106/2020). Evidenciou-se que, apesar dos conflitos, a cooperação federativa aconteceu.

Na área da educação, a Constituição estabelece que a União, os estados e os municípios organizarão em regime de colaboração seus sistemas de ensino, estabelece algumas atribuições e fixa campos de atuação prioritária de cada ente federativo: para os municípios, a atuação prioritária no ensino fundamental e na educação infantil e, para os estados, no ensino fundamental e médio. Para a União, a CF reserva a tarefa de organizar o sistema federal de ensino e de exercer função redistributiva e supletiva, de modo a garantir um padrão mínimo de qualidade de educação ao longo da federação.

O ensino fundamental, portanto, situa-se como responsabilidade prioritária tanto de estados como de municípios, sem divisão clara sobre a forma de atuação de cada ente. Há, todavia, diversos estados que mantêm universidades, incluindo a maior universidade do país, que é mantida pelo estado de São Paulo. Mesmo estados com renda *per capita* inferior à média nacional costumam manter universidades. O Ceará, por exemplo, cuja renda *per capita* é metade da renda *per capita* nacional, mantém três universidades estaduais. À União, por sua vez, cabe administrar as instituições de ensino sob sua responsabilidade, como as universidades federais, por exemplo, apoiar técnica e financeiramente os demais entes federativos e regular o sistema educacional como um todo. De extrema relevância é o exercício pela União, nos termos do art. 211, §1º, da CF, da "função redistributiva e supletiva, de forma a garantir equalização de oportunidades educacionais e padrão mínimo de qualidade do ensino mediante assistência técnica e financeira aos Estados, ao Distrito Federal e aos Municípios". A CF utiliza expressamente o termo "equalização de oportunidades educacionais", tarefa atribuída à União de forma a garantir que um brasileiro nascido no Acre ou em pequeno município do Ceará tenha possibilidades semelhantes ao brasileiro nascido em São Paulo. Ao utilizar em seguida o termo "padrão mínimo de qualidade de ensino", a CF reconhece que a tarefa de equalizar é muito difícil, mas garantir um padrão mínimo aceitável ao longo da federação é tarefa mais compatível com a realidade muito distinta de cada unidade da federação.

Aqui, a União exerce uma função muito presente em federações, a busca pela equalização entre as unidades federadas (decorrente do princípio da solidariedade), de forma que o cidadão de qualquer unidade tenha direito a serviços públicos com qualidade semelhante ou pelo menos que se assegure um padrão de qualidade mínimo ao longo da federação.

Existem diversos mecanismos redistributivos na federação brasileira. Especificamente na área de educação, há o Fundeb (Fundo de Manutenção e Desenvolvimento da Educação Básica), em que a União complementa o valor investido por aluno pelas unidades federadas que seja inferior ao gasto mínimo estabelecido nacionalmente. O fundo é estadual, formado por receitas de impostos e transferências de estados e municípios que são vinculados por força da Constituição Federal à educação. A participação da União, como afirmado, é complementar os recursos dos entes federados que não tenham conseguido o investimento mínimo por aluno estabelecido nacionalmente. Essa participação da União representou cerca de 10% dos recursos totais do Fundeb até 2020 e foi elevada, de forma paulatina, até atingir 23% em 2026, nos termos da Emenda Constitucional nº 108/2020, regulamentada pela Lei nº 14.113/2020.

A proteção do meio ambiente também recebeu atenção muito especial na Constituição brasileira. Logo no art. 5º, inciso LXXIII, a CF fixou que qualquer cidadão é parte legítima para propor ação popular que vise anular ato de que o Estado participe lesivo ao meio ambiente, isentando-o expressamente de custas judiciais e de ônus de sucumbência, salvo se comprovada má-fé. O cidadão é, portanto, um dos protagonistas na defesa do meio ambiente. Tal ato lesivo pode ser praticado por qualquer das esferas de governo e por qualquer órgão ou Poder.

O art. 23, inciso VI, atribui competência comum da União, dos estados, do Distrito Federal e dos municípios para proteger o meio ambiente e combater a poluição em qualquer de suas formas. O art. 24 (VI e VIII), por sua vez, estabelece que a legislação ambiental – incluindo a responsabilidade por dano ambiental – é de competência concorrente da União, dos estados e do Distrito Federal. Assim, cabe à primeira legislar sobre normas gerais e, aos últimos, sobre normas específicas, nos termos da técnica geral de legislação concorrente.

Além do protagonismo do cidadão para mover ação popular, a Constituição encarregou o Ministério Público (art. 129) – tanto o federal quanto o estadual – de promover o inquérito civil e a ação civil pública para a proteção do meio ambiente e chegou a atribuir ao Sistema Único de Saúde a colaboração para protegê-lo (art. 200, VIII).

O Capítulo VI do Título VIII (da Ordem Social) da Constituição Federal é todo dedicado ao meio ambiente. Traz apenas o art. 225, mas com muitos parágrafos e incisos. O *caput* já enuncia que se impõe ao poder público e à coletividade o dever de defendê-lo e preservá-lo para as presentes e futuras gerações, e já enumera uma série de obrigações do poder público (sem especificar a esfera de governo), que envolve preservar processos ecológicos essenciais, a diversidade e a integridade do patrimônio genético do país, prover o manejo ecológico das espécies do ecossistema, definir, em todas as unidades da federação, espaços territoriais e seus componentes a serem especialmente protegidos, exigir estudo prévio de impacto ambiental para instalação de obra ou atividade que possa causar degradação ambiental, promover a educação ambiental, entre outras obrigações. A Constituição já assenta que as condutas e atividades consideradas lesivas ao meio ambiente sujeitarão os infratores, pessoas físicas ou jurídicas, a sanções penais e administrativas, independentemente da obrigação de reparar os danos causados (art. 225, §3º).

Nessa matéria, a Constituição foi menos precisa ainda do que em saúde e em educação sobre a divisão das responsabilidades. Certamente que os três entes dispõem de competências para legislar: a União, para editar normas gerais (art. 24); os estados, para matérias específicas (art. 24); e os municípios (art. 23), para matérias de interesse local. Na prática, contudo, a delimitação de competências é bastante confusa, sendo o STF constantemente chamado a decidir conflitos, sob alegação de que uma esfera adentrou na competência de outra. Mais à frente analisamos alguns casos decididos pela corte constitucional, em geral privilegiando a centralização, como em boa parte de sua jurisprudência. Em Oliveira (2012), há uma síntese de como se configurou a repartição de responsabilidades no federalismo brasileiro, embora a autora (p. 40) reconheça que:

> As incoerências do sistema federativo brasileiro se fazem sentir também na enorme dificuldade em se delimitar, com a devida clareza, os espaços de atuação da União, dos Estados e dos Municípios na defesa do meio ambiente equilibrado e da sadia qualidade de vida da sociedade.

Após analisar a Constituição Federal, a legislação infraconstitucional e a jurisprudência, a autora conclui que a União foi encarregada de definir a política nacional de proteção ambiental e que a execução das políticas públicas relacionadas ao meio ambiente foi atribuída aos municípios. Já os estados ficaram com a tarefa de legislar onde o governo federal não o fizer, regulando as especificidades de cada âmbito estadual e para atuar quando o município não atender satisfatoriamente sua obrigação. Destacou ainda o planejamento e execução das políticas ambientais que afetam as regiões metropolitanas.

Embora interessante a análise da autora, a frequência com que as disputas continuam a chegar ao Supremo Tribunal Federal é uma evidência de que está longe de bem definida a repartição de competências nesse campo.

Outro dispositivo importante na cooperação federativa brasileira é o art. 241 da Constituição Federal, que dispõe sobre a disciplina dos consórcios públicos e convênios de cooperação entre os entes federados, os quais serão feitos por meio de lei que autorizará a gestão associada de serviços públicos. Tais consórcios são uma forma de os entes federativos proverem bens e serviços públicos de forma compartilhada. Têm sido bastante utilizados na área de saúde, de saneamento e também de educação. São interessantes porque se compartilham custos entre os diversos participantes, o que viabiliza a oferta de certos bens e serviços públicos que, de outro modo, tenderiam a ter dificuldades de serem providos (LIMA, 2015). Um hospital de grande complexidade, que beneficie moradores de diversos municípios, sobrecarrega o orçamento do município que o fornecer sozinho. A solução clássica era a absorção pelo governo estadual. Com os consórcios, os próprios municípios podem administrá-los, compartilhando a responsabilidade por mantê-lo. Tais consórcios podem ser de responsabilidade da União, de estados e municípios, apenas de estados e municípios, mas também podem ser exclusivamente de municípios.

Como se nota pela definição das competências comuns, a Constituição brasileira fez clara opção pelo federalismo cooperativo, descartando o federalismo dual, em que as competências de cada ente são rigidamente divididas. A ausência de especificação sobre a forma de cooperação tem gerado, no entanto, forte pressão sobre as três esferas em certas áreas, como a saúde, por exemplo, e tem deixado outras áreas menos contempladas. Por exemplo, a proliferação de habitações sem atendimento de padrões mínimos de saneamento e segurança, como são comuns nas favelas brasileiras, é um exemplo de área em que nenhuma esfera assume com ênfase, resultando em um subfinanciamento evidente. Como os recursos públicos são obviamente limitados, as áreas de dispêndio que se articulam melhor conseguem vinculações orçamentárias e decisões judiciais favoráveis, absorvendo parcelas mais amplas do orçamento em detrimento de outros setores. Na prática, portanto, são muitas indefinições sobre competências, havendo áreas com superposições evidentes e outras sem um nível de cobertura aceitável.

4.2 Competências privativas da União

Além das competências clássicas, como manter relações com Estados estrangeiros, assegurar a defesa nacional, declarar guerra e paz, decretar estado de sítio, emitir moeda e estabelecer alguns princípios gerais e diretrizes em várias áreas aplicáveis em toda a federação, a Constituição Federal concentrou na União uma série de poderes, como o monopólio da legislação sobre direito penal, civil, processual, eleitoral, seguridade social, registros públicos, entre muitos outros temas (art. 22). Além disso, no campo das competências concorrentes, em que lhe compete fixar princípios gerais, frequentemente a União avança para exaurir o tratamento da matéria, deixando pouco espaço para os estados. Um exemplo muito citado é o da Lei de Licitações e Contratos (Lei nº 8.666/1993), em que a União esgota a matéria, restando aos estados basicamente aplicá-la na integralidade.

Dentre as competências mais significativas reservadas à União, destacam-se, além daquelas clássicas, isto é, presentes em praticamente todos os países organizados sob a forma federativa, como declarar a guerra e celebrar a paz (art. 21, II), manter relações com Estados estrangeiros e participar de organizações internacionais (art. 21, I), assegurar a defesa nacional (art. 21, III), decretar o estado de sítio, o estado de defesa e a intervenção federal (art. 21, V), emitir moeda (art. 21, VII) e administrar as reservas cambiais (art. 21, VIII). A Constituição brasileira acrescentou a elaboração de planos nacionais e regionais de ordenação do território e de desenvolvimento econômico e social (art. 21, IX), a manutenção do serviço postal e do correio aéreo nacional (art. 21, X), a exploração direta ou indiretamente dos serviços de telecomunicação (art. 21, XI), de radiodifusão, de sons e imagens (art. 21, XII), dos serviços e instalações de energia elétrica e do aproveitamento energético dos cursos de água, da navegação aérea, aeroespacial e da infraestrutura aeroportuária, dos serviços de transporte ferroviário e aquaviário entre portos brasileiros e fronteiras nacionais, ou que transponham os limites de Estado ou Território, dos serviços de transporte rodoviário interestadual e internacional de passageiros, dos portos marítimos, fluviais e lacustres (art. 21, III, com diversas alíneas), da organização e manutenção do Poder Judiciário e do Ministério Público do Distrito Federal (art. 21, XIII), organizar, manter e executar a inspeção do trabalho (art. 21, XXIV), entre várias outras, que totalizam 25 incisos do art. 21 da CF.

Algumas das competências da União não são exclusivas. Por exemplo, a participação em organizações internacionais não é vedada a estados e municípios. É perfeitamente possível que estados participem de entidades internacionais cujo objeto institucional seja de interesse estadual, como organizações destinadas a estudos e pesquisas de avaliação e controle de políticas públicas, por exemplo.

4.3 Os estados

Os estados receberam um capítulo específico na Constituição Federal, o Capítulo III do Título III (Da Organização do Estado), que compreende os arts. 25 a 28. O art. 25 estabelece que os estados se organizam e se regem pelas constituições e leis que adotarem, apontando, contudo, que os princípios da Constituição Federal devem ser observados. O art. 26 estabelece os bens dos estados, o art. 27 trata do número de deputados estaduais, e o art. 28 da eleição do governador de estado.

O art. 25 é muito significativo, porque deixa clara a autonomia política dos estados federados. Eles estabelecerão suas próprias leis, incluindo sua própria constituição. O artigo restringe, contudo, a autonomia à observância dos princípios da Carta federal. Particularmente relevante é o §1º, que reserva aos estados as competências que não lhes sejam vedadas na Carta da República, a chamada competência residual, regra geralmente presente em outras experiências federativas. Nos Estados Unidos da América, por exemplo, é a Emenda X da Constituição: "Os poderes não delegados aos Estados Unidos (governo federal) pela Constituição, nem proibidos por ela aos Estados, são reservados aos Estados respectivos e ao povo".[67]

É claro que as práticas políticas e jurídicas, incluindo a jurisprudência do Supremo Tribunal Federal, vão definir os limites efetivos da autonomia. Como a Constituição Federal é muito abrangente, a competência residual não amplia o

---

[67] "The powers not delegated to the United States by the Constitution, nor prohibited by it to the States, are reserved to the States respectively, or to the people."

escopo estadual de atuação muito além das competências que lhes são expressamente asseguradas, notadamente quando o STF atua de forma a restringir a descentralização. Celso Ribeiro Bastos (1996) já pregava que, diante do extenso rol de competências reservadas para a União, a competência residual teria perdido a maior parte de sua significação, "sendo quase impossível os Estados legislarem originalmente sobre qualquer assunto" (BASTOS, 1996, p. 275). Nessa mesma linha, Horta (1981, p. 14), refletindo sobre a evolução constitucional brasileira desde 1891, aponta "que toda Constituição ulterior alargasse progressivamente o campo dos poderes da União com reflexos negativos no domínio dos poderes reservados aos Estados, submetidos ao sucessivo retraimento qualitativo e quantitativo de sua matéria".

4.3.1 Competências concorrentes entre os estados e a União

Além da competência residual, os estados legislam concorrentemente com a União em diversas matérias (arts. 22, XXI e XXVII, e 24 da Constituição Federal), incluindo licitações e contratos, direito tributário, urbanístico, orçamentário, produção e consumo, educação, proteção à infância, entre outros temas.

Um ponto a chamar a atenção é a distinção entre competência concorrente e competência supletiva (ou complementar), prevista nas Constituições de 1934 (art. 5º, §3º), de 1946 (art. 6º) e de 1967 (art. 8º, XVII, §2º). Nesta, a União esgota a matéria, cabendo aos estados legislar sobre os pontos em que a legislação da União não alcançou. Além do alcance reduzido, as matérias atribuídas aos estados eram restritas. Na CF de 1967, por exemplo, restringiam-se a normas gerais de direito financeiro; de seguro e previdência social; de defesa e proteção da saúde; de regime penitenciário, produção e consumo, de registros públicos e juntas comerciais; de organização, efetivos, instrução, justiça e garantias das polícias militares e condições gerais de sua convocação, inclusive mobilização; de tráfego e trânsito nas vias terrestres; de diretrizes e bases da educação nacional; e de normas gerais sobre desportos.

Na competência concorrente, ao contrário, o que se restringe é a competência da União, que deve se limitar a editar normas gerais, cabendo aos estados legislar acerca de tudo o mais. Além de o rol de matérias de legislação partilhada previstas pela Constituição de 1988 ser bem mais amplo do que o estabelecido pelas constituições anteriores, o raio de abrangência da legislação é, em tese, bem maior.

Estabelecer normas gerais constitui, no entanto, um ponto controverso, pela dificuldade em definir com precisão a linha divisória entre normas gerais e normas específicas. Frequentemente, a União exaure a matéria legislando praticamente sobre todos os pormenores do assunto.

Uma dificuldade extra é que a União legisla sobre normas gerais para todos os entes federados, mas deve exaurir a matéria para o governo federal. Como a prática não é de se elaborarem diplomas legislativos separados (uma norma apenas para as normas gerais, outra exclusivamente para as normas específicas aplicáveis somente ao governo federal), a norma editada pela União acaba por abranger todos os entes federados em suas especificidades. Um exemplo clássico é o da Lei de Licitações e Contratos, editada pela União dentro do âmbito da legislação concorrente, mas que vai muito além das normas gerais, chegando a detalhar as modalidades de licitação, os limites de enquadramento em cada modalidade, as hipóteses de dispensa e inexigibilidade, entre vários outros detalhes, pouco restando para os estados legislarem.

Apesar do tratamento da lei federal de licitações ter sido bastante abrangente, restaram alguns espaços para a legislação estadual, embora, regra geral, enfrentando controvérsias sobre usurpação de competência. Por exemplo, o estado do Rio Grande do Sul editou lei estabelecendo preferência de aquisição de *softwares* livres pela administração pública daquele estado da federação, o que foi questionado em ação direta de inconstitucionalidade por supostamente invadir competência da União, mas rechaçado pelo STF (ADI nº 3.059/RS):

> 1. A competência legislativa do Estado-membro para dispor sobre licitações e contratos administrativos respalda a fixação por lei de preferência para a aquisição de softwares livres pela Administração Pública regional, *sem que se configure usurpação da competência legislativa da União para fixar normas gerais sobre o tema* (CRFB, art. 22, XXVII).

Vale a pena ler um trecho do voto do ministro Luiz Fux, de abril de 2015, quando ele trata da competência da União para editar normas gerais, no qual reforça a aparente mudança na tendência em prol da centralização tão presente na jurisprudência do STF (p. 38 da ADI nº 3.059/RS):

> O conceito de "norma geral" é essencialmente fluido, de fronteiras incertas, o que, embora não o desautorize como parâmetro legítimo para aferir a constitucionalidade de leis estaduais, distritais e municipais, certamente requer maiores cautelas no seu manejo. *Isso porque a amplitude com que a Suprema Corte define como conteúdo do que sejam "normas gerais" influi decisivamente sobre a experiência federalista brasileira. Qualquer leitura maximalista do aludido conceito constitucional milita contra a diversidade e a autonomia das entidades integrantes do pacto federativo*, em flagrante contrariedade ao pluralismo que marca a sociedade brasileira. Contribui ainda para asfixiar o experimentalismo local tão caro à ideia de federação. (Grifos meus)

Note-se, porém, que, na linha da jurisprudência tendente à centralização do STF, o ministro Carlos Ayres Britto havia inicialmente deferido liminar para suspender os efeitos da lei impugnada, exatamente por supostamente ter invadido competência federal: "Plausibilidade jurídica da tese do autor que aponta invasão da competência legiferante reservada à União para produzir normas gerais em tema de licitação [...] Medida Cautelar Deferida".

Também relevante para os estados o parágrafo único do art. 22, que estabelece que lei complementar poderá autorizar os estados a legislar sobre questões específicas das matérias que são de competência privativa da União. Aqui, controvérsias de toda ordem surgem, porque é sempre tênue o limite entre o que é específico de cada ente da federação e o que é de ordem geral.

4.4 Os municípios

Os municípios receberam menção como ente federativo em vários dispositivos constitucionais. A referência inicial é no art. 1º da Constituição Federal, ao expressamente dispor que a República Federativa do Brasil é formada pela união indissolúvel dos *estados e municípios* e do Distrito Federal. Enfatize-se este ponto: nas federações clássicas, a união é formada por estados apenas. Embora em outros países existam municípios (ou outros nomes que cada país adota, como condados, por exemplo) e estes disponham de competências próprias, inclusive legislativas e tributárias, e maior ou menor descentralização administrativa e financeira, eles não costumam ser membros da federação, como no caso brasileiro. No anteprojeto de constituição, elaborada pela comissão constituída pelo então presidente da República, José Sarney, e presidida por Afonso Arinos, a União era constituída exclusivamente pelos estados. Os municípios contariam com competências próprias, mas sem o *status* de membros da federação. Na Assembleia

Nacional Constituinte, houve forte mobilização dos chamados movimentos municipalistas para incluí-los como tal.[68]

Como apontam Hueglin e Fenna (2015), nas federações, os municípios, em regra, não dispõem de garantias constitucionais e têm os limites dos seus poderes frequentemente alterados pelos respectivos estados-membros em que se encontram. Cada estado-membro acaba funcionando como um Estado unitário em relação aos seus municípios, isto é, as competências são meras delegações, não derivando diretamente da Constituição Federal, como no caso brasileiro.

Ao longo da Carta da República brasileira, a condição de membro da federação vai sendo reafirmada: no art. 13, §2º, que permite que os municípios tenham símbolos próprios; no art. 18, que trata da organização político-administrativa do Brasil e expressamente estabelece a autonomia dos municípios; no art. 20, que lhe assegura participação no resultado da exploração de petróleo e gás natural; no art. 23, que estabelece as competências comuns para a União, os estados (o Distrito Federal incluído) e os municípios; e em todo o Capítulo IV do Título III da Constituição, que é dedicado exclusivamente aos municípios.

A Constituição Federal chega a entrar em detalhes sobre a organização e funcionamento dos municípios, estabelecendo, além das competências, por exemplo, que as respectivas leis orgânicas serão votadas em dois turnos, o interstício mínimo de 10 dias entre um turno e outro, o quórum de aprovação, a data da posse do prefeito, o número máximo de vereadores para cada município, de acordo com a respectiva população, regras e limites para o subsídio do prefeito e dos vereadores, limite para a despesa do Poder Legislativo Municipal, entre outras regras.

---

[68] Este é o texto final da Comissão Afonso Arinos: "Art. 67 – A República Federativa do Brasil é constituída pela associação indissolúvel da União Federal, dos Estados e do Distrito Federal".

As competências estabelecidas diretamente pela Constituição Federal aos municípios são amplas e variadas (art. 30): legislar sobre assuntos de interesse local, o que envolve, por exemplo, o horário de funcionamento de estabelecimentos comerciais (Súmula Vinculante nº 38 do STF), a segurança dos estabelecimentos financeiros (ARE nº 784.981 AgR, 2015) e a ordenação dos elementos que compõem a paisagem urbana, de modo a evitar a poluição ambiental (AI nº 799.690, 2014); suplementar a legislação federal e estadual no que couber; instituir e arrecadar os tributos de sua competência; criar, organizar e suprimir distritos; organizar e prestar os serviços públicos de interesse local; manter programas de educação infantil e de ensino fundamental; prestar serviços de atendimento de saúde; promover adequado ordenamento territorial; promover a proteção do patrimônio histórico-cultural local.

Na prática, há muita controvérsia sobre o alcance das competências dos municípios, frequentemente conflitando com as definidas para os estados-membros e para a União. Lima (2013), por exemplo, aponta que a competência para legislar sobre interesse local e para suplementar a legislação federal e estadual tem recebido atenção da doutrina e da jurisprudência, tendo o STF entendido que a competência dos municípios para legislar se ampara nas respectivas leis orgânicas, e estas, por sua vez, devem obediência à Constituição Federal e à Constituição Estadual aplicável. Com isso, a lei municipal deve se restringir ao campo normativo definido nas legislações federais e estaduais correspondentes, não podendo atingir competências que são próprias da União e dos estados.

Na prática, a questão é exatamente definir a fronteira de cada competência. Frequentemente, o STF tem sido acionado para decidir controvérsias nesse campo. No controle concentrado, são ações que apontam violação dos estados-membros ao invadirem competências dos municípios. Por exemplo:

O poder constituinte dos Estados-membros está limitado pelos princípios da Constituição da República, que lhes assegura autonomia com condicionantes, entre as quais se tem o respeito à organização autônoma dos Municípios, também assegurada constitucionalmente. O art. 30, I, da Constituição da República outorga aos Municípios a atribuição de legislar sobre assuntos de interesse local. A vocação sucessória dos cargos de prefeito e vice-prefeito põe-se no âmbito da autonomia política local, em caso de dupla vacância. Ao disciplinar matéria, cuja competência é exclusiva dos Municípios, o art. 75, § 2º, da Constituição de Goiás fere a autonomia desses entes, mitigando-lhes a capacidade de auto-organização e de autogoverno e limitando a sua autonomia política assegurada pela Constituição brasileira (ADI 3.549, rel. min. Cármen Lúcia, j. 17-9-2007, P,DJ de 31-10-2007, extraído de A Constituição e o Supremo).

As competências sobre políticas públicas de educação e saúde, de proteção do patrimônio histórico-cultural e de promoção do ordenamento territorial estão em consonância com o papel relevante do município na federação brasileira e com sua maior proximidade com o cidadão. Note-se que, ao manter programas de educação e ao prestar serviços de atendimento à saúde, os municípios devem contar, por expressa disposição constitucional, com a cooperação técnica e financeira da União e dos estados. Também de anotar que a proteção do patrimônio histórico-cultural local deve observar a legislação e a ação fiscalizadora federal e estadual.

Ao analisar mais detidamente a participação dos municípios na federação brasileira, percebe-se, contudo, que se trata de um membro cuja participação é mitigada em vários aspectos. Destacamos alguns:

i) Não dispõem de Poder Judiciário próprio e estão submetidos aos órgãos de fiscalização dos estados. Com exceção dos municípios de São Paulo e do Rio de Janeiro, todos os demais municípios são fiscalizados e têm as contas dos gestores julgadas por órgãos estaduais, os tribunais de contas (com exceção do prefeito, cujas contas são julgadas pela respectiva câmara de vereadores, após o parecer prévio do órgão estadual de controle, que só não prevalece por decisão de dois terços dos membros das câmaras de vereadores). A Constituição Federal chega a vedar a criação de órgãos municipais de julgamento de contas, apenas admitindo a permanência dos que já existiam quando da promulgação da Carta Política (CF, art. 31, §4º).

ii) Não possuem assento na Câmara da Federação, o Senado, que é integrado apenas pelos representantes dos estados.

iii) Não integram o rol dos que detêm competência legislativa concorrente em uma série de matérias (CF, art. 24), embora possam legislar sobre matérias de interesse local.

iv) Não possuem propriamente uma constituição – marca de uma unidade federada, a realçar a sua autonomia –, mas apenas uma lei orgânica. Esta se submete tanto às regras e princípios da Constituição Federal quanto às da respectiva constituição estadual.

v) Seus conflitos com a União, com os estados-membros e com os demais municípios não são julgados pelo Supremo Tribunal Federal, por força do art. 102, I, f, que atribui à Corte Máxima o papel de árbitro da federação apenas nas questões que envolvem União e estados-membros, bem como destes entre si. O STF tem confirmado esse entendimento, negando-se a julgar conflitos federativos envolvendo municípios (por exemplo, ACO nº 1.295 AgR/SP, rel. min. Dias Toffoli).

vi) Arrecadam apenas 6% da carga tributária brasileira. Estados arrecadam 26% e o restante é arrecadado pela União. Ressalte-se que, após as transferências, os municípios ficam com 18% da receita disponível.

4.5 A intervenção federal nos estados e a intervenção estadual nos municípios

Como ressaltado por Schmitt (2008 [1928]), o federalismo convive com a antinomia entre o desejo de autodeterminação – que implica autonomia de cada ente federado em relação aos demais entes e em relação à União – e a possibilidade de intervenção federal em qualquer estado-membro em algumas hipóteses. É que a autonomia de cada ente não se confunde com a soberania, só disponível para a União. Por isso a possibilidade de intervenção em situações em que a autonomia possa comprometer a própria integridade da federação ou violar princípios que lhe sejam muito caros.

A Constituição brasileira estabeleceu tanto a possibilidade de intervenção da União nos estados quanto a possibilidade de intervenção dos estados em seus respectivos municípios. Em ambos os casos, as hipóteses são muito restritas. No caso da intervenção federal: manter a integridade nacional; repelir a invasão estrangeira ou de uma unidade da federação em outra; acabar com grave comprometimento da ordem pública; garantir o livre exercício de qualquer dos Poderes nas unidades da federação e reorganizar as finanças da unidade da federação em algumas situações (suspensão do pagamento da dívida fundada por mais de dois períodos consecutivos; não entrega de receitas tributárias aos municípios dentro dos prazos estabelecidos em lei; não provimento de execução de lei federal ou de decisão judicial; inobservância de alguns princípios constitucionais de extrema relevância, como a forma republicana e a prestação de contas).

Como se nota pelas hipóteses listadas, a intervenção é aplicável para situações extremas em que uma unidade da federação põe em risco a própria federação. Note-se que ela surge de iniciativa do presidente da República, sujeitando-se à aprovação das duas Casas do Congresso Nacional e ao controle do Supremo Tribunal Federal, que, uma vez provocado, pode entender que a intervenção não se enquadra nas hipóteses previstas e declará-la inconstitucional.

A intervenção federal no Rio de Janeiro, em 2018, foi a primeira sob a égide da Constituição de 1988. O decreto de intervenção (Decreto nº 9.288, de 16 de fevereiro de 2018) expressamente estabeleceu que o objetivo foi "pôr termo a grave comprometimento da ordem pública do Estado do Rio de Janeiro". A intervenção pode ser total, no caso em que se afasta o governador do Estado e se nomeia um interventor, que assume as competências da autoridade afastada, ou parcial, como no caso do Rio de Janeiro, que abrange apenas a área de segurança pública.

A intervenção no Rio de Janeiro foi objeto da ação direta de inconstitucionalidade (ADI nº 5.915), proposta pela Partido Socialismo e Liberdade (PSOL), que argumentava que a medida seria desproporcional e dispendiosa, sem fundamentação devida e que feriria a autonomia do ente federado. Após pareceres da Procuradoria-Geral da República e da Advocacia--Geral da União pela improcedência da ação, o STF acabou por arquivar a matéria, em 2019, por perda do objeto, uma vez que a intervenção cessou em dezembro de 2018.

4.6 Federalismo fiscal: a repartição de tributos, de receitas disponíveis, as responsabilidades pelas despesas públicas e o sistema de transferências

Além de analisar as competências legislativas, avaliam-se o grau de descentralização e a efetividade do federalismo pela capacidade de cada ente federado tributar e, mais ainda, o montante de receitas disponíveis para realizar políticas públicas de sua escolha, sem necessidade de seguir determinações ou diretrizes de outro ente. É o que a literatura denomina de federalismo fiscal.

Como a matéria tem sido tratada principalmente pelos economistas e apenas secundariamente pelos profissionais de direito, os conceitos geralmente utilizados não coincidem por completo com a terminologia jurídica. A literatura de federalismo fiscal trata os fenômenos de descentralização da mesma forma, pouco importando o arcabouço jurídico que os suporta, isto é, se o Estado é unitário ou federal. O relevante é a efetiva repartição de tributos e de despesas entre os diversos níveis de governo.

Assim, é analisada pela temática do federalismo fiscal a distribuição de tributos e de responsabilidades de gastos entre províncias de um Estado unitário, entre estados ou departamentos em países que não são formalmente federais, mas que apresentam significativa autonomia e descentralização, até modelos como o da União Europeia, de Estados soberanos, mas com vários elementos de federação, como já analisamos aqui.

O que interessa para a literatura de federalismo fiscal é principalmente o fenômeno da descentralização, mais precisamente de como se repartem competências entre níveis diferentes de governo (não necessariamente entes federados), dedicando pouca atenção à forma de Estado. Como escreve Oates (1999, p. 1.120), o que interessa para a teoria do federalismo fiscal é "entender que funções e instrumentos são melhores de forma centralizada e quais são mais adequadas para as esferas descentralizadas de governo".[69]

---

[69] *"To understand which functions and instruments are best centralized and which are best placed in the sphere of decentralized levels of government."*

Nessa linha, a discussão, por exemplo, sobre se a Espanha é uma federação ou um Estado unitário é irrelevante, o que importa é a competência sobre tributos e sobre despesas distribuídas entre a sede do governo nacional, em Madri, e as regiões do país e a forma como os diferentes níveis se relacionam entre si, particularmente quanto aos mecanismos de transferência de recursos.

A teoria do federalismo fiscal estabeleceu princípios próprios, independentes da teoria jurídica do federalismo. Inicialmente, concentraram-se em modelos ideais de como as repartições de competências deveriam se estabelecer, identificando economias de escala, presença de externalidades, entre outras variáveis comuns à ciência econômica, a fim de apontar a melhor forma de repartir as competências entre os diversos níveis de governo. Essa literatura ficou conhecida como a primeira geração de federalismo fiscal e é fortemente marcada pela busca de oferecer prescrições, de apontar o melhor modo de dividir competências, e, por tal razão, ela é considerada fortemente normativa, no sentido de que se concentra em como a repartição deveria ser, menos nos fatores que influenciam e determinam o real funcionamento das competências entre os diferentes níveis de governos.

Na busca da compreensão sobre como se repartem as competências na prática, surgiu a segunda geração do federalismo fiscal, centrada nos processos decisórios que levam à repartição de poderes entre os níveis de governo no mundo real. Para tanto, essa teoria estuda as instituições legislativas, notadamente as que se relacionam às questões orçamentárias, o processo legislativo, os grupos de poder, com seus incentivos e interesses envolvidos no processo decisório, as limitações de conhecimento e de informação. Como se nota, são basicamente questões de economia política, e não apenas questões de qual é a melhor forma de repartir competências, ou seja, não se trata somente de saber com que nível de governo é mais adequada a responsabilidade sobre determinada despesa ou a administração de determinado tributo, mas investigar os processos que levaram aos resultados que se observam na prática.

A segunda geração também tem preocupações normativas, contudo. Ao estudar os processos, procura apontar fórmulas que os tornem mais funcionais, que diminuam os riscos de desvios e corrupção, por exemplo. Nessa linha, pode indicar mudanças no processo legislativo, propugnar a introdução de regras que ampliem a transparência, a prestação de contas, a *accountability* dos procedimentos, que ampliem a atuação e os incentivos de certos atores envolvidos nos processos políticos, enfim, a segunda geração do federalismo fiscal também pode ter preocupações com o "dever ser", isto é, com a melhoria do funcionamento das instituições e dos resultados dos processos políticos.

Note-se que a segunda geração não nega as contribuições da primeira geração. Ao contrário, as reafirma, apenas constata que ela não dá conta, como apontamos, de compreender a distribuição de competências e o relacionamento na prática dos diversos níveis de governo. A primeira geração fez um bom trabalho de apontar a melhor forma de dividir as receitas e os encargos, enquanto a segunda procurou entender as forças e os processos que levam à divisão que se observa no mundo real.

Da forma mais geral possível, a teoria do federalismo fiscal aponta que o nível central de governo deveria responder pela defesa nacional, pela estabilização da economia, com o controle sobre a emissão de moeda, e ser o principal responsável pela redistribuição de renda. O argumento principal é os que níveis descentralizados de governo teriam dificuldades em prover tais bens e serviços. Seria contraproducente, por exemplo, cada estado ou município manter seu banco central a emitir moeda, assim como a promover políticas expressivas de distribuição de renda, fato que estimularia a migração interna, inviabilizando qualquer programa desse tipo.

Também de forma muito geral, os níveis descentralizados de governo devem responder por bens e serviços cujo consumo se restrinja aos seus respectivos territórios. Nesse sentido, a oferta deveria ser descentralizada sempre que economias de escala não justificassem a centralização e que externalidades relevantes não se apresentassem.

É claro que, na prática, há inúmeras dificuldades de definição precisa sobre o alcance de determinada política pública. A educação pública, por exemplo, beneficia diretamente os alunos, mas indiretamente muitas outras pessoas, o mesmo ocorrendo com a saúde pública e o saneamento, apenas para citar as três áreas. Nesse sentido, a partir de que ponto as externalidades alcançariam outras jurisdições, a justificar a atuação de esferas de governo mais centralizadas?

Outra questão de extrema relevância é o sistema de transferências de recursos entre as esferas de governo. Há várias razões para que esferas mais centrais transfiram recursos para os níveis mais descentralizados de governo. A primeira é que as competências para instituir e arrecadar tributos não necessariamente coincidem com as competências para realizar determinados dispêndios. Se a teoria aponta as vantagens de centralizar determinados tributos, como os sobre o valor adicionado e sobre a renda, a realização dos gastos correspondentes pode ser realizada da melhor forma descentralizadamente, por isso a necessidade de estudar o modo mais adequado, com os respectivos impactos, de realizar transferências.

Outra justificativa é a redistribuição de renda ao longo do país. Em um país, federação ou Estado unitário, há livre mobilidade de pessoas. Caso o nível de serviços públicos e de oportunidades seja muito diferente em cada localidade, a tendência é que haja maciça migração, deixando certas áreas muito populosas e outras praticamente desertas. O sistema de transferências tem a finalidade de garantir oportunidades de saúde, de educação, de infraestrutura econômica e oportunidades de geração de emprego e renda semelhantes, de forma a garantir um equilíbrio, inclusive populacional, ao longo do país.

4.7 Federalismo fiscal no Brasil[70]

A repartição de competências no federalismo brasileiro é delineada basicamente na Constituição Federal, que estabelece os tributos, as responsabilidades por políticas públicas e o sistema de repartição e transferência de receitas. Há uma busca de equilibrar a federação, objetivo fundamental expressamente manifestado na Carta Política (art. 3º, III), mas ainda muito longe de ser alcançado.

Desigualdades não faltam na federação brasileira. O estado com a renda *per capita* mais alta, o Distrito Federal, supera em mais de quatro vezes o de renda *per capita* mais baixa, o Maranhão. O estado com a segunda maior renda *per capita*, São Paulo, supera em mais de duas vezes o estado com a segunda pior renda *per capita*, Alagoas. As diferenças se refletem em muitos outros indicadores. Por exemplo, enquanto o índice de desenvolvimento humano municipal (IDHM) do Distrito Federal é considerado muito alto (0,85), o dos estados do Nordeste não passam de médio (menos de 0,70), sendo o de Alagoas o mais baixo (0,68). No acesso à saúde e à educação, há também diferenças gritantes. Por exemplo, enquanto no estado do Rio de Janeiro há 2,83 médicos por cada mil habitantes, no Amapá, há um médico para cada 3.000 habitantes.

A tabela 1 destaca o IDHM por estado total e decomposto por cada componente: IDHM-L (longevidade), IDHM-E (educação) e IDHM (renda). Apenas três estados apresentam IDHM total muito alto (superior a 0,80): Distrito Federal, São

---

[70] Essa seção foi publicada em "Desequilíbrios no Federalismo Fiscal Brasileiro", *Interesse Público*, 2020.

Paulo e Santa Catarina. Dos estados com menor IDHM total (inferior a 0,70), três estão no Nordeste – Alagoas, Maranhão e Piauí – e um Norte – Pará. No critério de longevidade, os estados do Nordeste Maranhão, Piauí e Alagoas estão acompanhados dos estados do Norte, ex-territórios, Roraima e Rondônia, nas piores posições. Esse, porém, é o indicador mais favorável, não havendo nenhum estado com menos de 0,76. O Distrito Federal ocupa outra vez a primeira posição, seguido por Minas Gerais e Santa Catarina.

No IDHM referente à educação, São Paulo (0,83) ocupa a primeira posição, seguido de perto pelo Distrito Federal (0,80). A diferença para os últimos colocados, Alagoas (0,64), Sergipe (0,64) e Bahia (0,65), é substancial. Dos dez estados com menos de 0,70, oito estão no Nordeste – a exceção é o Ceará, que tem o IDHM de 0,72 nesse item – e dois na região Norte – Acre e Pará.

Já no IDHM-renda, a diferença entre o primeiro colocado e os últimos é mais expressiva ainda. Enquanto o Distrito Federal se enquadra na categoria de IDH muito alto (acima de 0,80), quatorze estados apresentaram IDH abaixo de 0,70, todos do Norte e do Nordeste – apenas Roraima conseguiu situar-se um pouco acima desse nível. Maranhão (0,62), Alagoas (0,64) e Pará (0,65) ficaram nas piores posições.

Tabela 1 – IDHM por estado (2017)

Estado	IDHM	IDHM-L	IDHM-E	IDHM-R
Distrito Federal	0,850	0,890	0,804	0,859
São Paulo	0,826	0,854	0,828	0,796
Santa Catarina	0,808	0,866	0,779	0,783
Rio de Janeiro	0,796	0,858	0,763	0,769
Paraná	0,792	0,843	0,764	0,771
Minas Gerais	0,787	0,875	0,753	0,741
Rio Grande do Sul	0,787	0,849	0,729	0,787
Mato Grosso	0,774	0,825	0,758	0,742
Espírito Santo	0,772	0,850	0,732	0,74
Goiás	0,769	0,822	0,740	0,747
Mato Grosso do Sul	0,766	0,847	0,710	0,748
Roraima	0,752	0,781	0,771	0,706
Tocantins	0,743	0,811	0,727	0,696
Amapá	0,740	0,820	0,710	0,695
Ceará	0,735	0,818	0,717	0,676
Amazonas	0,733	0,786	0,735	0,682
Rio Grande do Norte	0,731	0,849	0,677	0,68
Pernambuco	0,727	0,821	0,685	0,682
Rondônia	0,725	0,776	0,703	0,699
Paraíba	0,722	0,809	0,671	0,694
Acre	0,719	0,821	0,682	0,664
Bahia	0,714	0,812	0,654	0,685
Sergipe	0,702	0,799	0,640	0,677
Pará	0,698	0,788	0,661	0,654
Piauí	0,697	0,771	0,666	0,66
Maranhão	0,687	0,764	0,682	0,623
Alagoas	0,683	0,783	0,636	0,639

Fonte: Ipea, PNUD Brasil e Fundação João Pinheiro. Elaboração do autor.

Tais diferenças revelam que algumas das características desejáveis de uma federação não estão presentes no Brasil, havendo amplo espaço para políticas com a finalidade de reduzir as disparidades entre as unidades federadas. Diferenças significativas podem causar sérios problemas, desde a intensa migração interna, deixando certas áreas do país com excesso de população e outras com risco de se tornarem desertos, habitadas basicamente por idosos, a riscos políticos em direção à secessão, uma vez que fazer parte da federação não traz os benefícios esperados.

4.8 Sistema de transferências

Para atenuar as disparidades, a Constituição Federal previu um amplo sistema de transferências, como em outras experiências federativas, a exemplo da Alemanha. As principais são o Fundo de Participação dos Estados (FPE) e o Fundo de Participação dos Municípios (FPM), que transferem significativa parcela da arrecadação dos impostos de renda (IR) e sobre produtos industrializados (IPI), tributos arrecadados pelo governo federal para estados e municípios respectivamente. Também relevante é a transferência, para os municípios, de parte da arrecadação do imposto sobre circulação de mercadorias e serviços (ICMS), tributo estadual.

A Constituição Federal reserva a Seção VI do capítulo que trata do sistema tributário nacional (Capítulo I do Título VI) para fixar a repartição das receitas tributárias entre a União, os estados e os municípios. Nos arts. 157 a 160, a Constituição deixa claro que alguns tributos administrados pela União são também tributos estaduais e municipais, isto é, a União, por razões operacionais e distributivas, é responsável pela arrecadação, mas parte substancial do que for coletado destina-se aos estados e municípios. Por isso, a terminologia constitucional utiliza o verbo "pertencer" para enfatizar que não se trata de concessão da União e que a transferência aos verdadeiros destinatários é obrigatória e automática, não carecendo de nenhuma negociação. O art. 157 trata do imposto de renda arrecadado dos próprios servidores estaduais:

> Art. 157. Pertencem aos Estados e ao Distrito Federal:
>
> I - o produto da arrecadação do imposto da União sobre renda e proventos de qualquer natureza, incidente na fonte, sobre rendimentos pagos, a qualquer título, por eles, suas autarquias e pelas fundações que instituírem e mantiverem;
>
> II - vinte por cento do produto da arrecadação do imposto que a União instituir no exercício da competência que lhe é atribuída pelo art. 154, I.

No art. 158, é a vez de a Constituição Federal destinar aos municípios o total do imposto de renda recolhido dos servidores desses entes e a metade do imposto sobre propriedade territorial rural, que são tributos administrados pela União, mas também divide tributos administrados pelos estados – cinquenta por cento do imposto sobre veículos automotores e vinte e cinco por cento do imposto sobre operações com mercadorias e prestações de serviços de transporte interestadual, intermunicipal e de comunicação – com os municípios. A técnica do federalismo brasileiro, portanto, é de administração centralizada de alguns tributos, mas de repartição obrigatória em seguida.

> Art. 158. Pertencem aos Municípios:
>
> I - o produto da arrecadação do imposto da União sobre renda e proventos de qualquer natureza, incidente na fonte, sobre rendimentos pagos, a qualquer título, por eles, suas autarquias e pelas fundações que instituírem e mantiverem;
>
> II - cinquenta por cento do produto da arrecadação do imposto da União sobre a propriedade territorial rural, relativamente aos imóveis neles situados, cabendo a totalidade na hipótese

da opção a que se refere o art. 153, § 4º, III; (Redação dada pela Emenda Constitucional nº 42, de 19.12.2003)

III - cinquenta por cento do produto da arrecadação do imposto do Estado sobre a propriedade de veículos automotores licenciados em seus territórios;

IV - vinte e cinco por cento do produto da arrecadação do imposto do Estado sobre operações relativas à circulação de mercadorias e sobre prestações de serviços de transporte interestadual e intermunicipal e de comunicação.

Parágrafo único. As parcelas de receita pertencentes aos Municípios, mencionadas no inciso IV, serão creditadas conforme os seguintes critérios:

I - três quartos, no mínimo, na proporção do valor adicionado nas operações relativas à circulação de mercadorias e nas prestações de serviços, realizadas em seus territórios;

II - até um quarto, de acordo com o que dispuser lei estadual ou, no caso dos Territórios, lei federal.

No art. 159, são especificados os produtos dos tributos que, embora administrados pela União, integram o fluxo de receitas de estados e municípios, por meio dos fundos de participação: 21,5% do imposto de renda e 31,5% do imposto sobre produtos industrializados para os estados (sendo que dez pontos percentuais dessa transferência se destina aos estados e ao Distrito Federal em proporção de suas respectivas exportações) e 23,5% desses tributos para os municípios. Há ainda a previsão de destinação, mas, nesse caso, administrada pela própria União, de três por cento desses tributos aos fundos de desenvolvimento das regiões menos ricas do país (Norte, Centro-Oeste e Nordeste):

Art. 159. A União entregará: (Vide Emenda Constitucional nº 55, de 2007)

I - do produto da arrecadação dos impostos sobre renda e proventos de qualquer natureza e sobre produtos industrializados,

49% (quarenta e nove por cento), na seguinte forma: (Redação dada pela Emenda Constitucional nº 84, de 2014)

a) vinte e um inteiros e cinco décimos por cento ao Fundo de Participação dos Estados e do Distrito Federal;

b) vinte e dois inteiros e cinco décimos por cento ao Fundo de Participação dos Municípios;

c) três por cento, para aplicação em programas de financiamento ao setor produtivo das Regiões Norte, Nordeste e Centro-Oeste, através de suas instituições financeiras de caráter regional, de acordo com os planos regionais de desenvolvimento, ficando assegurada ao semi-árido do Nordeste a metade dos recursos destinados à Região, na forma que a lei estabelecer;

d) um por cento ao Fundo de Participação dos Municípios, que será entregue no primeiro decêndio do mês de dezembro de cada ano; (Incluído pela Emenda Constitucional nº 55, de 2007)

e) 1% (um por cento) ao Fundo de Participação dos Municípios, que será entregue no primeiro decêndio do mês de julho de cada ano; (Incluída pela Emenda Constitucional nº 84, de 2014)

II - do produto da arrecadação do imposto sobre produtos industrializados, dez por cento aos Estados e ao Distrito Federal, proporcionalmente ao valor das respectivas exportações de produtos industrializados.

III - do produto da arrecadação da contribuição de intervenção no domínio econômico prevista no art. 177, § 4º, 29% (vinte e nove por cento) para os Estados e o Distrito Federal, distribuídos na forma da lei, observada a destinação a que se refere o inciso II, c, do referido parágrafo.(Redação dada pela Emenda Constitucional nº 44, de 2004)

§ 1º Para efeito de cálculo da entrega a ser efetuada de acordo com o previsto no inciso I, excluir-se-á a parcela da arrecadação do imposto de renda e proventos de qualquer natureza pertencente aos Estados, ao Distrito Federal e aos Municípios, nos termos do disposto nos arts. 157, I, e 158, I.

§ 2º A nenhuma unidade federada poderá ser destinada parcela superior a vinte por cento do montante a que se refere o inciso II, devendo o eventual excedente ser distribuído entre os demais participantes, mantido, em relação a esses, o critério de partilha nele estabelecido.

§ 3º Os Estados entregarão aos respectivos Municípios vinte e cinco por cento dos recursos que receberem nos termos do inciso II, observados os critérios estabelecidos no art. 158, parágrafo único, I e II.

§ 4º Do montante de recursos de que trata o inciso III que cabe a cada Estado, vinte e cinco por cento serão destinados aos seus Municípios, na forma da lei a que se refere o mencionado inciso. (Incluído pela Emenda Constitucional nº 42, de 19.12.2003)

O art. 160 veda expressamente a retenção pela União dos valores coletados, constituindo uma reafirmação da Constituição de que a União é mera arrecadadora, não podendo impor condições para transferir a parcela que foi arrecadada destinada aos estados e municípios. Há duas exceções, contudo: o pagamento de créditos da União e a inobservância da aplicação mínima em saúde.

Art. 160. É vedada a retenção ou qualquer restrição à entrega e ao emprego dos recursos atribuídos, nesta seção, aos Estados, ao Distrito Federal e aos Municípios, neles compreendidos adicionais e acréscimos relativos a impostos.

Parágrafo único. A vedação prevista neste artigo não impede a União e os Estados de condicionarem a entrega de recursos: (Redação dada pela Emenda Constitucional nº 29, de 2000)

I – ao pagamento de seus créditos, inclusive de suas autarquias; (Incluído pela Emenda Constitucional nº 29, de 2000)

II – ao cumprimento do disposto no art. 198, § 2º, incisos II e III. (Incluído pela Emenda Constitucional nº 29, de 2000)

Note-se que se aplica o princípio de que o ente responsável pela arrecadação não é o que dispõe do produto da arrecadação, exatamente para garantir um federalismo mais equilibrado do ponto de vista vertical e horizontal. Concentram-se os tributos com maior potencial de arrecadação na União e garante-se que estados e municípios tenham acesso aos recursos por meio do sistema de transferências. Ao mesmo tempo, garante-se que estados mais pobres recebam uma parcela maior de tributos do que teriam se os administrassem diretamente, como é o caso do imposto de renda e do imposto sobre produtos industrializados, uma vez que o desequilíbrio econômico entre as unidades da federação é muito expressivo.

Da mesma forma que a União arrecada e transfere recursos a estados e municípios, estados também transferem recursos a seus municípios (art. 158 da CF): 25% da arrecadação do imposto sobre circulação de mercadorias e serviços (ICMS), principal tributo estadual, e 50% da arrecadação do imposto sobre veículos automotores (IPVA).

Outra justificativa para a concentrar a arrecadação com posterior distribuição é a capacidade operacional das unidades federativas. O imposto de renda, por exemplo, é considerado um tributo complexo, o que torna difícil a administração por parte dos estados, notadamente os menores, e, mais ainda, por municípios. Provavelmente apenas as grandes capitais teriam condições operacionais de administrá-lo.

Além disso, se a legislação do imposto de renda também fosse descentralizada, haveria dificuldade para um sistema progressivo, uma vez que estados ou municípios que ampliassem muito a alíquota tenderiam a ver os seus contribuintes migrarem para localidades com menor tributação, o que poderia levar a uma guerra fiscal exacerbada e consequente erosão da base tributária.

4.8.1 Distribuição vertical

A composição da arrecadação brasileira revela com clareza a concentração de receitas na União e a importância do sistema de transferências: o governo federal arrecada quase 70% da carga tributária; os estados, um pouco mais de 25%; e os municípios, um pouco mais de 6%. Após as transferências, a União fica com 58%, estados com 25% e municípios com 18%.

Os estados reduziram substancialmente sua participação na arrecadação total em relação à realidade dos anos 1960 e 1970, de quase um terço da arrecadação total naqueles anos para apenas um quarto da arrecadação total em 2020, mas, como os demais entes federados, a arrecadação se elevou substancialmente em relação ao PIB, revelando o crescimento do setor público brasileiro. Nesse sentido, a carga tributária brasileira passou de menos de 20% do PIB em 1960 para um pouco mais de 33% do PIB em 2020. Apesar de os municípios responderem pela menor parcela (arrecadam 6% do total), a participação já foi muito menor nos anos 1960 e 1970, além de o montante representar uma parcela quase três vezes em relação ao respectivo PIB.

Assim, a administração pública, em todas as esferas, ampliou as receitas disponíveis. A ampliação não foi simétrica, contudo. A União e os municípios foram os maiores beneficiários, e os estados, os grandes perdedores em termos de participação. Desde a Constituição de 1988, contudo, a alteração na participação tem sido suave, com ligeira perda para a União, estabilidade para os estados e ligeiro crescimento dos municípios, como a tabela a seguir evidencia.

Tabela 2 – Repartição da arrecadação tributária na federação brasileira: participação no bolo (%) e percentual do PIB

Ano	Governo federal	Estados	Municípios	Total
1960	64 (11,4)	31,3 (5,45)	4,7 (0,82)	100 (17,67)
1970	66,7 (17,33)	30,6 (7,95)	2,7 (0,70)	100 (25,98)
1988	71,7 (16,08)	25,6 (5,74)	2,7 (0,61)	100 (22,43)
2006	69,2 (23,04)	25,7 (8,56)	5,1 (1,69)	100 (33,31)
2010	68,9 (22,32)	25,5 (8,26)	5,5 (1,78)	100 (32,44)
2015	68,2 (22,29)	25,4 (8,28)	6,4 (2,08)	100 (32,66)
2018	67,5 (22,46)	25,9 (8,61)	6,6 (2,19)	100 (33,26)

Nota: Percentual do PIB entre parênteses.
Fonte: Afonso (2013) e Secretaria da Receita Federal. Elaboração do autor.

Os números revelam a perda de importância relativa dos estados tanto na arrecadação quanto na receita disponível em relação a 1960. Naquele ano, eles respondiam por 31% da arrecadação e 34% da receita disponível, evidenciando que eles mais recebiam do que transferiam recursos. Esse quadro foi mudando mesmo antes da Constituição de 1988, ano em que os estados só arrecadavam 26% do total e dispunham de percentual um pouco maior. Em 2018, a participação estadual na arrecadação total é praticamente a mesma de 1988 e a participação na receita disponível é um ponto percentual menor. Como a carga tributária se expandiu enormemente, a arrecadação direta dos estados é, em 2018, mais de 3% maior, em percentual do PIB, do que era em 1988 e em 1960. Somando a isso o fato de o PIB ter se expandido substancialmente no período, os recursos efetivamente disponíveis para a administração pública, em todas as esferas, são muito maiores nas primeiras décadas do século XXI do que eram em 1960 ou em 1988.

Tabela 3 – Receita disponível na federação brasileira: participação no bolo (%) e percentual do PIB

Ano	Governo federal	Estados	Municípios	Total
1960	59,5 (10,37)	34,1 (5,94)	6,4 (1,11)	100 (17,42)
1970	60,8 (15,79)	29,2 (7,59)	10 (2,60)	100 (25,98)
1988	60,1 (13,48)	26,6 (5,97)	13,3 (2,98)	100 (22,43)
2010	56,5 (18,76)	25,1 (8,34)	18,4 (6,13)	100 (33,23)
2015	55,7 (18,60)	25,0 (8,35)	19,3 (6,47)	100 (33,66)
2018	55,2 (18,60)	25,5 (8,68)	19,5 (6,58)	100 (33,26)

Nota: Percentual do PIB entre parênteses.
Fonte: Afonso (2013) e Secretaria da Receita Federal. Os dados de 2015 e 2018 foram estimados pelo autor a partir dos números da Receita Federal e da distribuição dos anos anteriores.

Os números evidenciam também, repise-se, o substancial crescimento da administração pública brasileira desde 1960, em todas as esferas de governo. O governo federal dobrou em termos de percentual do PIB a sua receita disponível, os estados tiveram um crescimento de 50%, e os municípios multiplicaram por seis a sua fatia em termos de PIB. Considerando ainda que o PIB real cresceu mais de nove vezes entre 1960 e 2018, conclui-se que o volume de recursos disponíveis para a administração pública é substancialmente superior ao que era no começo dos anos 1960.

4.8.2 Distribuição horizontal

A diferença na arrecadação direta de tributos pelos estados é a evidência mais nítida da enorme desigualdade na federação brasileira. Em termos absolutos, São Paulo arrecada quase três vezes mais que o segundo colocado, Minas Gerais, e cento e trinta vezes o que menos arrecada, o Amapá. Em termos *per capita*, as diferenças são menos expressivas, mas também são substanciais. São Paulo sai da primeira posição e vai para a terceira, com R$3,8 mil por habitante. O primeiro colocado é Mato Grosso, com R$4,9 mil por pessoa. O último colocado é Maranhão, com apenas R$1,2 mil por pessoa, menos de um quarto *per capita* que o estado do Mato Grosso. Apenas Mato Grosso do Sul obteve também arrecadação tributária anual *per capita* superior a R$4 mil. Cinco estados apresentaram arrecadação tributária superior a R$3 mil: São Paulo (R$3,8 mil); Santa Catarina (R$3,8 mil); Rio Grande do Sul (R$3,5 mil); Paraná (R$3,4 mil) e Rondônia (R$3,2 mil). Além do Maranhão, outros cinco estados apresentam arrecadação tributária por pessoa inferior a R$2 mil – Piauí, Amapá, Pará, Paraíba e Ceará –, todos em torno de R$1,6 mil.

Tabela 4 – Arrecadação tributária própria dos estados (2019)

Estado	Arrecadação (R$ bilhões)	Per capita (R$)
Mato Grosso	17,18	4.930
Mato Grosso do Sul	11,77	4.235
São Paulo	176,67	3.847
Santa Catarina	27,43	3.828
Rio Grande do Sul	39,9	3.507
Paraná	38,86	3.398
Distrito Federal	9,85	3.267
Rondônia	5,75	3.235
Espírito Santo	11,7	2.911
Minas Gerais	61,54	2.907
Goiás	19,7	2.806
Amazonas	11,33	2.733
Rio de Janeiro	46,05	2.667
Bahia	31,07	2.089
Pernambuco	19,71	2.062
Tocantins	3,21	2.040
Rio Grande do Norte	6,11	1.742
Acre	1,5	1.700
Roraima	1,02	1.683
Sergipe	3,83	1.666
Ceará	14,78	1.618
Paraíba	6,43	1.600
Amapá	1,35	1.596
Pará	13,56	1.576
Piauí	5,15	1.573
Alagoas	4,73	1.417
Maranhão	8,67	1.225
Total	598,85	2.850

Fonte: Ministério da Economia/Confaz e IBGE. Elaboração do autor.

A justificativa principal do sistema de transferências, como mencionamos, é o reequilíbrio financeiro ao longo da federação, de forma que as disparidades entre os entes federados sejam atenuadas. Os números evidenciam que esse objetivo está muito longe de ser atendido. Embora o volume de transferências da União para os estados seja substancial, tendo atingido R$133 bilhões em 2019, está longe de conseguir o objetivo de equilíbrio federativo. É que os critérios de transferências não atendem na proporção suficiente o que seria necessário para a paridade. Os estados mais ricos da federação também recebem uma porção significativa das transferências, o que, obviamente, reduz o intuito original de balanceamento federativo.[71]

A maior parcela das transferências para os estados decorre do fundo de participação (FPE), que responde por 60% do total (R$79,4 bilhões). Em seguida, vêm as transferências decorrentes de *royalties* (R$21,5 bilhões) e do Fundeb (R$20,7 bilhões).

O estado com menor arrecadação tributária própria *per capita*, o Maranhão, recebeu R$1.033,7 de transferências em 2019, mais do que os R$780,62 do Mato Grosso, o primeiro colocado em arrecadação tributária *per capita*, mas insuficiente para atenuar de forma significativa a disparidade. São Paulo é o estado que menos recebeu em termos *per capita* (R$129,56), enquanto Roraima foi o que mais recebeu (R$4.077,52 por pessoa).

A tabela 5 mostra ainda que os estados do Nordeste são os mais mal colocados, em termos *per capita*, quando se somam a arrecadação própria e as transferências. Em média, o cidadão maranhense dispõe de menos de 40% do que o cidadão de Roraima. Antes das transferências, entretanto, contando

---

[71] Rocha (2010) e Rocha (2013) trazem boas análises sobre os critérios de repartição na prática do FPE e do FPM.

apenas com a arrecadação tributária própria, a diferença entre o último colocado, também o Maranhão, e o mais bem situado, Mato Grosso, é bem maior. O estado nordestino dispõe de menos de 25% *per capita* do que o estado do Mato Grosso.

O sistema de transferências é amplamente favorável aos estados do Norte originários de territórios. Quatro das cinco primeiras posições *per capita* da soma de arrecadação própria com transferências são ocupadas por eles (Roraima, Acre, Amapá e Rondônia). Antes das transferências, Amapá, Roraima e Acre estavam próximos das últimas posições, próximos dos valores dos estados do Nordeste.

Isso compensa, para esses estados mais bem aquinhoados pelas transferências *per capita* da União, os indicadores sociais e econômicos muito desfavoráveis, estando dentro dos objetivos federativos. Para os estados do Nordeste, bem mais populosos, as transferências são claramente insuficientes, restando a receita disponível por habitante muito inferior aos estados com indicadores bem mais favoráveis, o que contribui para perpetuar a desigualdade ao longo da federação brasileira.

Tabela 5 – Arrecadação tributária própria dos estados + receitas de transferências da União para os estados (2019)

Estado	Arrecadação + transferências (R$ bilhões)	Per capita (R$)
Roraima	3,49	5.761
Mato Grosso	19,90	5.711
Acre	4,94	5.601
Amapá	4,70	5.560
Rondônia	8,64	4.862
Mato Grosso do Sul	13,39	4.818
Tocantins	7,28	4.628
Santa Catarina	29,28	4.086
Espírito Santo	16,35	4.068
São Paulo	182,62	3.976
Rio Grande do Sul	43,30	3.805
Paraná	43,15	3.774
Rio de Janeiro	63,39	3.671
Amazonas	15,18	3.661
Distrito Federal	10,62	3.522
Sergipe	7,76	3.376
Goiás	22,95	3.270
Minas Gerais	68,48	3.234
Rio Grande do Norte	10,28	2.931
Piauí	9,52	2.909
Pernambuco	26,58	2.781
Bahia	41,20	2.770
Paraíba	11,01	2.740
Alagoas	8,84	2.649
Pará	21,26	2.471
Ceará	21,90	2.398
Maranhão	15,98	2.259
Total	732,01	3.483

Fonte: Ministério da Economia/Confaz, Secretaria do Tesouro Nacional e IBGE. Elaboração do autor.

A tabela evidencia ainda que o sistema de transferências não consegue resolver as disparidades entre os estados. O Maranhão continua em último lugar, acompanhado de perto do Ceará. Os estados do Nordeste estão nas piores posições. Os estados do Norte – Amapá e Rondônia – e do Centro-Oeste – Mato Grosso e Mato Grosso do Sul – estão nas primeiras posições. Mato Grosso, o primeiro colocado, dispõe de mais de duas vezes por pessoa do que o Maranhão, o último. São Paulo, o estado com a maior economia do país, só fica em sexto lugar em termos *per capita*.

Em síntese, para os estados menos populosos do Norte, o sistema de transferências da União cumpre o objetivo de reequilíbrio financeiro. Já para os estados com grande população do Nordeste, os recursos transferidos são insuficientes para aproximar a receita disponível *per capita* dos estados mais prósperos do país. Para atingir esse objetivo, o volume de transferências e os respectivos critérios teriam que ser ampliados substancialmente.

4.9 As medidas de apoio aos estados e municípios em razão da pandemia – Medida Provisória nº 938 e Lei Complementar nº 173/2020

Como houve um forte abalo das finanças estaduais e municipais com a pandemia, envolvendo tanto a queda substancial da arrecadação própria e de transferências quanto o aumento de despesas de saúde, a União tomou uma série de providências para auxiliar os estados e municípios. Inicialmente, o Poder Executivo editou a Medida Provisória nº 938/2020, que promoveu a transferência de R$4 bilhões mensais, durante quatro meses, limitado a R$16 bilhões, para compensar a redução das transferências do Fundo de Participação dos Estados e do Fundo de Participação dos Municípios.

Também se aprovou a Lei Complementar nº 173/2020, com a finalidade de compensar os entes federados pela queda da arrecadação própria e pelo aumento de despesas relacionadas à pandemia. As medidas incluíram: suspensão de pagamentos de dívidas contratadas entre União e estados e entre União e municípios; reestruturação de operações de crédito interno e externo junto ao sistema financeiro e instituições multilaterais de crédito; e transferências de recursos do governo federal para estados e municípios.

A suspensão de dívidas trouxe condicionantes de aplicação preferencial em ações para combater os efeitos da pandemia e exigências de ampla publicidade que evidenciassem a correlação entre a aplicação dos encargos não pagos e as ações desenvolvidas para o combate ao coronavírus, com supervisão dos respectivos órgãos de controle.

A lei dispensou o cumprimento de diversos dispositivos da Lei de Responsabilidade Fiscal: das medidas de compensação nos casos de concessão ou ampliação de incentivo ou benefício de natureza tributária (art. 14); da declaração do ordenador de despesa de que o aumento de despesa tem adequação orçamentária e financeira com a lei orçamentária anual e compatibilidade com o plano plurianual e com a Lei de Diretrizes Orçamentárias (art. 16, II); e, no caso da criação de despesas obrigatórias que criem obrigações por períodos superiores a dois anos, da dispensa de obrigatoriedade de estimativa do impacto orçamentário financeiro no exercício em que entrar em vigor e nos dois subsequentes.

Também permitiu que estados, Distrito Federal e municípios aditassem contratos com a finalidade de suspender os pagamentos devidos no exercício financeiro de 2020 de operações de crédito interno e externo celebradas tanto com o sistema financeiro quanto com instituições multilaterais de crédito, dispensando uma série de exigências previstas na Lei de Responsabilidade Fiscal, incluindo garantias e contragarantias. Tomou a providência de assegurar a manutenção das condições financeiras em vigor na data de celebração dos respectivos termos aditivos, podendo o prazo final ser ampliado por período não superior ao da suspensão dos pagamentos.

A Lei Complementar nº 173 ainda previu a entrega de R$60 bilhões, em quatro parcelas, aos estados (incluindo o Distrito Federal) e aos municípios, sendo R$10 bilhões para ações diretamente ligadas às ações de saúde e de assistência social (R$7 bilhões para os estados e R$3 bilhões para os municípios) e R$50 bilhões para compensar a perda de arrecadação própria, sendo R$30 bilhões para estados e R$20 bilhões para municípios.

Os critérios de distribuição entre os estados dos R$30 bilhões destinados a eles não levaram em conta os impactos específicos da pandemia em cada estado (apenas 40% dos R$7 bilhões destinados diretamente à saúde e assistência social consideraram a taxa de incidência da COVID-19 divulgada pelo Ministério da Saúde). O resultado é que a distribuição acabou por reproduzir as assimetrias da distribuição tradicional, com diferenças *per capita* substanciais.

Tabela 6 – Transferências aos estados decorrentes da Lei Complementar nº 173/2020

Estado	Transferências (R$)	*Per capita* (R$)
Mato Grosso	1.346.040.610,22	386,30
Roraima	147.203.050,38	243,01
Acre	198.356.805,66	224,91
Mato Grosso do Sul	621.710.381,02	223,72
Tocantins	300.516.876,67	191,06
Amapá	160.595.485,87	189,89
Rondônia	335.202.786,54	188,61
Espírito Santo	712.381.321,76	177,27
Rio Grande do Sul	1.945.377.062,19	170,99
Distrito Federal	466.617.756,82	167,91
Goiás	1.142.577.591,53	162,80
Santa Catarina	1.151.090.483,87	160,66
Amazonas	626.314.187,89	151,12
Paraná	1.717.054.661,04	150,17
São Paulo	6.616.311.017,89	144,09
Minas Gerais	2.994.392.130,70	141,45
Sergipe	313.549.751,96	136,40
Pará	1.096.083.807,05	127,41
Rio Grande do Norte	442.255.990,95	126,11
Alagoas	412.368.489,19	123,56
Piauí	400.808.033,53	122,45
Rio de Janeiro	2.008.223.723,76	116,32
Pernambuco	1.077.577.764,30	112,75
Bahia	1.668.493.276,83	112,18
Paraíba	448.104.510,66	111,52
Maranhão	731.971.098,89	103,46
Ceará	918.821.342,87	100,61
Total	30.000.000.000,04	142,92

Fonte: Lei Complementar nº 173/2020 e IBGE. Elaboração do autor.

Como evidencia a tabela, Mato Grosso recebeu, em termos *per capita*, quase quatro vezes o que recebeu o estado do Ceará, um dos mais atingidos nos primeiros meses da pandemia. O Maranhão foi o segundo mais mal colocado, trocando a última posição, como se destacou, na soma da arrecadação própria mais transferências, com o Ceará, que é o segundo pior naquele critério.

Em síntese, as assimetrias no federalismo brasileiro são substanciais, sendo evidenciadas por diversos indicadores, desde o índice de desenvolvimento humano até a arrecadação tributária de cada estado em termos *per capita*. O sistema de transferências atenua as disparidades, mas o montante é insuficiente para reverter o quadro para os estados mais pobres e populosos, como os grandes estados do Nordeste e o Pará. Apenas nos estados com pequena população, principalmente os ex-territórios, Amapá, Roraima, Acre e Rondônia, é que as transferências da União em termos *per capita* fazem grande diferença, fazendo-os saltar das últimas posições para as primeiras.

As transferências para compensar os efeitos da pandemia de COVID-19 refletiram e reforçaram as substanciais diferenças, tendo o estado que mais recebeu em termos *per capita* superado o que menos recebeu em quase quatro vezes.

CAPÍTULO 5

FEDERALISMO E O STF[72]

O Supremo Tribunal Federal é um ator de extrema relevância das questões federativas. A Constituição Federal expressamente lhe atribui a competência para julgar as causas e os conflitos entre a União e os estados, a União e o Distrito Federal, ou entre uns e outros, inclusive as respectivas entidades da administração indireta (art. 102, I, f). Além disso, como a Carta Magna delineia a repartição de competências entre os entes federativos e em sendo o STF o guardião maior da Constituição, cabe-lhe decidir os conflitos que lhe são apresentados nas diversas espécies processuais de sua competência.

Por tais razões, o STF frequentemente é acionado para decidir se lei ou emenda à Constituição dos estados invadiu competência da União, se esta extrapolou ao legislar sobre normas gerais em matéria de competência concorrente e invadiu poderes dos estados-membros, se estes devem cumprir contratos que assinaram com a União, como no caso do pagamento de parcelas de dívidas, entre outras querelas.

O próprio STF ressalta o seu papel de árbitro da federação. Nas palavras do ministro Celso de Mello:

---

[72] Aqui, segue, em boa parte, uma discussão que publiquei em Lima (2017).

> A Constituição da República confere, ao Supremo Tribunal Federal, a posição eminente de Tribunal da Federação (CF, art. 102, I, f), atribuindo, a esta Corte, em tal condição institucional, o poder de dirimir as controvérsias, que, ao irromperem no seio do Estado Federal, culminam, perigosamente, por antagonizar as unidades que compõem a Federação.
>
> Esta magna função jurídico-institucional da Suprema Corte impõe-lhe o gravíssimo dever de velar pela intangibilidade do vínculo federativo e de zelar pelo equilíbrio harmonioso das relações políticas entre as pessoas estatais que integram a Federação brasileira. (Quest. Ord. em ACO 1.048-6/RS, grifos meus)

Ressalte-se, mais uma vez, o papel menos relevante na federação atribuído aos municípios, uma vez que a Constituição Federal não atribuiu ao STF a solução de conflitos federativos que os envolvam.

Historicamente, Alexis de Tocqueville já chamava a atenção para a importância de uma corte que dirimisse os conflitos federativos e ressaltava o papel da Suprema Corte dos Estados Unidos da América e sua diferença em relação às cortes da Europa de então (Tocqueville (2005 [1835], p. 169):

> Nas nações da Europa, os tribunais só têm particulares como jurisdicionados; mas podemos dizer que a corte suprema dos Estados Unidos faz comparecer soberanos diante de si. Quando o oficial de justiça, adiantando-se nos degraus do tribunal, pronuncia estas poucas palavras: "O Estado de Nova York contra o de Ohio", sentimos não estar na sala de um tribunal de justiça ordinário. E, quando pensamos que um dos litigantes representa um milhão de homens e o outro dois milhões, ficamos impressionados com a responsabilidade que pesa sobre os sete juízes cuja decisão vai alegrar ou entristecer tão grande número de seus concidadãos.

Rui Barbosa alertava para a importância do Supremo Tribunal Federal no regime presidencialista inaugurado pela

Constituição de 1891, que seria capaz de conter arbitrariedades de toda ordem promovidas por maiorias parlamentares e pela força do presidente da República. Embora reconhecesse sua fragilidade diante do poder das armas e do poder político, apontava relevante papel que desempenhava (BARBOSA, 1914, Loc. 171):

> Substituí-la pelo regime presidencial, sem buscar na criação de uma justiça como a americana, posta de guarda à Constituição contra as usurpações do presidente e as invasões das maiorias legislativas, contra a omnipotência de governos ou congressos igualmente irresponsáveis, era entregar o país ao domínio das facções e dos caudilhos. (...) Grandes triunfos, neste quarto de século, registra a justiça brasileira. Os direitos supremos, algumas vezes imolados, acabaram por vingar, em boa parte, na corrente dos arestos, haja vista os grandes resultados que, graças a ela, se apuraram, sob o estado de sítio deste ano, quando mercê de suas sentenças, alcançamos salvar, da liberdade de imprensa, uma parte considerável, e preservar os debates parlamentares das trevas em que os queria envolver a ditadura com a cumplicidade submissa do próprio Congresso Nacional.

Muitos argumentam que o STF tem privilegiado as escolhas da União em detrimento da autonomia dos estados (MAUÉS, 2005; LIMA, 2017; RODRIGUES e outros, 2017). Segundo Maués (p. 85), "os principais elementos que permitem chegar a essa conclusão consistem na exigência de estrita observância do modelo federal de organização dos poderes pelo constituinte estadual, no favorecimento das competências legislativas privativas da União em detrimento das competências concorrentes e, nesse último âmbito, na interpretação formal do conceito de normas gerais disposto no art. 24 da CF". Igualmente nessa linha, Bercovici (2008, p. 10):

> De todo o modo, na jurisprudência mais recente do STF pode ser constatada uma tendência ainda restritiva quanto a um amplo e real compartilhamento competencial, ou seja, a admissão

de um largo espaço para a autonomia legislativa dos estados-membros no Brasil, no que se refere a essa pontualmente prevista "competência concorrente".

Horbach (2013, p. 2) é ainda mais enfático sobre a atuação do STF na centralização do país:

> Atuando como Tribunal da União, o STF concentra decisões jurídicas e políticas que transcendem as relacionadas à função de árbitro do jogo federativo, tolhendo as particularidades locais e padronizando em demasia questões que deveriam ficar abertas à pluralidade típica do federalismo.
>
> Auxilia, assim, no fortalecimento da União, na centralização do poder, enfim, na construção de um Estado unitário de fato ou de uma federação semântica, na qual a União se projeta dominadora sobre as searas de autonomia dos demais entes federados.

Também Guimarães e outros (2017, p. 133-134):

> O Supremo Tribunal Federal, como sua instância mais alta, tem sido um ator que intermedeia a formação de arranjos federais. Como observado acima, seu papel tem sido muito mais eficaz no empoderamento do governo central e das políticas federais, supostamente como guardião da democracia, dos direitos humanos e da transparência, em vez de proteger as competências, atos e interesses dos Estados. (Tradução minha)[73]

Embora cada estado tenha a sua própria constituição (art. 25 da CF) e os municípios elaborem, cada um, a sua lei orgânica, de fato a autonomia constitucional no Brasil é pequena, porque a Constituição Federal abriu poucos espaços para as constituições estaduais decidirem. Ao menos tem sido

---

[73] *"The Supreme Federal Court as its highest instance, has been a middling actor in shaping federal arrangements. As noted above, its role has been much more effective in empowering the central government and federal policies, purportedly as a guardian of democracy, human rights, and transparency, rather than in protecting states' competences, acts, and interests."*

essa a prática no Brasil, em que as constituições estaduais são praticamente idênticas e em que o *princípio da simetria* tem sido largamente utilizado pelo STF para barrar iniciativas estaduais que divirjam do modelo federal.[74] Em diversas ocasiões em que estados trilharam soluções constitucionais em que não havia delineamento expresso para eles na Constituição Federal, o STF decidiu que o modelo federal deveria ser seguido, exatamente invocando-se o princípio da simetria. Leoncy (2012) exemplifica com os casos de estados que seguiram modelos diferentes da União em viagens do chefe do Poder Executivo, criação de despesas por emenda parlamentar e regras para criação de comissões parlamentares de inquérito. Araújo (2009, p. 171) reforça essa linha ao apontar que:

> O Supremo se utiliza do princípio da simetria para determinar a reprodução de uma norma federal sem, contudo, justificar o porquê da necessidade dessa reprodução. *A simetria é, portanto, lançada durante o julgamento da Corte quase como um argumento infalível e autoexplicativo*: identifica-se uma norma federal para a União e, pela simetria, determina-se sua aplicação aos estados, sem sequer analisar o contraponto do princípio da autonomia dos entes locais. (Grifos nossos)

Horta (1981) fazia exatamente essa crítica sob o manto da Constituição de 1967/69, apontando que a Constituição Federal se transmudara para uma constituição total, uma vez que o uso exacerbado do princípio da simetria tolhia por completo as iniciativas estaduais submetidas à uniformização de suas respectivas constituições estaduais: "A Constituição Estadual tornou-se o produto da passiva transplantação de normas simétricas que jorram da Constituição Federal e deságuam no ordenamento pré-confeccionado da Constituição Estadual".

---

[74] Ver, por exemplo, Maués (2012) e Leoncy (2012).

Há limites expressos para as constituições dos estados, mas há também limitações implícitas, que são afirmadas pela jurisprudência. O STF tem sido frequentemente criticado por deixar poucos espaços para iniciativas estaduais que não sejam idênticas às disposições que a Constituição Federal estabeleceu para a União, mesmo nos casos em que a CF não estabelece expressamente que a regra federal deve ser seguida pelos estados. Maués (2012, p. 64) sintetiza esse tipo de crítica:

> No conjunto de ADIns acima expostas, o STF considera que qualquer iniciativa do constituinte estadual que venha a restringir as prerrogativas dos demais poderes significa uma ingerência indevida do legislativo sobre o executivo e o judiciário. No entanto, ainda que o poder constituinte estadual deva observar o núcleo essencial da divisão dos poderes estabelecida pela Constituição Federal, *o direito de auto-organização dos Estados deve incluir a prerrogativa de dispor sobre seus poderes constituídos, sem o que a própria noção de poder constituinte perde sentido.* Assim, ao interpretar extensivamente os limites impostos pela Constituição Federal nessa matéria, o STF acaba por restringir a possibilidade de o constituinte estadual estabelecer novos mecanismos de freios e contrapesos, cuja criação se justifica especialmente em face do poder executivo, tendo em vista seu predomínio na história política brasileira. (Grifos meus)

Um estudo interessante, que relativiza a centralização promovida pelo STF, é o de Dantas (2020). Basicamente, o argumento da autora é que, quando se observam as ações civis originárias, e não apenas as ações de controle concentrado, conclui-se que o STF profere mais decisões em favor dos estados em detrimento da União. De fato, por exemplo, quando os estados questionam decisões da Secretaria do Tesouro Nacional para cumprimento dos termos dos contratos de renegociações de dívidas e restrições impostas pela Lei de Responsabilidade Fiscal, o STF tem entendido que as sanções não podem ser impostas a gestões distintas (sob o argumento da intranscendência das sanções), de que há graves perigo à ordem pública, entre outros argumentos, e tem, na maior parte dos casos, atendido aos pleitos dos estados. A autora aponta que o STF promoveria assim (DANTAS, 2020, p. 32) "descentralização de recursos quando instado a decidir o litígio direto entre União e Estados em sede de ACO".

Embora seja uma conclusão relevante, as ações civis originárias em favor dos estados são muito pontuais, geralmente beneficiando estados muito desequilibrados financeiramente e que não conseguem cumprir a Lei de Responsabilidade Fiscal e os compromissos assumidos com a União por ocasião das renegociações das dívidas. Isso está longe de ser um contrapeso relevante para as decisões que concentram competências legislativas na União, sob o fundamento de princípios hierarquizantes.

Outra questão que potencializa esse problema é a crescente participação do Poder Judiciário em decisões que classicamente caberiam ao Poder Legislativo, o que tem impactos substanciais no federalismo e na democracia. Quando as decisões sobre direito civil, por exemplo, se deslocam do Congresso Nacional para o Poder Judiciário, *o déficit democrático, que inevitavelmente existe no âmbito do Poder Legislativo quanto às preferências locais – como já se mencionou –, se aprofunda dramaticamente.*[75]

É que, como se sabe, o Supremo Tribunal Federal é composto por onze ministros, não necessariamente escolhidos com observância das diferenças entre as diferentes regiões e localidades brasileiras. O presidente escolhe dentro de certos critérios definidos na Constituição (muito vagos e abertos), e o Senado aprova (não há, na história brasileira, caso de rejeição pelo Senado de nome indicado). De há muito se sabe que os

---

[75] O debate sobre a judicialização da política é extenso e presente em boa parte do mundo. Ver, por exemplo, Hirschl (2008).

juízes não são a "boca da lei", das palavras de Montesquieu. O juiz Holmes, da Suprema Corte americana, alertou para o realismo jurídico, em que o juiz decide casos difíceis, não expressamente previstos em lei, de acordo com suas convicções, visão de mundo, ideologia, entre outras variáveis que extrapolam a simples aplicação da lei e da jurisprudência. A tarefa de interpretar vai muito além, portanto, de expressar o texto da Constituição e das leis, mas há, em boa parte dos casos, criação de leis, no sentido de surgimento de direitos e obrigações não expressamente previstas (BARROSO, 2009).

Observe-se o caso da união estável entre homossexuais. Quando o STF tomou para si uma decisão que caberia originariamente ao Congresso Nacional, as preferências locais foram completamente ignoradas. Mesmo com todas as críticas cabíveis ao Congresso Nacional, bem ou mal, os representantes do povo de cada estado estão presentes, têm voto e participam tão ativamente do debate quanto se dediquem a ele. Além disso, as discussões passam por duas casas e estão sujeitas, no caso de leis, a vetos do presidente da República.

As decisões, por óbvio, são demoradas e precisam ser muito negociadas porque muitos grupos têm poder de obstruir votações e até de "vetar" a aprovação de matérias controversas, principalmente das matérias que exigem maiorias mais amplas. O processo de decisão no parlamento é, portanto, ontologicamente complexo e demorado, e implica que a não regulamentação de determinada matéria é também uma decisão. É algo que o conjunto de forças não conseguiu formar uma maioria capaz de deliberar sobre um assunto. É o sentido da expressão que não decidir é também uma decisão e o que Sunstein (1996) tão bem explorou (embora tratando das cortes judiciais) ao analisar os usos construtivos do silêncio e as vantagens, em certos casos, de deixar as coisas não decididas.

No STF, o debate é muito menor, já que o processo é muito mais simples. Um relator apresenta seu voto, na maior parte das vezes, não sujeito a maiores discussões prévias (as audiências públicas ocorrem apenas algumas vezes, não são obrigatórias) e é seguido ou não pelos demais ministros, que podem pedir vista dos autos e apresentar votos mais elaborados, concordando ou discordando do relator, mas a participação de diversos segmentos da sociedade, da observância dos diferentes costumes e das distintas culturas de cada lugar fica muito em segundo plano. O que acaba por prevalecer é a visão de determinado grupo de pessoas (muito preparado, com larga formação jurídica e muita experiência) não necessariamente vinculado às visões, preferências e desejos da maior parcela da população. Nessa discussão, pode-se chegar a conclusões de que a Constituição já previra implicitamente certos direitos e que eles devem ser implementados independentemente de previsão legal expressa.

Não se está a discutir se a decisão é certa ou errada ou mesmo se o STF tem ou não competência para tanto – esse é outro debate, extremamente interessante e que vai contrapor diferentes correntes de interpretação constitucional (ver TRIBE; DORF, 1991, ou POSNER, 2009 por exemplo, sobre as formas e limites da interpretação). O ponto aqui é que, quanto mais se deslocam decisões que tradicionalmente caberiam ao Poder Legislativo para o âmbito do Poder Judiciário, menor é o grupo com possibilidades de efetivamente participar do debate.

Mesmo quando a corte constitucional se restringe a ser o que a literatura tem chamado de "poder neutral", isto é, o poder que não pertence a nenhuma esfera de governo – nem ao governo central, nem aos governos subnacionais – e que decide conflitos entre as esferas, tanto entre as esferas regionais entre si quanto entre estas e o governo nacional, a conformação institucional do STF parece apontar para um viés de centralização. Os membros do STF são todos indicados pelo presidente da República, chefe do Poder Executivo federal, o orçamento do Supremo Tribunal é todo federal, os seus servidores são regidos por regras de servidores federais, enfim, o regramento da Corte Constitucional brasileira é federal. A única participação dos estados-membros no STF é a aprovação de seus membros pelo Senado Federal (CF, art. 52, III, a) e o julgamento em caso de crimes de responsabilidade, já que o Senado, embora pertença à estrutura da União, é composto por representantes dos estados, mas com todos os problemas de representação efetiva que já mencionamos.[76]

É claro que a avaliação sobre a qualidade das decisões do STF é subjetiva: uns concluem que determinadas decisões refletem o reconhecimento pela Corte Máxima de uma visão mais avançada por parte da União, mais em conformidade com os princípios republicanos, e mesmo no sentido de evitar abusos nos estados, onde o sistema de pesos e contrapesos é muito mais frágil do que na União e o poder de oligarquias e grupos locais é proporcionalmente muito mais acentuado, nos termos de James Madison anteriormente referido. Outros concluem, contudo, que refletem apenas preferências políticas de grupos majoritários, sufocando o princípio da autonomia federativa (MAUÉS, 2005). Por exemplo, muitos consideraram um exercício de afirmação do princípio republicano quando o STF julgou inconstitucionais leis de estados que previam concursos públicos internos para ascensão de servidores públicos (ADI nº 498), que permitiam a transferência de servidores de um órgão para outro e para outros cargos (ADI nº 1.329). Por outro lado, houve quem considerasse excesso de centralização quando o STF obrigou os estados a seguirem a composição dos tribunais de contas não expressamente prevista na

---

[76] Mesmo aqui, há que se chamar atenção para a tendência de os senadores se comportarem como membros de partidos políticos, muito mais do que como representantes de estados. Assim, numa disputa federativa, em que o interesse da União se contraponha ao dos estados, os senadores tendem a acompanhar a orientação de seu partido, que pode ser em favor da União, muito mais do que a defesa da autonomia dos estados (BRANCO, 2007).

Constituição (ADI nº 419) e a acompanharem as competências do Tribunal de Contas da União (no respectivo estado), não podendo expandi-las nem as restringir (ADI nº 461). O fato é que o STF já não tem timidez de afirmar que faz escolhas políticas. A ementa do RE nº 586.224, por exemplo, é cristalina: "2. O Judiciário está inserido na sociedade e, por este motivo, *deve estar atento também aos seus anseios*, no sentido de ter em mente *o objetivo de saciar as necessidades*, visto que também é um serviço público" (grifos meus).

É de se ressaltar, contudo, que a interferência do Poder Judiciário e, particularmente, da Corte Suprema em questões políticas não é um fenômeno apenas contemporâneo. Ao contrário, o próprio Tocqueville fez diversas referências elogiosas ao poder de interferir e à independência dos juízes dos Estados Unidos da América (TOCQUEVILLE, 2005 [1835], p. 169):

> Nas mãos dos sete juízes federais repousam incessantemente a paz, a prosperidade, a própria existência da União. Sem eles, a constituição é obra morta; é a eles que recorre o poder executivo para resistir às intromissões do corpo legislativo; a legislatura, para se defender das empreitadas do poder executivo; a União, para se fazer obedecer pelos Estados; os Estados, para repelir as pretensões exageradas da União; o interesse público contra o interesse privado; o espírito de conservação contra a instabilidade democrática. Seu poder é imenso, mas é um poder de opinião. Eles são onipotentes enquanto o povo aceitar obedecer à lei; nada podem quando ele a despreza. Ora, a força de opinião é a mais difícil de empregar, porque é impossível dizer exatamente onde estão seus limites. *Costuma ser tão perigoso ficar aquém deles quanto ultrapassá-los.* (Grifos meus)

E prossegue Tocqueville analisando as características pessoais dos membros da Suprema Corte, que não deveriam apenas dispor de domínio jurídico, mas contar com qualidades e atributos muito amplos (TOCQUEVILLE, 2005 [1835], p. 170):

Os juízes federais não devem pois ser apenas bons cidadãos, homens instruídos e probos, qualidades necessárias a todos os magistrados; *é necessário além disso ter neles homens de Estado.* É necessário que saibam discernir o espírito de seu tempo, afrontar os obstáculos que é possível vencer e desviar-se da corrente quando o turbilhão ameaça arrastar junto com eles mesmos a soberania da União e a obediência devida às suas leis. (Grifos meus)

Somin (2017) chama a atenção para o fato de que a Suprema Corte americana e a Justiça Federal de forma geral têm muito mais desenvoltura para invalidar leis estaduais do que para atuar contra leis federais.

Como os juízes federais são nomeados pelo presidente e confirmados pelo Senado, a chance de resistir à agenda política da coalizão política dominante no governo federal é reduzida. Mesmo quando os juízes federais gostariam de invalidar a legislação federal, eles podem hesitar em fazê-lo quando o resultado pode criar um confronto político que os tribunais provavelmente perderão. Juízes federais enfrentam menos riscos políticos quando derrubam a legislação estadual. (Tradução minha)[77]

É a mesma discussão que se aplica para o STF brasileiro. Toda sua conformação é federal, incluindo seu orçamento, que precisa ser aprovado pelo Congresso Nacional. A confrontação política de invalidar uma lei ou emenda constitucional aprovada pelo Poder Legislativo nacional tem custos muito mais elevados do que invalidar uma lei aprovada por uma assembleia legislativa de qualquer estado, em que não há nenhuma

---

[77] *"Because federal judges are appointed by the president and confirmed by the Senate, the chance that they will resist the political agenda of the dominant political coalition in the federal government is reduced. Even when federal judges would like to invalidate federal legislation, they may hesitate to do so when the result might create a political confrontation that the courts are likely to lose. Federal judges face fewer political risks when they strike down state legislation."*

relação de interdependência envolvida. Como apontam Rodrigues e outros (2017), raramente se veem decisões do STF invalidando a legislação federal por ocupar indevidamente o âmbito normativo reservado à legislação estadual.

Além de autorizar o orçamento do Poder Judiciário, o Poder Legislativo federal, em particular o Senado, aprova os ministros indicados para o STF pelo presidente da República e é o responsável por processar e julgar os ministros do STF em casos de crimes de responsabilidade (art. 52, II, da Constituição Federal). A Lei do *Impeachment* (Lei nº 1.079, de 1950) prevê expressamente que os ministros do STF são passíveis da pena de perda do cargo, com inabilitação, até cinco anos, para o exercício de qualquer função pública, imposta pelo Senado Federal (mesma pena aplicável ao presidente da República, aos ministros de Estado e ao procurador-geral da República).

Os crimes de responsabilidade – definidos na mesma lei – têm algumas hipóteses muito abertas, notadamente as hipóteses 4 e 5:

> Art. 39. São crimes de responsabilidade dos Ministros do Supremo Tribunal Federal:
>
> 1 - alterar, por qualquer forma, exceto por via de recurso, a decisão ou voto já proferido em sessão do Tribunal;
>
> 2 - proferir julgamento, quando, por lei, seja suspeito na causa;
>
> 3 - exercer atividade político-partidária;
>
> 4 - ser patentemente desidioso no cumprimento dos deveres do cargo;
>
> 5 - proceder de modo incompatível com a honra dignidade e decoro de suas funções.

Não há casos na história brasileira de ministros do STF processados por *impeachment*, mas há diversos pedidos de cidadãos no Senado, constantemente renovados. Certamente que essa possibilidade constitui um contrapeso relevante do Senado em relação ao STF, o que, se não inviabiliza sua atuação institucional no controle de constitucionalidade das leis federais, certamente evidencia que a relação institucional entre o Poder Legislativo federal e o STF é bem diferente da relação deste com os poderes legislativos estaduais. Se esse fato ajuda a explicar a maior desenvoltura da Corte Constitucional para anular leis estaduais é difícil de afirmar e não se pode concluir que é algo linear de causa e efeito diretos, mas certamente constitui elemento que o analista não pode ignorar.

É claro que o STF pode aperfeiçoar seus procedimentos de decisão. Mendes (2013), por exemplo, analisa como mecanismos típicos da democracia deliberativa poderiam ser aplicados em cortes constitucionais, tornando suas decisões mais justificadas e debatidas e, por isso, mais legítimas. Mesmo havendo amplo espaço para aperfeiçoamento institucional, as cortes não vão (e nem devem) substituir os corpos legislativos típicos. As escolhas políticas, com toda a complexidade e nuances que envolvem, precisam permanecer no campo dos representantes eleitos ou ser tomadas por meio de instrumentos de democracia direta. Deslocar o eixo dessas decisões para órgãos não eleitos, como o Judiciário ou cortes constitucionais, por mais que estas aperfeiçoem seus instrumentos de decisão, é um caminho a ser combatido, entre outras razões porque reduz o nível de democracia e reforça a centralização das escolhas políticas.

5.1 O STF em ação: alguns casos em que o federalismo esteve no centro do debate

O Recurso Extraordinário nº 586.224 é um emblemático caso de decisão do STF em matéria federativa. Discutia-se se o município seria competente para legislar sobre matéria ambiental e se esta competência poderia se sobrepor à lei estadual que dispusesse sobre determinado caso de modo diverso.

É que o Tribunal de Justiça de São Paulo considerara improcedente ADI contra lei municipal que contrariava disposição de lei estadual. O Tribunal de Justiça entendia que o município adotara posição avançada e compatível com a CF ao proibir a queima de palha de cana-de-açúcar. O acórdão do TJSP é também emblemático sobre considerações não jurídicas para sua decisão:

> Os usineiros lúcidos e conscientes não desconhecem de que o método rudimentar, primitivo e nefasto da queima da palha de cana-de-açúcar é fator dissuasivo da aceitação do etanol no Primeiro mundo. As barreiras ambientais poderão conseguir aquilo que a educação ecológica e uma Constituição pioneira no trato do meio ambiente ainda não obteve em termos de efetiva tutela à natureza na pátria brasileira. (Citado pelo RE nº 586.224)

O estado recorreu ao STF alegando que o município não dispunha de competência para legislar sobre matéria ambiental, que estaria restrita à União e aos estados e que, no máximo, o município teria competência suplementar à legislação federal e estadual, não podendo contrariá-las. O estado argumentou ainda que a legislação municipal atrapalhou a implementação de políticas públicas prevista em lei estadual, que teria estabelecido um cronograma para que se abolisse a queima da palha, e não a proibição pura e simples, como fizera a lei municipal atacada. Por fim, o estado de São Paulo argumentou que a medida adotada pelo município afetaria a economia do estado como um todo, e não apenas os interesses municipais – desemprego no setor canavieiro, diminuição da arrecadação tributária, além de ampliar os custos dos produtores, que teriam que adquirir máquinas colhedoras, tratores e transbordos, além de substituir as carrocerias de caminhões e alterar a forma de plantação da cana. Em consequência, toda a cadeia produtiva da cana seria afetada.

Antes de decidir a matéria, o STF realizou audiência pública, em que participaram diversos especialistas de áreas não jurídicas. Note-se como a Corte Constitucional encampa com desenvoltura seu papel de órgão político, que interfere em políticas públicas, não se atendo exclusivamente a discussões de ordem técnico-jurídicas. O próprio relator, ministro Luiz Fux, explicita (p. 8 do acórdão): "Foi realizada audiência pública, *haja vista o caso extrapolar limites jurídicos, envolvendo também questões ambientais, políticas, econômicas e sociais*".

O STF julgou inconstitucional a lei municipal sob o argumento de que esta esvaziaria o comando normativo do estado, a quem, nos termos da Constituição Federal, compete, em concorrência com a União, legislar sobre matéria ambiental. O STF decidiu também que o município pode legislar sobre esse assunto, mas limitando-se ao interesse local e sem conflito com a legislação estadual e federal.

Assim, embora o STF tenha reconhecido expressamente a competência municipal para legislar sobre matéria ambiental, alterando seu entendimento anterior, que vedava tal possibilidade, consignou uma abrangência bastante limitada, reafirmando o protagonismo estadual e federal para tratar da matéria.

O paradoxal é que o STF julgou, a partir de uma questão jurídica básica, a competência para legislar sobre determinada matéria, se de estado ou de município. De fato, todas as considerações metajurídicas, como o desemprego que seria gerado, aumento de produtividade, importância das questões ambientais, entre outras, prestaram-se apenas para reforçar o deslinde do caso, que foi resolvido essencialmente por uma regra jurídica muito simples. Pela decisão, as audiências públicas, com inúmeros especialistas, de diversas áreas e instituições, revelaram-se supérfluas para o fundamento do que foi decidido, essencialmente uma questão de divisão de competências. Embora diversos ministros tenham exaltado a importância das audiências para que o STF obtivesse uma visão mais ampla da questão, o teor da decisão não revela a essencialidade do procedimento. Aliás, as palavras do próprio ministro relator são reveladoras (p. 23): "É, *pois, cristalino que o tratamento dispensado pela legislação municipal vai de encontro ao sistema estruturado de maneira harmônica entre as esferas estadual e federal*".

5.2 O julgamento da demarcação da Raposa Terra do Sol (Petição nº 3.388/Carlos Ayres Brito)

Tratou-se de julgamento de ação popular, proposta por dois então senadores eleitos pelo estado de Roraima. A matéria envolvia diversas questões extremamente relevantes, que abrangiam desde direitos indígenas e direito ambiental, mas, principalmente, trazia conflito federativo entre uma competência da União expressamente prevista na Constituição Federal e o princípio constitucional da autonomia dos entes federados. O argumento central dos autores da ação consistia em que a demarcação – Portaria nº 534/2005 do ministro da Justiça e ratificada por decreto homologatório do presidente da República – comprometeria o desenvolvimento econômico do estado de Roraima e *desequilibraria o pacto federativo, uma vez que transferiria para o domínio da União uma vasta parcela do território daquele estado.*[78]

A demarcação das terras indígenas pela União fundamentou-se no art. 231 da Constituição Federal, que expressamente prevê:

---

[78] Relevante esse ponto: o conflito federativo atrai a competência originária do STF para julgar essa ação popular:
Art. 102. Compete ao Supremo Tribunal Federal, precipuamente, a guarda da Constituição, cabendo-lhe:
I - processar e julgar, originariamente:
f) as causas e os conflitos entre a União e os Estados, a União e o Distrito Federal, ou entre uns e outros, inclusive as respectivas entidades da administração indireta;

Art. 231. São reconhecidos aos índios sua organização social, costumes, línguas, crenças e tradições, e os direitos originários sobre as terras que tradicionalmente ocupam, *competindo à União demarcá-las*, proteger e fazer respeitar todos os seus bens. (Grifos meus)

O Poder Executivo da União, por meio do referido decreto, na prática, retirou boa parte do território de um estado da federação da jurisdição do próprio estado, passando a União a deter o protagonismo. Embora haja expressa previsão constitucional para tanto (art. 231), o exercício de tal competência há de ser exercido com a devida parcimônia e proporcionalidade, sob pena de mutilar a autonomia dos estados federados atingidos, ferindo princípio constitucional de extremo relevo, cláusula imutável da Constituição. O ministro Celso de Mello chamou atenção para essa questão (Pet nº 3.388/RR, fl. 735):

> Daí a necessidade, Senhor Presidente, de rígido controle jurisdicional, quando regularmente provocado por quem se julgue injustamente lesado, do procedimento administrativo de demarcação das terras indígenas – sem prejuízo da possibilidade, na fase administrativa do procedimento demarcatório, de prévia audiência pública, com ampla participação das unidades federadas interessadas –, em ordem a impedir que a autonomia institucional do Estado-membro venha a ser afetada em decorrência de substancial redução de sua base física, causada pelo arbitrário reconhecimento, como área indígena, de terras cuja ocupação não se ajuste aos parâmetros definidos no art. 231 da Constituição e, também, no Estatuto do Índio.

Um argumento apresentado pela Procuradoria-Geral da República foi de que não havia afronta à autonomia do estado de Roraima porque o direito dos indígenas às terras demarcadas era originário e anterior ao próprio estado.

Nessa linha, o acórdão estabeleceu a "necessária liderança institucional da União, sempre que os Estados e Municípios atuarem no próprio interior das terras já demarcadas como de afetação indígena". Fixou, portanto, a posição coadjuvante para estados e municípios em seus próprios territórios, considerando constitucionais a portaria e o decreto que estabeleceram a demarcação das terras indígenas, apenas julgando parcialmente procedente a ação popular para estabelecer uma série de condições para demarcações.

O caso é especialmente interessante para analisar se a centralização implica uma visão mais avançada de atuação governamental, nos termos propostos por James Madison, ou se se trata de mera desconfiança na capacidade dos estados de tomar decisões corretas, em mais uma evidência da vocação brasileira para o Estado unitário.

De fato, o direito dos indígenas a terras é expressamente assegurado no Texto Constitucional, cabendo ao Poder Executivo da União tornar efetivo tal direito. Nessa linha, é forte o argumento da Procuradoria-Geral da República de que o direito dos índios é anterior ao direito de determinado estado sobre seu território. É claro que a operacionalização dos procedimentos exige ampla possibilidade de verificação, de auditoria e de revisão judicial, sob pena de abusos e excessos de toda ordem a inviabilizar o regular funcionamento de um estado federado, contrariando comando da Constituição de 1988, que optou por conferir autonomia aos então territórios federais, como era o caso de Roraima.

Há de se ressaltar ainda que terras indígenas estão espalhadas por todo o território nacional, estando qualquer estado da federação sujeito a demarcações de terras e consequente redução de sua jurisdição territorial. Há, aqui, portanto, mais um caso, embora com boas razões, em que o STF decidiu em favor da União, mitigando a autonomia de um ente federado.

5.3 Fundo de Participação dos Estados (FPE) – ADIs nº 875/DF, 1.987/DF, 2.727/DF e 3.243/DF

Nesse caso, não se tratou de conflitos entre a União e os estados, a União e os municípios ou mesmo entre os estados e os municípios. A questão se referia a conflito apenas entre estados sobre os fundos de participação, instrumentos previstos na Constituição Federal para redistribuir renda dentro da federação brasileira. A solução encontrada pelo Congresso Nacional não atendia, segundo alguns estados, aos ditames constitucionais (art. 161, II) de busca do reequilíbrio federativo na distribuição dos recursos públicos. Daí buscarem guarida no Supremo Tribunal Federal.

Mecanismos de redistribuição de renda intrafederativos são utilizados muito frequentemente, como já se mencionou. É que a solidariedade e a cooperação entre os entes são princípios caros ao federalismo. Dentre vários motivos, porque, em uma federação, não há restrição a migrações internas, o que implica que, ao não estabelecer formas de reequilíbrio entre os estados, estimula-se forte migração no território, o que, no limite, pode deixar algumas regiões desertas e outras superpopulosas. Embora alguns argumentem que esse fato não seja um problema em si mesmo, há fortes razões para impedir que as disparidades sejam muito acentuadas: manter a coesão social, preservar a integridade do território nacional, reduzir as diferenças de oportunidade para a população, entre outras.

Nessas ações diretas de inconstitucionalidade, questionavam-se dispositivos da Lei Complementar nº 62/1989, que estabelecia normas sobre o cálculo, a entrega e o controle das liberações do FPE e do FPM. O cerne da discussão foi a alegada omissão do Congresso Nacional em editar, por lei complementar, normas e critérios sobre os fundos de participação (art. 159 da Constituição Federal), de modo a promover o equilíbrio socioeconômico entre estados e entre municípios, conforme fixado pelo art. 161, II, da Constituição Federal. Tais coeficientes, fixados em 1989 e que deveriam ser temporários – até o exercício financeiro de 1991 – acabaram sendo prorrogados por sucessivas leis complementares.[79]

A referida lei complementar, editada ainda em 1989, definiu que 85% dos recursos dos fundos de participação iriam para os estados do Norte, Nordeste e Centro-Oeste, restando 15% para os estados do Sul e Sudeste. Além disso, fixou os coeficientes de participação para os estados, estabelecendo que deveriam vigorar apenas nos dois exercícios financeiros seguintes. O exercício financeiro de 1992 já deveria seguir critérios de rateio fixados por lei específica, em conformidade com o censo de 1990, mas já determinando que aqueles coeficientes estaduais continuariam a ser aplicados enquanto a referida lei específica não fosse editada, que é o que efetivamente ocorreu quando as ADIs foram propostas.

Na ADI nº 1.987/DF, os autores, governadores dos estados de Mato Grosso e Goiás, apontaram que os coeficientes individuais de cada estado, fixados pela Lei Complementar nº 62/1989, dentro de cada bloco regional, são arbitrários e que seriam contrários à exigência constitucional de promover o equilíbrio exigido pela Constituição. É que, em vez de atender critérios objetivos, conforme dados apurados pelo Instituto Brasileiro de Geografia e Estatística (IBGE), os critérios foram estabelecidos por meio de acordo político. Os estados com mais força política receberam, portanto, parcelas proporcionalmente superiores a que teriam direito por critérios exclusivamente técnicos.

---

[79] Art. 161. Cabe à lei complementar:
(...)
II – estabelecer normas sobre a entrega dos recursos de que trata o art. 159, especialmente sobre os critérios de rateio dos fundos previstos e seu inciso I, objetivando promover o equilíbrio socioeconômico entre Estados e entre Municípios.

A ADI nº 875/DF, proposta pelos governadores dos estados do Rio Grande do Sul, Paraná e Santa Catarina, argumentou que a Lei Complementar nº 62/1989 representou uma violação ao princípio constitucional da igualdade entre os estados federados e, portanto, à própria federação. Especificamente, a ADI apontou que a Lei Complementar nº 62/1989, ao estabelecer os índices de rateio do FPE e do FPM e não fixar critérios, conforme comando constitucional (art. 161, II), representou violação ao princípio orientador de promover o equilíbrio socioeconômico entre estados e entre municípios. Como assinalou o ministro Gilmar Mendes (fl. 225):

> Assim – dizem os requerentes –, em lugar de fixar os critérios ou estabelecer, em nível de lei complementar, como manda a Constituição (CF, art. 161, caput), regras básicas sobre os ditos critérios, que essa, e só essa pode ser a correta leitura das disposições constitucionais pertinentes, e citadas, a lei ora inquinada, elide, afasta e protela a criterização, para ir diretamente aos coeficientes (art. 2º, § 1º e Anexo Único).

A ADI aduziu ainda que a LC nº 62/1989 reduziu a competência que a Constituição Federal atribuiu ao Tribunal de Contas da União de estabelecer as quotas e os coeficientes, a partir dos critérios dispostos em lei complementar, e não apenas efetuar um cálculo matemático, uma vez que a referida lei já fixou os coeficientes.

Já a ADI nº 2727/DF, proposta pelo governador do estado de Mato Grosso do Sul, argumentou basicamente na mesma direção de que os critérios teriam que ser fixados em lei complementar, e não apenas a fixação de índices, como efetivamente ocorreu no referido dispositivo. O governador do estado de Mato Grosso também ajuizou outra ADI (nº 3.243), basicamente com o mesmo argumento, mas requerendo a inconstitucionalidade do art. 2º, §3º, da LC nº 62/1989, por estabelecer que os coeficientes ali fixados continuariam vigentes até que os critérios fossem efetivamente estabelecidos por lei específica.

O relator das ações, ministro Gilmar Mendes, assinalou, lembrando dos objetivos expressos na Constituição Federal para a criação dos fundos de participação, "que os critérios escolhidos pelo legislador para o rateio dos fundos de participação somente serão constitucionais se aptos a promoverem a redução das desigualdades regionais e a equalização da situação econômico-financeira dos entes federativos. Trata-se de um comando constitucional de cumprimento obrigatório pelo legislador".

Por fim, o STF decidiu pela omissão constitucional em caráter parcial, em face do descumprimento do mandamento constitucional (art. 161, II), que determina que lei complementar deve estabelecer os critérios de rateio do Fundo de Participação dos Estados, de modo a promover o equilíbrio socioeconômico entre os entes federativos. Como a Lei Complementar nº 62/1989 utilizava percentuais fixados vinte anos antes e considerando a significativa modificação na renda *per capita* dos estados, com alguns experimentando substancial elevação da participação no PIB nacional, e outros experimentando o oposto, a manutenção dos índices não atendia ao exigido pela Constituição Federal.

O STF, em vez de declarar inconstitucional a lei e determinar que os atos dela decorrentes fossem nulos, optou por abrir prazo de dois anos para que o Congresso Nacional aprovasse novo diploma normativo. Tal prazo acabou sendo estendido por mais 150 dias (Medida Cautelar na ADI por Omissão 23) e, finalmente, nova lei foi aprovada, um dia antes do prazo concedido (Lei Complementar nº 143/2013). Interessante investigar a consequência jurídica do não cumprimento pelo Congresso Nacional da determinação do STF. A Constituição Federal é muito clara ao estabelecer que os recursos que compõem os fundos constitucionais pertencem aos estados (e aos municípios, no caso do FPM). A inconstitucionalidade da lei que fixou o critério de distribuição não poderia transferir a titularidade desses recursos para a União, que é mera depositária transitória. Provavelmente um critério político partindo da lei já existente, com a participação do Tribunal de Contas da União (art. 161, parágrafo único da CF), responsável pelo cálculo das quotas, resolveria provisoriamente o impasse até edição de nova lei.

Nesse caso, o STF não adotou postura centralizadora, apenas exigiu que a lei que instituiu os fundos cumprisse o que determina a Constituição Federal (art. 161, II) e promovesse o reequilíbrio financeiro entre os entes federados, o que só poderia ser feito com coeficientes de participação que refletissem as diferenças de renda em cada momento. A nova lei complementar (nº 173/2013) pouco avançou, contudo, nesses objetivos. Ela repetiu os índices da lei anterior (LC nº 62/1989) até 2015 e, a partir de 2016, estabeleceu que 25% do montante sejam rateados levando em conta dois critérios: metade em proporção à população estadual e metade em proporção inversa à renda familiar do respectivo estado. Os outros 75% seguem a mesma distribuição da lei complementar julgada inconstitucional.

A prevalecerem os argumentos que julgaram a lei complementar de 1989 inconstitucional, a lei complementar de 2013 continuou com os mesmos vícios. Apenas 12,5% dos recursos observam expressamente critérios de destinar mais recursos para os estados com menor renda *per capita*, mas, como a lei complementar de 1989 destinava 85% dos recursos para os estados do Norte e do Nordeste, reconhecidamente de menor renda *per capita*, o objetivo de redistribuição, embora claramente imperfeito, é atingido de certa maneira, sem, contudo, a devida consideração das diferenças intrarregionais.

5.4 ADI nº 3.165/São Paulo

Nesse caso, o estado de São Paulo aprovara a Lei nº 10.849/2001, que estabelecia perda de inscrição estadual para as empresas que exigissem a realização de testes de gravidez ou a apresentação de atestado de laqueadura no momento de admissão de mulheres no trabalho. Apesar de declarar a lei inconstitucional, sob o fundamento de incompetência dos estados para legislar sobre direito do trabalho, uma vez que a Constituição Federal, no art. 22, I, expressamente atribui tal competência para a União, alguns ministros apresentaram votos com discursos enfáticos pela maior descentralização. O ministro Edson Fachin foi vencido em seu contundente voto:

> E não se está aqui a afirmar que a sistemática de repartição de competências não seja relevante para o Estado Federal brasileiro, mas não pode ser visto como único princípio informador, sob pena de resultar em excessiva centralização de poder na figura da União. (...)
>
> E nesses múltiplos olhares, o meu direciona-se para uma compreensão menos centralizadora e mais cooperativa da repartição de competências no federalismo brasileiro. Nesse contexto, dou interpretação expansiva à competência comum fixada no art. 23, I, da Constituição Federal, para compreender a legislação local protetiva, ora questionada, como parte de uma política pública contra a não discriminação da mulher no acesso ao mercado de trabalho, fruto de um esforço cooperativo entre entes federativos interessados em, solidariamente, zelar e guardar a Constituição e as leis brasileiras sobre o tema.

O ministro Luís Roberto Barroso, apesar de também acompanhar o relator pela inconstitucionalidade formal da lei de São Paulo, fez considerações sobre a centralização:

> De modo que também eu sou a favor de uma revisão paulatina dessa jurisprudência centralizadora que o Supremo vinha praticando. Eu acho que esse modelo brasileiro, excessivamente

centralizador, impede um pouco a criatividade dos estados, impede um pouco o que o professor Mangabeira denominava de experimentalismo institucional. É bem verdade que a jurisprudência centralizadora do Supremo teve uma causa. É que os estados, na medida em que desfrutavam de mais autonomia, frequentemente eram apropriados oligarquicamente. A jurisprudência centralizadora era uma certa forma de levar republicanismo a alguns espaços oligárquicos. A flexibilização do centralismo vai envolver a proclamação da república em alguns estados da federação. Mas eu, portanto, concordo com Ministro Fachin e com os demais que esta flexibilização da rigidez da jurisprudência do Supremo precisa entrar na nossa agenda. (ADI 3165, voto de Luís Roberto Barroso – que votou pela procedência da ação, *i.e.*, houve invasão da competência federal)

Embora dois votos contrários tenham sido apresentados (ministros Edson Fachin e Carmen Lúcia) no sentido de que não tratava de matéria de direito do trabalho, mas de vedação de discriminação às mulheres, "uma legislação protetiva contra a discriminação de gênero, proibitiva de restrição de acesso a postos de trabalho em razão do sexo feminino", prevaleceu o entendimento de que a competência privativa da União fora usurpada e que esta já editara lei federal que estabelecia sanções em caso de exigências para a contratação que pudessem ser caracterizadas como discriminação de gênero (Lei Federal nº 9.029, de 13.04.95).

Veja-se que o ministro Roberto Barroso reafirma sua visão de que muitos estados são oligarquicamente dominados e que a centralização cumpre o papel de levar oxigênio republicano para esses lugares. Não se ignora o argumento. Como já mencionado, os próprios James Madison e Alexis de Tocqueville reconheciam que existiam problemas nas localidades menores, mas veja-se que, no caso concreto da ADI nº 3.165, o estado de São Paulo propunha solução mais avançada, de maior proteção à mulher no mercado de trabalho – o oposto, portanto, do argumento do ministro Roberto Barroso.

A interpretação do STF acabou por tolher essa iniciativa, que poderia se disseminar por outros estados da federação, a partir de uma interpretação excessivamente formal e conservadora sobre a divisão de competências legislativas.

5.5 Outras ações

A tendência à centralização por parte do STF se manifesta de forma contundente em diversos casos. Na ADI nº 2.872, o STF entendeu inconstitucional norma da Constituição do Estado do Piauí apenas porque ela impunha lei complementar para dispor sobre servidores públicos e lei orgânica da administração pública, o que contrariaria a Constituição Federal e seu *princípio da simetria*, uma vez que, na União, seria necessário apenas lei ordinária para regular tais matérias. No entendimento do STF, os estados-membros, em matéria de processo legislativo, têm obrigação de seguir as mesmas regras aplicáveis para a União, apesar de a Constituição Federal, ao contrário da Constituição de 1967/69, que expressamente assim dispunha, não especificar que os ritos legislativos federais devam ser aplicáveis aos estados. A jurisprudência do STF foi construída a partir do entendimento de que a violação ao modelo federal confrontaria a separação de poderes, pois, ao exigir lei de quórum mais alto para aprovação, a norma estadual prejudicaria o chefe do Poder Executivo estadual.

Nesse processo, houve dois votos vencidos muito substanciais. O primeiro foi o do ministro Menezes Direito, que analisou o federalismo brasileiro historicamente, a partir de Rui Barbosa, que preconizava a importância de assegurar a diversidade, inclusive normativa, em um país de grandes dimensões e de diferenças substanciais. Menezes Direito escreveu (p. 12):

O que ocorreu com a federação brasileira foi uma degenerescência progressiva da distribuição das competências internas, com tendência centralizadora a partir dos anos 30, alargando-se as competências da União e reduzindo-se a dos Estados-membros. *Essa redução tanto teve origem na disciplina positiva constitucional quanto na interpretação da organização federativa expandindo o suporte técnico da norma para aquela da leitura ampliativa.* (Grifos meus)

O ministro apontou ainda a distorção que o prestígio ao princípio da simetria e consequente menoscabo ao princípio da autonomia das unidades federadas representavam, enfatizando os campos da educação e da saúde públicas, áreas que envolveriam muitas especificidades locais. Nessa linha, o ministro não enxergou inconstitucionalidade na exigência da Constituição do Estado do Piauí para que lei complementar regulasse determinadas matérias, observando que os preceitos nessa direção da Constituição Federal se aplicavam apenas às leis federais. Dessa forma, entendeu que fazia parte do escopo de regulação estadual a opção por lei complementar para o trato de certas matérias.

O outro voto vencido, da ministra Carmen Lúcia, enfatizou que a autonomia dos estados deve ser preservada, apontando que o processo legislativo é regra, não é princípio. Uma vez que a Constituição Federal não estabelecera uma regra para os estados, não caberia ao STF impor-lhes que se aplicasse a regra que foi estabelecida apenas para a União. Afinal, o art. 25 da Constituição Federal só obriga os estados a seguirem os princípios positivados na Constituição. As regras que lhes são cogentes são aquelas que a Constituição Federal expressamente lhes dirigiu, como o número de deputados estaduais, por exemplo, entre várias outras.

Na mesma linha, na ADI nº 3.167-8, o STF entendeu que a regra expressa na Constituição Federal acerca de iniciativa privativa do presidente da República sobre leis que disponham sobre servidores públicos era de extensão obrigatória para os estados, exigindo-se, nesses casos, a iniciativa do respectivo governador. Novamente, a Corte Máxima tratou uma regra como princípio, inibindo soluções peculiares no âmbito de cada unidade da federação.

No caso, uma lei de iniciativa parlamentar fixava regras para o adicional de tempo de serviço de servidores públicos. O STF não titubeou. Nas palavras do ministro relator Eros Grau: "As *regras básicas* do processo legislativo federal são de cumprimento obrigatório pelos Estados-membros" (grifos meus). Ora, mas a Constituição Federal exige a observância pelos estados dos princípios, não de regras, como bem apontou a ministra Carmen Lúcia na ADI comentada. O STF assim decidiu e assinalou inúmeros precedentes em que a decisão sobre regra de iniciativa pelo governador teria sido violada (ADI nº 2.420, ADI nº 1.440, ADI nº 2.856).

O STF, em alguns julgamentos, tem reconhecido sua tendência em favor da centralização, apontando a necessidade de rever tal viés. Veja-se o caso da ADI nº 4.060/SC, em que o acórdão, de fevereiro de 2015, assevera:

> A *prospective overruling*, antídoto ao engessamento do pensamento jurídico, *revela oportuno ao Supremo Tribunal Federal rever sua postura prima facie em casos de litígios constitucionais em matéria de competência legislativa, para que passe a prestigiar, como regra geral, as iniciativas regionais e locais*, a menos que ofendam norma expressa e inequívoca da Constituição de 1988. (Grifos meus)

No caso, uma confederação de estabelecimentos de ensino questionava norma estadual catarinense que fixava o número máximo de alunos em sala de aula, sob o argumento de que tal regramento seria competência privativa da União para legislar sobre normas gerais, nos termos do art. 24, IX, §3º, da Constituição Federal. Tal norma estadual contrariaria lei federal (Lei nº 9.394/96), que teria supostamente caminhado em sentido diverso.

No seu voto, o relator faz algumas considerações teóricas sobre o federalismo e apresenta uma visão bastante crítica sobre o modelo brasileiro, apontando que, muitas vezes, ele beira o "federalismo meramente nominal". Vale a pena citar as palavras do próprio ministro (p. 2):

> Vislumbro *dois fatores essenciais* para esse quadro. O primeiro é de índole jurídico-positiva: a engenharia constitucional brasileira, ao promover a partilha de competências entre os entes da federação (CRFB, arts. 21 a 24), concentra grande quantidade de matérias sob a autoridade privativa da União. O segundo fator é de natureza jurisprudencial. *Não se pode ignorar a contundente atuação do Supremo Tribunal Federal ao exercer o controle de constitucionalidade de lei ou ato federal e estadual, especialmente aquele inspirado no "princípio da simetria" e numa leitura excessivamente inflacionada das competências normativas da União.* (Grifos meus)

A questão situava-se em decidir se o estado de Santa Catarina invadira competência da União para legislar sobre normas gerais, uma vez que, no campo das chamadas competências concorrentes, a União e os estados legislam sobre a matéria, mas a competência para dispor sobre normas gerais é privativa daquela.

Na linha de contrariar a tendência em favor da centralização, o relator destaca a necessidade de o STF preservar a competência normativa dos entes regionais e locais para tratar do tema, prestigiando as autonomias dos estados e municípios, que deveriam gozar do "benefício da dúvida", isto é, a autoridade normativa dos entes da federação deveria ser assegurada, exceto nos casos em que existisse uma necessidade evidente, incontroversa de uniformidade nacional na disciplina do tema.

Igualmente relevantes foram as considerações do ministro Gilmar Mendes, que lembrou lição de Konrad Hesse, referindo-se ao modelo alemão, sobre o impedimento de que a União legisle sobre normas gerais de modo exaustivo, de forma a não deixar espaço substancial para os estados legislarem. Comparou com o modelo da Constituição brasileira de 1967/69, em que, em vez de competência concorrente, estabelecia-se apenas uma competência supletiva para os estados. Nesse modelo, a União poderia exaurir a competência de legislar, ficando os estados apenas com os vácuos. Bem distinto do modelo da Constituição de 1988, em que a União só pode legislar, em matérias de competência concorrente, sobre normas gerais, autocontendo-se para não exaurir o trato legislativo da matéria.

O voto da ministra Carmen Lúcia foi igualmente contundente ao citar Rui Barbosa, que criticava o excesso de poder dos estados no início do século XX – "ontem, de Federação não tínhamos nada. Hoje, não há Federação que nos baste". Disse a ministra que, "hoje, *parece que não há unitarismo que nos baste*".

Por unanimidade, o STF julgou improcedente a ação, sinalizando uma mudança de postura em direção a um maior prestígio para o princípio da autonomia das unidades federadas. Embora o caso concreto fosse relativamente simples e autoevidente, os discursos dos ministros contrários à centralização foram relevantes.

Os discursos, contudo, não vinculam, e argumentos e práticas centralizadoras parecem ter uma força inercial muito grande na jurisprudência da Corte Maior. Veja-se o caso da ADI nº 3.477/RN, decidida já em 2015, em que se discutia se o estado poderia isentar servidores aposentados portadores de patologias incapacitantes do pagamento de contribuições. O STF decidiu que o estado não dispunha de tal autonomia, estando obrigado a cobrar de todos os inativos, porque a Constituição Federal assim estabelecera. Mais relevantes que a decisão em si foram os argumentos extremamente centralizadores que afloraram. Veja-se o voto do redator do acórdão, ministro Luiz Fux (p. 32):

A Constituição, ao conferir aos Estados-membros a capacidade de auto-organização e de autogoverno, *impõe a observância obrigatória de vários princípios*, entre os quais estão aqueles concernentes aos servidores públicos. Dalmo de Abreu Dalari aponta que o federalismo é uma aliança ou união de Estados onde os que ingressam na federação perdem sua soberania no momento mesmo do ingresso, preservando, contudo, uma *autonomia política limitada*. As ponderações de Raul Machado Horta calham à fiveleta, ao adunar que o *federalismo simétrico seria constante*, regular e decorreria da existência de um ordenamento jurídico central e de ordenamentos jurídicos parciais, o que dispensaria a reforma da Carta estadual para o cumprimento das disposições obrigatórias da Constituição Federal. (Grifos meus)

O mesmo ministro que criticara a centralização no caso de Santa Catarina, referido acima (ADI nº 4.060), invoca argumentos muitos centralizadores para considerar inconstitucional norma estadual do Rio Grande do Norte. É como se o STF arbitrasse as escolhas políticas dos estados, de forma que, quando estas estão em conformidade com a visão da maior parte da corte, a descentralização e a consequente diversidade, próprias do federalismo, devem ser prestigiadas. Quando não é o caso, os velhos argumentos centralizadores (simetria, autonomia política limitada dos estados, entre outros) voltam com força.

Outro caso emblemático foi a ADI nº 5.365/MS, em que a Associação Nacional das Operadoras Celulares (ACEL) questionou no STF norma estadual que obrigava as empresas operadoras de serviço móvel de telefonia a instalar, no prazo máximo de 180 (cento e oitenta) dias, equipamentos tecnológicos que identificassem e bloqueassem sinais de telecomunicações nos estabelecimentos penais do estado do Mato Grosso do Sul, sob pena de multas elevadas. O relator, ministro Edson Fachin, negou o pedido de cautelar e fez longas considerações sobre o federalismo cooperativo e os necessários espaços de decisão dos estados-membros, notadamente em matéria de legislação concorrente. O Plenário, contudo, decidiu de forma contrária, concedendo parcialmente a cautelar, ficando vencidos o relator e mais dois ministros.

O argumento central da requerente foi a usurpação de competência da União para dispor sobre a concessão e autorização de serviços de telecomunicações (art. 21, XI, da CF) e que a nova obrigação imposta pela lei estadual violaria os contratos assinados anteriormente, por impor custos adicionais aos concessionários, em confronto com os artigos 170 e 175 da Constituição Federal, que asseguram a proteção jurídica à empresa privada e aos concessionários de serviços públicos.

Um caso interessante e recorrente no STF é o de inscrição de estados-membros inadimplentes com alguma cláusula contratual com a União em cadastros específicos, o que assegura a esta o não repasse de recursos. Os estados-membros recorrem ao STF sob o argumento de arbitrariedade da União, de que o não repasse irá causar graves prejuízos à população, entre outros argumentos. Em regra, o STF tem amparado a pretensão dos estados, determinando a exclusão nos referidos cadastros e os consequentes repasses. Por exemplo, na ACO nº 1.048-6, o estado do Rio Grande do Sul alegou que a inscrição no cadastro de inadimplentes (Cadin/Siafi) lhe causaria grandes prejuízos e que o procedimento se deu sem a observância do direito de defesa. O STF, por unanimidade, acolheu a pretensão, determinando que a União desfizesse o ato.

Outro caso de grande repercussão é o cumprimento dos contratos de refinanciamento de dívidas. Os estados-membros se comprometeram, ainda no final da década de 1990, a pagar mensalmente 13% da sua receita corrente líquida para a União em contrapartida por esta ter assumido as dívidas dos estados. Em face da grave crise que muitos estados passaram a enfrentar, estes começaram a pressionar por interpretações que diminuíssem os pagamentos, excluindo parcelas dos encargos devidos. O STF deu guarida às pretensões dos estados.

Em janeiro de 2016, o então presidente do STF deferiu o pedido do estado do Rio de Janeiro de medida liminar para excluir as receitas de *royalties* e participações especiais da contabilização da receita corrente líquida, consequentemente reduzindo o montante a ser repassado à União (AC nº 4.087 MC/RJ). Em janeiro de 2017, a presidente do STF outra vez reduziu o montante a ser pago pelo estado do Rio de Janeiro (ACO nº 2.972).

O fundamento do STF é resguardar o equilíbrio federativo, na medida em que os estados alegam que o cumprimento dos contratos lhes causaria graves riscos de comprometer serviços públicos básicos. Os estados que buscaram o STF teriam alegado fatos novos e comprometedores das finanças estaduais, o que lhes impossibilitaria de cumprir os pagamentos. Note-se que há variações entre um argumento e outro para reduzir pagamentos. No caso de 2016, alegava-se que as receitas de *royalties* não poderiam integrar a receita corrente líquida, por terem caráter transitório e por estarem comprometidas com o fundo previdenciário estadual. No caso de 2017, o estado do Rio de Janeiro foi menos sutil e alegou calamidade financeira para não proceder ao pagamento.

Ao intervir, o STF demonstra outra vez o seu grande poder e, ao mesmo tempo, introduz grave insegurança jurídica. Um contrato pactuado entre a União e um estado-membro é simplesmente desrespeitado, gerando dúvidas sobre a possibilidade de novos contratos serem assinados no futuro e estimulando estados que têm feito pesados ajustes para honrarem seus compromissos a agirem de modo diverso, optando pelo caminho de buscar a proteção judicial. Em *The Cost of Rights, Why Liberty Depends on Taxes*, Stephen Holmes e Cass Sunstein argumentam que uma das funções precípuas do Poder Judiciário é assegurar o cumprimento dos contratos, exatamente porque ter a certeza de que contratos serão cumpridos é um direito que possibilita a realização de transações econômicas. Quando é o próprio Poder Judiciário, mais ainda, o STF o responsável por violar um contrato, a sensação de que as regras não valem, de que podem ser violadas a qualquer momento, instala-se, aumentando significativamente os custos de assinatura de novos contratos, uma vez que os riscos de que serão desrespeitados são elevados. Em poucas palavras, trata-se de insegurança jurídica, promovida por quem tem como uma das atribuições precípuas exatamente o contrário.

Nos casos em apreço, as decisões foram favoráveis a alguns estados, o que acaba por também representar um desequilíbrio adicional na federação. Já que a União deixa de receber os pagamentos devidos, alguma área de atuação será necessariamente prejudicada, com efeitos difusos na federação. Além disso, há o efeito direto, uma vez que os estados que promoveram ajustes severos e cumpriram os compromissos não recebem o benefício que a decisão judicial representa.

Há inúmeros outros exemplos em que o STF demonstrou pouco apreço pela legislação estadual, mesmo por emendas às constituições estaduais, emitindo decisões cautelares contra emendas aprovadas. Na ADI nº 5.638, a presidente do STF proferiu uma liminar suspendendo todos os efeitos de emenda à Constituição do Estado do Ceará que extinguia o Tribunal de Contas dos Municípios. O intrigante do caso é que já havia decisão anterior do próprio STF que considerou constitucional a extinção do Tribunal de Contas dos Municípios do Estado do Maranhão (ADI nº 867/MA). O argumento para a liminar foi de que a aprovação da emenda constitucional se deu em prazo incomumente rápido, em regime de urgência. O problema é que também o STF já julgou que a velocidade de aprovação de normas é decidida pelo parlamento, e não pelo Poder Judiciário (ADI nº 4.425/DF). Este só poderia imiscuir-se quando a própria Constituição fixasse o prazo, como o caso de votação de leis orgânicas de municípios, em que a Constituição

Federal estabelece um interstício mínimo de dez dias entre um turno de votação e outro (art. 29 da CF). Como se nota, o STF, contrariando sua própria jurisprudência, promoveu insegurança jurídica, fazendo com que uma instituição de fiscalização e julgamento de contas municipais passasse a funcionar amparada apenas em medida judiciária precária.[80]

Como afirmado, a jurisprudência centralizadora do STF é vasta. Na ADI nº 3.605/DF, por exemplo, o STF julgou inconstitucional norma do Distrito Federal (Lei nº 3.594/2005) que proibia a cobrança de multa por atraso de pagamento de boleto bancário em caso de greve nos bancos, desde que se pagasse no primeiro dia útil após o retorno das atividades. O Supremo entendeu que se tratava de norma de direito civil, competência privativa da União, nos termos do art. 22, inciso I, da Constituição Federal, configurando, portanto, vício formal, por invasão de competência. O argumento do Distrito Federal é que se tratava de direito do consumidor, definido como de competência concorrente entre a União e os estados (DF incluído), não havendo, portanto, vício na lei impugnada. Apenas o voto do ministro Marco Aurélio acatou essa tese, demonstrando mais uma vez a pouca disposição da corte constitucional com interpretações que permitam a desconcentração das competências legislativas.

Na Ação Civil Originária nº 2.393, o estado do Paraná questionou que órgão é legalmente responsável para atestar os limites de gastos com pessoal estabelecidos pela Lei de Responsabilidade Fiscal. É que aquele estado federado estaria sendo impedido pela União de receber transferências voluntárias, obter garantia da União e contratar operações de crédito com instituições financeiras, sob o argumento de

---

[80] Posteriormente, a ação foi extinta sem julgamento de mérito, uma vez que a Assembleia Legislativa do Estado do Ceará revogou a emenda objeto da ADI. No entanto, aprovou outra emenda à Constituição do Estado – extinguindo o Tribunal de Contas dos Municípios –, que, embora objeto de nova ADI (nº 5.763/relator ministro Marco Aurélio), foi tida como constitucional pelo STF por oito votos a dois.

que os limites definidos na LRF teriam sido ultrapassados, conforme cálculo da Secretaria do Tesouro Nacional. Ocorre que o estado contava com certidão emitida pelo Tribunal de Contas estadual, que atestava o cumprimento dos limites. Solicitou o órgão, então, que prevalecessem as certidões da Corte de Contas estadual.

O voto do ministro relator Marco Aurélio, que prevaleceu, enfatizou a autonomia política dos estados, apontando que esta abrangeria a independência financeira, orçamentária, legislativa e administrativa, e por isso não procederia a alegação da União quanto à competência para fiscalizar o cumprimento dos limites sob o argumento da impossibilidade de a unidade federativa atestar a regularidade de contas e de que o Ministro da Fazenda teria competência expressa fixada para verificar a observância de tais limites antes de assegurar a garantia e a autorização para operações de crédito externo.

Ao contrário, o STF entendeu que o requerimento do ente federado deve ser formalizado com os documentos que atestem o cumprimento dos requisitos, incluindo a certidão do Tribunal de Contas respectivo, não cabendo à Secretaria do Tesouro Nacional contestar essas certidões.

Essa decisão é muito importante e é outro exemplo de como o Supremo Tribunal Federal sabe também prestigiar o princípio da autonomia federativa. É que o órgão de controle externo estadual é dotado de independência em relação aos demais órgãos e Poderes exatamente para cumprir com correção e altivez o papel de verificar e fiscalizar o cumprimento dos limites impostos pela legislação de responsabilidade fiscal.

Eventuais equívocos do sistema devem ser corrigidos dentro dos princípios e valores constitucionais, que prestigiam a autonomia dos entes federados. O remédio da centralização sempre que se faz uma crítica ao funcionamento dos entes federados e de seus órgãos é claramente contrário ao espírito da federação, já apontado no art. 1º da Constituição Federal.

Se eventualmente os entes federados cometem erros e enganos, a própria democracia e o funcionamento normal das instituições vão tratar de resolver. Centralizar parte de um pressuposto equivocado de que as instituições federais funcionam melhor e erram bem menos. De plano, a centralização não é compatível com a democracia e a federação, como temos enfatizado ao longo deste livro. Além disso, erros e equívocos no governo federal são muito frequentes também, como as histórias antiga e recente registram com abundância. Os problemas nesse campo vão desde corrupção em larga escala, como os escândalos da Petrobras e do Mensalão, por exemplo, fartamente atestaram, passando por ineficiências de toda ordem na execução de políticas públicas e na própria disfuncionalidade no funcionamento de muitas instituições federais.

5.6 O STF na pandemia: ADI nº 6.341, ACOs nº 3.393, 3.385, 3.463, SS nº 5.362, ADPF nº 672

Como se analisou em diversas passagens, as questões federativas afloraram com muita força ao longo da pandemia de COVID-19, o que levou a diversas decisões do Supremo Tribunal Federal. Como o Poder Executivo da União, notadamente o presidente da República, manteve uma posição ambígua em relação à pandemia, ora minimizando sua importância e, consequentemente, as medidas necessárias para enfrentá-la, ora adotando medidas importantes, os estados e municípios foram pressionados a tomar providências, e estas, em muitas ocasiões, conflitaram com o direcionamento da União.

O STF, contrariando sua tradição centralizadora, prestigiou as competências dos entes federados, enfatizando que a Constituição não contemplou hierarquização entre eles e que o exercício da competência da União não diminui a competência própria dos demais entes da federação, lembrando a diretriz constitucional de municipalizar os serviços de saúde.

Na ADI nº 6.341/2020, o Partido Democrático Trabalhista (PDT) alegou, entre outros pontos, que a Medida Provisória nº 926/2020, ao reservar ao presidente da República a disposição sobre os serviços públicos e as atividades essenciais, obrigando ainda que as medidas de isolamento, quarentena e restrição excepcional e temporária para locomoção interestadual e intermunicipal somente poderiam ser adotadas em articulação prévia com o órgão regulador ou o Poder concedente ou autorizador, seria inconstitucional porque o tema da saúde seria de competência administrativa comum da União, dos estados, do Distrito Federal e dos municípios, não apenas do presidente da República. A medida provisória, portanto, teria esvaziado a responsabilidade constitucional dos demais entes federados de cuidar da saúde e proceder às ações de vigilância sanitária e epidemiológica, estando em desconformidade com os princípios da autonomia dos entes federados e da predominância do interesse.

O STF não considerou inconstitucional nenhum dispositivo da medida provisória, ao contrário, considerou em linha com as necessidades do país e as responsabilidades do presidente da República diante da pandemia de COVID-19, mas definiu medida acauteladora tão somente para *"tornar explícita, no campo pedagógico e na dicção do Supremo, a competência concorrente"* de todos os entes federados para tratar dos assuntos relacionados aos cuidados que a pandemia exigiu.

Na Ação Civil Originária nº 3.393, o estado do Mato Grosso conseguiu que o STF suspendesse requisição pela União de cinquenta ventiladores pulmonares adquiridos pelo estado junto à empresa privada. No mesmo sentido, na Ação Civil Originária nº 3.385, o STF determinou a entrega ao estado do Maranhão de ventiladores pulmonares previamente adquiridos (mas ainda não entregues) por meio de contrato administrativo que haviam sido requisitados pela União à empresa privada. Já em 2021, na Ação Civil Originária nº 3.463, o estado de São Paulo obteve liminar do STF impedindo a requisição pela União de insumos adquiridos pelo estado (ainda em poder de empresa privada) necessários à execução do Plano Estadual de Imunização. Em todos os casos, o argumento central do STF foi basicamente o mesmo: a competência para ações de saúde é concorrente entre União, estados e municípios, e a requisição entre federados é vedada pela Constituição, só se admitindo em casos de estado de sítio ou de defesa, o que a pandemia de COVID-19 não ensejou. Na ACO nº 3.463, o ministro relator foi incisivo (p. 10): "A incúria do Governo Federal não pode penalizar a diligência do Estado de São Paulo, a qual vem se preparando, de longa data, com o devido zelo para enfrentar a atual crise sanitária".

Na Suspensão de Segurança nº 5.362/2020, o STF não concedeu o pedido da Prefeitura de Teresina/PI para suspender um mandado de segurança obtido pela Ambev contra um decreto municipal que impedia o funcionamento de fábrica, sob o argumento de risco à saúde pública. O presidente do STF entendeu que a decisão do Tribunal de Justiça do Piauí fora correta porque a medida da prefeitura não tinha amparo nas recomendações técnicas dos órgãos federais de saúde, notadamente na Anvisa. A restrição ao funcionamento da fábrica foi considerada, portanto, arbitrária, porque indevidamente fundamentada. Ou seja, prevaleceu o entendimento de que a decisão do município claramente deveria passar pelos critérios estabelecidos pela Anvisa, e não por critérios definidos localmente. Centralização, portanto.

Já na Arguição de Descumprimento de Preceito Fundamental (ADPF nº 672), o STF, por meio de liminar posteriormente confirmada pelo plenário, entendeu que o presidente da República devia respeito às determinações dos governadores sobre fechamento e funcionamento restrito de diversas atividades e para regras de aglomeração no âmbito de seus respectivos territórios. Enfatizaram-se o princípio da autonomia das entidades federativas e a correspondente repartição de competências legislativas e administrativas. Lembrou o STF do art. 24, XII, da CF, que estabelece a competência concorrente entre União e estados e Distrito Federal para legislar sobre proteção e defesa da saúde, com a possibilidade de os municípios suplementarem (art. 30, II) a legislação federal e estadual, no que couber, em existindo interesse local, e também do art. 198 da CF, que prevê a descentralização político-administrativa do Sistema Único de Saúde. Afirmou o relator, ministro Alexandre de Moraes:

> Dessa maneira, não compete ao Poder Executivo federal afastar, unilateralmente, as decisões dos governos estaduais, distrital e municipais que, no exercício de suas competências constitucionais, adotaram ou venham a adotar, no âmbito de seus respectivos territórios, importantes medidas restritivas como a imposição de distanciamento/isolamento social, quarentena, suspensão de atividades de ensino, restrições de comércio, atividades culturais e à circulação de pessoas, entre outros mecanismos reconhecidamente eficazes para a redução do número de infectados e de óbitos, como demonstram a recomendação da OMS. (...) DETERMINAR a efetiva observância dos artigos 23, II e IX; 24, XII; 30, II e 198, todos da Constituição Federal na aplicação da Lei 13.979/20 e dispositivos conexos, RECONHECENDO E ASSEGURANDO O EXERCÍCIO DA COMPETÊNCIA CONCORRENTE DOS GOVERNOS ESTADUAIS E DISTRITAL E SUPLEMENTAR DOS GOVERNOS MUNICIPAIS, cada qual no exercício de suas atribuições e no âmbito de seus respectivos territórios, para a adoção ou manutenção de medidas restritivas legalmente permitidas durante a pandemia, tais como a imposição de distanciamento/isolamento social, quarentena, suspensão de atividades de ensino, restrições de comércio, atividades culturais e à circulação de pessoas, entre outras; INDEPENDENTEMENTE DE SUPERVENIÊNCIA DE ATO FEDERAL EM SENTIDO

CONTRÁRIO, sem prejuízo da COMPETÊNCIA GERAL DA UNIÃO para estabelecer medidas restritivas em o território nacional, caso entenda necessário. (Letras maiúsculas no original)

Como se nota, de forma geral, o STF buscou prestigiar estados e municípios durante a pandemia, reafirmando a competência concorrente e autonomia dos entes federados, mas, mesmo nesse caso, o ímpeto centralizador não deixou de aflorar, como na ação em que considerou que a decisão da prefeitura da capital do Piauí teria que seguir diretrizes de órgão federal, evidenciando que a consistência das decisões é algo ainda claramente insuficiente na corte máxima brasileira. Quando se compara, por exemplo, o fundamento da Suprema Corte americana para conceder liminar impedindo o estado de Nova Iorque de proibir cultos com mais de 25 pessoas nas sinagogas e igrejas durante a pandemia (*Roman Catholic Diocese of Brooklin, New York v. Andrew M. Cuomo, Governor of New York*), vê-se com nitidez a diferença de tratamento com o estado federado. Enquanto, aqui, o problema foi a prefeitura de Teresina não seguir diretrizes da Anvisa, nos Estados Unidos o fundamento foi o desrespeito do estado à Primeira Emenda da Constituição, que estabelece a liberdade religiosa e o direito de reunião como não passíveis de interferência estatal. Mesmo a pandemia, em face do tratamento dado pelo estado a outras atividades, que não sofreram restrições tão severas, não poderia ignorar o comando constitucional. Ou seja, não se trata de subordinar a decisão de um ente federado a uma diretriz estabelecida em portaria de um órgão federal.

Um exercício contrafactual interessante é indagar: se as escolhas dos estados e municípios na pandemia não coincidissem com as preferências dos ministros do STF, elas teriam sido respeitadas ou princípios centralizadores, como o da simetria, por exemplo, seriam invocados? Ou seja, se as atitudes ambíguas e de negação ou minimização da pandemia fossem de alguns governadores e prefeitos, essas decisões seriam respeitadas, como próprias do regime federativo, que consagra a autonomia dos entes federados como um de seus pilares? Ou teríamos a reafirmação da velha centralização brasileira confirmada pelo STF? A julgar pelas decisões do passado, seria este o caminho mais provável. Por isso, ainda é prematuro concluir que houve uma mudança de orientação no STF em direção ao maior prestígio à autonomia e ao afastamento de princípios hierarquizantes na federação brasileira.

CAPÍTULO 6

EM BUSCA DE TEMPOS MELHORES

As décadas iniciais do século XXI têm trazido inúmeros desafios para a democracia e o federalismo, desde os movimentos autoritários, fortemente amparados em amplas redes de desinformação, que se fortaleceram em muitos países, incluindo o Brasil, que negam valores que a humanidade (pelo menos na parte ocidental) já considerava incorporada ao seu patrimônio, como a igualdade entre as pessoas, a liberdade de expressão e as eleições periódicas, até a crise financeira que se iniciou em 2007 e se prolongou pelos anos seguintes, a forte concentração de renda, que as inovações tecnológicas e a dinâmica da economia têm aprofundado, e, mais recentemente, a pandemia de COVID-19, com mais de quatro milhões de mortos, dezenas de milhões de casos graves, e com consequências econômicas, sociais e políticas incalculáveis.

As instituições da democracia liberal, que inicialmente reagiram timidamente ao avanço dos movimentos autoritários, dão sinais de capacidade de reação. Mesmo as plataformas de redes sociais, um dos pilares em que se sustentam tais movimentos, passaram a banir usuários que desrespeitavam os seus termos, dentre eles o ex-presidente Donald Trump. No Brasil, na Europa e nos Estados Unidos, há várias ações da sociedade civil e de governos para delimitar o âmbito de atuação de tais movimentos, envolvendo até mesmo punições, com o fim de dificultar a disseminação de valores antidemocráticos e as informações falsas.

Do ponto de vista da capacidade de o federalismo defender a democracia, no sentido de poder que limita o poder, nos termos de Montesquieu, tratou-se de um verdadeiro teste de estresse, com tensões por divergências de entendimento sobre como lidar com os desafios. Houve cooperação, mas também competição. As experiências empíricas em cada federação foram significativas.

No Brasil, o episódio da vacina envolvendo o governador de São Paulo e o presidente da República foi emblemático. A postura ambígua do presidente Bolsonaro em relação à pandemia e à vacinação, chegando a declarar publicamente que não se vacinaria, abriu espaço para a iniciativa do governador de São Paulo, que assumiu a liderança na produção de vacina a partir de parceria do Instituto Butantan, de São Paulo, com a empresa chinesa Sinovac. Isso atraiu a atenção de outros governadores, que passaram a buscar aquele governador em busca de vacina para seus estados também, evidenciando o seu papel de liderança. O gesto fez acelerar a reação do Poder Executivo federal, por meio do Ministério da Saúde, para encontrar alternativas de vacina e assumir a natural coordenação do processo, papel que é típico para a União em uma federação.

O episódio evidenciou a importância da autonomia das unidades federadas. O estado mais rico da federação não se paralisou pela ambiguidade e inação do governo federal. O poder do estado federado se contrapôs ao poder da União. Obviamente que isso seria impossível em um Estado unitário, em que a liderança centralizada é indiscutível.

Nos Estados Unidos, mas também nas demais federações, como a brasileira e a mexicana, e nas quase federações, como a União Europeia, as transferências do governo federal para ajudar os governos regionais foram muito expressivas.

A pandemia fez as receitas públicas despencarem e as despesas crescerem substancialmente e de forma abrupta. Como os governos regionais ficam na linha de frente no tratamento aos doentes, dispõem de limitada capacidade de endividamento e não contam com autoridade monetária própria, sem a ajuda federal teria havido colapso. Os bancos centrais atuaram fortemente, comprando títulos públicos, ajudando o governo federal a exercer a função estabilizadora que dele se espera. Essa política amenizou os impactos da pandemia, mas teve como efeito colateral a substancial elevação da dívida pública, o que certamente representará desafios adicionais nos anos seguintes.

O debate do federalismo, do grau de centralização, da necessidade de preservar espaços democráticos de decisão nas esferas locais continua, portanto, cada vez mais relevante. As ajudas federais costumam trazer um pacote de contrapartidas que, muitas vezes, representam imposição de políticas decididas centralmente, implicando déficits democráticos evidentes. Nesse sentido, uma das consequências da pandemia pode ser mais centralização no futuro.

Na União Europeia, o debate sobre a saída se acirrou em muitos países, sob o argumento de que a ajuda para a pandemia foi insuficiente e demorada. Como se sabe, a possibilidade de saída da União é expressa nos termos do art. 50 do Tratado de Lisboa, o que evidencia que não se trata de uma federação, a despeito das opiniões dos mais entusiasmados com a integração. A pressão fez a União Europeia se movimentar, fortalecendo os argumentos dos líderes políticos que defendiam uma ajuda mais substancial e enfraquecendo as resistências. Como resultado, um pacote muito expressivo de ajuda da União aos países-membros foi aprovado.

No Brasil, a Constituição de 1988 não conseguiu implementar por completo o projeto de ampliar a descentralização, rompendo com o centralismo que marcou a Constituição de

1967/69, da ditadura militar. É certo que avanços ocorreram em vários campos, mas persiste o diagnóstico de que o federalismo brasileiro continua concentrando muitos poderes na União, o que se apresenta tanto sob o ângulo de competências legislativas quanto de competências tributárias e de disponibilidades de recursos financeiros. Do ponto de vista político, a centralização é menor, uma vez que estados e municípios escolhem por eleição direta suas principais autoridades, governadores, membros das assembleias legislativas, prefeitos e vereadores, respectivamente. Do ponto de vista administrativo e fiscalizatório, embora a descentralização seja ampla, gozando os entes federados de liberdade para criar e gerir seus órgãos públicos, a concentração de recursos financeiros na União mitiga a descentralização.

O STF, árbitro principal dos conflitos federativos, tem contribuído para aprofundar a centralização do ponto de vista das competências legislativas ao interpretar de forma muita ampla princípios centralizadores, utilizando, por exemplo, intensamente o princípio da simetria, que implica uma aplicação rígida pelos estados e municípios de fórmulas que a Constituição Federal fixou para a União. Isso tem sido observado nos princípios constitucionais e também na extensão aos estados e municípios de regras aplicáveis por força da Constituição apenas à União. Nesse sentido, muitas leis estaduais têm sido consideradas inconstitucionais, sufocando por quase completo as iniciativas locais que propunham alguma inovação institucional.

Uma maior fidelidade aos princípios descentralizadores do federalismo, no sentido de valorizar as escolhas locais e o princípio da subsidiariedade e, assim, permitir a ampliação da legitimidade democrática das escolhas públicas, seria bem-vinda no Brasil. Para tanto, além de algumas mudanças na Constituição, é fundamental que o Supremo Tribunal Federal reveja sua jurisprudência, o que a experiência recente demonstra que começa a ocorrer no âmbito dos discursos de boa parte dos membros da corte – e a pandemia de COVID-19 demostrou nas decisões que prestigiaram as escolhas dos estados e municípios em detrimento da União –, mas ainda se manifesta de forma tímida na maior parte dos casos, uma vez que a força inercial das decisões centralizadoras do passado é muito forte.

Embora, muitas vezes, as decisões do STF possam parecer mais progressistas e afinadas com valores maiores da Constituição Federal, como a impessoalidade na administração pública e a maior igualdade entre as pessoas, não se pode olvidar que é a própria liberdade e o exercício da democracia em cada localidade e em cada estado que possibilitarão os avanços institucionais e civilizatórios. A visão "paternalista", de uma União que legisla melhor e que faz escolhas mais adequadas, não se mostra compatível com os princípios de um federalismo efetivo. Representa, ao contrário, resquícios do Estado unitário.

Autonomia também implica – o que deveria ser óbvio – o direito de fazer escolhas políticas que os membros do STF consideram equivocadas. Obviamente que a Constituição Federal vincula a todos, e o STF é o guardião maior de seus valores e deve exercer esse papel com desenvoltura quando os estados extrapolarem certos limites, mas urge enfatizar-se a autonomia dos entes federados como um dos valores mais caros à Constituição. Equilibrar os dois objetivos não é trivial, mas a balança parece atualmente ainda descompensada.

Muitas lições importantes surgiram da experiência das primeiras décadas do século XXI, que reforça a atualidade dos princípios clássicos do federalismo. A cooperação destaca-se como elemento fundamental, mas a experiência mostrou que a competição também desempenha papel relevante. Políticas centralizadoras, que impedem a ação individual dos entes federados, que tolhem a criatividade, que insistem em fórmulas que padronizam e uniformizam as práticas políticas e administrativas ao longo de toda a federação, dificultando inovações institucionais, devem ser evitadas.

O federalismo é uma obra em permanente construção. Ainda no início do século XIX, o presidente da Suprema Corte americana, John Marshall, fazia um vaticínio preciso, que a história tem fartamente confirmado: "A questão que diz respeito à extensão dos poderes efetivamente concedidos ao Governo Federal está perpetuamente surgindo, e provavelmente continuará a surgir, enquanto nosso sistema existir".[81] Embora tratasse da experiência dos Estados Unidos da América, a assertiva se aplica às demais federações.

Permitir despontar a diversidade, reforçar os mecanismos de coordenação e cooperação e conviver com algum grau de competição são caminhos para extrair os melhores resultados dessa forma de Estado tão engenhosa. Federalismo e a própria democracia são, portanto, obras em processo permanente de reformas, de rediscussão, imperfeitas, que envolvem enorme esforço de diálogo, que sofrem constantes ameaças de retrocesso e que necessitam de instituições fortes, de modo a rechaçar as tentações de centralizar, de padronizar o país e de diminuir as possibilidades de participação dos cidadãos, impedindo o florescimento de inovações, de soluções locais e enfraquecendo as bases da própria democracia.

---

[81] *"The question respecting the extent of the powers actually granted to the Federal Government is perpetually arising, and will probably continue to arise, as long as our system shall exist"* (tradução minha).

REFERÊNCIAS

ABRAHAM, Marcus. Federalismo e Políticas Públicas na Área da Saúde: Descentralização financeira e controle judicial. *In*: SCAFF, F. F.; TORRES, H. T.; DERZI, M. A. M.; B. JÚNIOR, O. A. (Org.). *Federalismo (S)em Juízo*. Editora Noeses, 2019.

AFONSO, J. R. *Federalismo Fiscal Brasileiro*: uma visão atualizada. Centro de Pesquisa (Cepes). IDP, 2016.

ALBRIGHT, Madeleine. *Fascism*: a Warning. Harper, 2018.

AMARAL FILHO, Jair do. Princípios do federalismo: contribuições metodológicas para sair do labirinto fiscalista. *In*: GUIMARÃES, Paulo Ferraz *et al*. (Orgs.). *Um olhar territorial para o desenvolvimento*: Nordeste. Rio de Janeiro: Banco Nacional de Desenvolvimento Econômico e Social, 2014.

APPLEBAUM, Anne. *Twilight of Democracy. The seductive lure of authoritarianism*. Doubleday. New York, 2020.

ARAÚJO, Marcelo Labanca Corrêa de. *Jurisdição constitucional e federação*. Rio de Janeiro: Elsevier, 2009. p. 129.

ANDERSON, George. Federalism. An Introduction. *Oxford University Press*, 2008.

AUCLAIR, Céline. Federalism, Its Principles, Flexibily and Limitations. *Forum of Federations*, v. 5, No. A-1, 2005.

BARBOSA, Ruy. *O Supremo Tribunal Federal na Constituição Brasileira*. Discurso de posse no Instituto dos Advogados. Editora Wohnrecht. Edição Kindle, 1914.

BARROSO, Luís Roberto. Judicialização, ativismo e legitimidade democrática. *Revista Direito do Estado*, Salvador, ano 4, n. 3, jan./mar. 2009.

BARRETO, Laila Iafah Goes. Rui Barbosa no advento da República: retórica em defesa dos ideais federalistas. *Âmbito Jurídico*, Rio Grande, XVI, n. 118, nov. 2013. Disponível em: http://ambitojuridico.com.br. Acesso em: set. 2015.

BEAUD, Olivier. *Théorie de la fédération*. 2. ed. Presses Universitaires de France. Paris. France, 2009.

BERAMENDI, Pablo. The Oxford Handbook of Political Science. *In*: BOIX, Charles; STOKES, Susan C. (Org.). *Federalism*, 2007.

BERCOVICI, Gilberto. *Revista Jurídica*, v. 10, n. 90, Ed. Esp., p. 01-18, abr./maio 2008.

BOBBIO, Norberto. *O futuro da democracia*. Trad. Marco Aurélio Nogueira. Rio de Janeiro: Paz e Terra, 1984.

BOBBIO, Norberto; MATTEUCCI, Nicola; PASQUINO, Gianfranco. *Dicionário de Política*. 13. ed. Editora UnB, 2010.

BONAVIDES, Paulo. *Política e Constituição - Os Caminhos da Democracia*. Rio de Janeiro: Ed. Forense, 1985.

BRADSHAW, Samantha; HOWARD, Phillip N. Troops, Trolls and Troublemakers: A Global Inventory of Organized Social Media Manipulation. *Working Paper*, n. 2017.12. University of Oxford, 2017.

BRANCO, Marcello S. *A Democracia Federativa Brasileira e o Papel do Senado no Ajuste Fiscal dos anos 90*. Tese de Doutorado. Departamento de Ciência Política da Universidade de São Paulo (USP), 2007.

BUCHANAN, James; TULLOCK, Gordon. The Calculus of Consent: logical foundations of constitutional democracy. *University of Michigan Press*, 1962.

CALVINO, Italo. *Eremita em Paris – Páginas autobiográficas*. 1. ed. Companhia das Letras, 2006.

CAVALCANTI, Amaro. *Elementos de Finanças*: estudo teórico-prático. Rio de Janeiro: Imprensa Nacional, 1896.

CASE, Anne; DEATON, Angus. Deaths of despair and the future of capitalism. *Princeton University Press*, 2020.

CONTI, José Maurício. *Federalismo Fiscal e Fundos de Participação*. São Paulo: Juarez de Oliveira, 2001.

COSTA, Caio César de Medeiros. *Dinheiro Público para o Ralo*: Ensaios em Gestão e Corrupção. Tese apresentada à Escola de Administração de Empresas de São Paulo da Fundação Getulio Vargas como parte dos requisitos para obtenção de título de doutorado em Administração Pública e Governo, 2016.

DAHL, Robert. Democratics and his critics. *Yale University Press*, 1989.

DANTAS, Andrea de Quadros. O STF como árbitro da federação: uma análise empírica dos conflitos federativos em sede de ACO. *Revista Direito GV*, v. 16, n. 2, maio/ago. 2020.

DE SOTO, Hernando. *O Mistério do Capital*. Editora Record, 2000.

DITTMER, Robert. *200 Landmark Supreme Court Decisions*. 2017.

DOBNER, Petra. More Law, Less Democracy? Democracy and Transnational Constitutionalism". *In*: DOBNER, P.; LOUGHLIN, M. (Orgs). The Twilight of Constitutionalism? *Oxford University Press*, New York, 2010.

DOHNIKOFF, Mirian. *O Pacto Imperial*: Origens do Federalismo no Brasil. Editora Globo, 2012.

DORF, Michael; MORRISON, T. W. Constitutional Law. *Oxford University Press*, 2010.

ERK, Jan. Austria: A Federation without Federalism? *Publius*, 2004/1, p. 1-20.

FERREIRA, Guilherme Viana. *Evidências de efeitos da corrupção no desempenho social de municípios brasileiros*. Dissertação submetida ao Programa de Pós-Graduação em Administração da Universidade de Brasília como requisito parcial para a obtenção do grau de Mestre em Administração, 2018.

FISHKIN, James S. When the people speak: deliberative democracy and public consultation. *Oxford University Press*, 2009.

FUKUYAMA, Francis. *O fim da história e o último homem*. Tradução de Aulyde S. Rodrigues. Rio de Janeiro: Rocco, 1992.

GREIFENEDER, Rainer; JAFFÉ, Mariela E.; NEWMAN, Eryn J.; SCHWARZ, Norbert. What is new and true about fake news? In: The Psychology of Fake News. Accepting, Sharing and correcting misinformation, editado pelos mesmos autores deste capítulo. Routledge, 2021.

GUNLICKS, Arthur B. The Länder and German federalism (Issues in German Politics). Manchester University Press, 2003.

HABERMAS, Jürgen. Popular Sovereignty as Procedure. In: BOWMAN, James; REHG, William. Deliberative Democracy: Essays on Reason and Politics. The MIT Press, 1997.

HANNA, Roya M. Right to Self-Determination in Secession of Quebec 23 Md. J. Int'l L. 213, 1999. Disponível em: http://digitalcommons.law.umaryland.edu/mjil/vol23/iss1/9.

HIRSCHL, Ran. The judicialization of politics. In: WHITTINGTON, K.; KELEMEN, R. Daniel; CALDEIRA, G. (eds.). The Oxford Handbook of Law and Politics, 2008.

HOLMES, Stephen; SUNSTEIN, Cass R. The Cost of Rights: Why Liberty Depends on Taxes. W.W. Norton & Company, 2000.

HORBACH, Carlos B. A postura do STF em questões de conflito federativo. Observatório Constitucional. Revista Consultor Jurídico, 2013.

HORTA, Raul Machado. Reconstrução do Federalismo Brasileiro. Revista de Informação Legislativa, n. 72, Senado, Brasília, 1981.

HORTA, Raul Machado. Direito Constitucional. 5. ed. atualizada com notas de rodapé pela Professora Juliana Campos Horta. Del Rey Editora, 2010.

HUEGLIN, Thomas O.; FENNA, Allan. Comparative Federalism: A systematic inquiry. 2. ed. University of Toronto Press, 2015.

INMAN, Robert P.; RUBINFELD, Daniel. Rethinking Federalism. Journal of Economic Perspectives, v. 11, n. 4, 1997.

KAHNEMAN. Daniel. Thinking, Fast and Slow. Farrar Straus Giroux Editora, 2011.

KELSEN, Hans. Teoria Geral do Direito e do Estado. Livraria Martins Fontes Editora, 2005 (1945).

KLARMAN, Michael J. The Framers Coup: The making of the United States Constitution. OUP Editora, 2016.

KOMMERS, Donald P.; MILLER, Russell A. The Constitutional Jurisprudence of The Federal Republic of Germany. 3. ed. Duke University Press.

LEONCY, Leo Ferreira. Uma proposta de releitura do princípio da simetria. Revista Consultor Jurídico, 2012.

LANG, Alice Beatriz da Silva Gordo. A 1ª Constituição Republicana de 1891 e a Reforma Constitucional de 1926. Cadernos Ceru, Universidade de São Paulo, v. 2, 1987.

LEVI, Lucio. Old and New Shapes of Federalism. In: LEVI, Luci; BORDINO, Giampiero; MOSCONI, Antonio. Federalism: a political theory for our time, editado por Peter Lang S.A., 2016.

LEVITSKY, Steven; ZIBLATT, Daniel. How Democracies Die. Crown, 2018.

LIMA, Edilberto C. P. (2007). Democracia e Federalismo: Uma Intrincada Relação. Revista de Informação Legislativa, v. 44, n. 177, Senado Federal, Brasília, 2007.

LIMA, Edilberto C. P. *Curso de Finanças Públicas. Uma Abordagem Contemporânea*. São Paulo: Editora Atlas; Lima, 2015.

LIMA, Edilberto C. P. Novo Regime Fiscal: implicações, dificuldades e o papel do TCU. *Interesse Público*, n. 103, 2017.

LINHARES, Paulo de Tarso F. S.; MENDES, Constantino C.; LASSANCE, Antônio (2012). *Federalismo à Brasileira*: Questões para Discussão. Instituto de Pesquisa Econômica Aplicada. Brasília-DF, 2012.

MCCLANAHAN, Brion. Is Secession Legal?. *The American Conservative*, 2012.

MAUÉS, Antônio G. M. O Federalismo brasileiro na jurisprudência do Supremo Tribunal Federal (1988-2003). *In*: ROCHA, F. L. Ximenes; MORAES, F. *Direito Constitucional Contemporâneo*. Del Rey, 2005.

MELO, Carlos; SELIGMAN, Milton; DELGADO, Malu. *Decadência e reconstrução*: Espírito Santo: lições da sociedade civil para um caso político no Brasil contemporâneo. BEI Editora, 2020.

MELLO, Patrícia Campos. *A Máquina do Ódio*: notas de uma repórter sober fake news e violência digital. Companhia das Letras, 2020.

MOUNK, Yascha. The People vs. Democracy: Why Our Freedom Is in Danger and How to Save It. *Harvard University Press*, 2018.

MÜLLER, Friedrich. *Quem é o Povo? A Questão Fundamental da Democracia*. Max Limonad, 1998.

NABUCO, Joaquim. Diários. *Bem-Te-Vi Produções Literárias*. Editora Massangana. Prefácios e notas de Evaldo Cabral de Mello, 2007.

NEUBERGER. Lord. Is nothing I secret? Confidentiality, Privacy, Freedom of Information and Whistleblowing in the Internet Age. *Singapore Academy of Law Annual Lecture*, 2015.

OATES, W. E. An Essay on Fiscal Federalism. *Journal of Economic Literature*, v. 37, n. 3, 1999.

OLIVEIRA, Cláudia A. Competências ambientais na Federação Brasileira. *Revista de Direito da Cidade*, v. 04, n. 2, 2012.

PERES, Ursula D. Dificuldades institucionais e econômicas para o orçamento participativo em municípios brasileiros. *Caderno CRH*, 2020.

PIRES, Roberto R. C. *A efetividade das instituições participativas no Brasil*: perspectivas, abordagens e estratégias de avaliação. IPEA, 2011.

POSNER, Richard A. Law, Pragmatism and Democracy. *Harvard University Press*, 2003.

POSNER, Richard A. *Para Além do Direito*. Editora WMF Martins Fontes, 2009.

PRIORE, Mary Del. Histórias da Gente Brasileira. Memórias (1889-1950). *República*, v. 3, Leya Editora, 2017.

PRZEWORSKI, Adam. *Crises da Democracia*. Zahar, 2019.

QUATTROCIOCCHI, Walter; SCALA, Antonio; SUNSTEIN, Cass R. *Echo Chambers on Facebook*. 2016. Disponível em: https://ssrn.com/abstract=2795110.

REZENDE, Fernando. *A Reforma Tributária e a Federação*. Editora FGV, 2009.

REZENDE, Fernando. *Regionalismo e Federalismo Fiscal*: Novos Desafios. Apresentação no Seminário IDP/FGV. Brasília-DF, 2011.

RIKER, W. H. *Handbook of Political Science, v*: Governmental Institutions and Processes, ed. N.W. Polsby and F.I. Greenstein. Reading, Pa.: Addison-Wesley, 1975.

ROCHA, C. Alexandre A. Rateio do FPE: Análise e simulações. *Texto para Discussão 71*, Senado, 2010.

ROCHA, C. Alexandre A. O FPM é Constitucional? *Texto para Discussão 124*, Senado, 2013.

RODRIGUES, Gilberto Marcos Antonio; LORENCINI, Marco Antonio Garcia Lopes; ZIMMERMANN, Augusto. The Supreme Federal Court of Brazil: Protecting Democracy and Centralized Power. *In*: ARONEY, N.; KINCAID, J. Courts in Federal Countries: Federalists or Unitarists? *University of Toronto Press*, 2017.

SCHMITT, Carl. Constitutional Theory. *Duke University Press*, Durham and London, 2008 [1928].

SCHMITT, Carl. *Legalidade e Legitimidade*. Del Rey Editora, 2007 [1932].

SCHUMPETER, Joseph A. *Capitalism, Socialism and Democracy*, 2012 [1942].

SCOTT, Kyle. Federalism: A Normative Theory and It's Practical Relevance. *Bloomsbury Academic*, 2011.

SERRA, José; AFONSO, José Roberto. Federalismo fiscal à brasileira: algumas reflexões. *Revista do BNDES*, v. 6, n. 12, 1999.

SILVA, Carlos Medeiros. Evolução do regime federativo. *Revista de Direito Administrativo*, Rio de Janeiro: Renovar, v. 151, p. 5-21, jan./mar. 1955.

SOMIN, Ilya. Supreme Court of the United States. Promoting centralization more than state autonomy. *In*: ARONEY, N.; KINCAID, J. Courts in Federal Countries: Federalists or Unitarists? *University of Toronto Press*, 2017.

SUSTEIN, Carl. Leaving Things Undecided. *Harvard Law Review*, v. 11014, 1996.

SUNSTEIN, Cass; HOLMES, Stephen. *The cost of rights*: why liberty depends on taxes. New York: W. W. Norton & Company, 1999.

TOCQUEVILLE, Alexis de. *A Democracia na América - Livro 1 - Leis e Costumes*. Edição de 2005. São Paulo: Martins Fontes, 2005 [1835].

TOCQUEVILLE, Alexis. *Lembranças de 1848*.

TRIBE, Laurence; DORF, Michael. On Reading the Constitution. *Harvard University Press*, 1991.

TRIBE, Laurence; e MATZ, Joshua. *Uncertain Justice*. Kindle edition. Henry Holt and Co., 175 Fifth Avenue, New York, N.Y. 10010, 2014.

TRIGUEIRO, Oswaldo. *Direito Constitucional Estadual*. Rio de Janeiro: Editora Forense, 1980.

WOOLLEY, S. C.; GUILBEAULT, D. Computational Propaganda in the United States of America: Manufacturing Consensus Online. *Computational Propaganda Working Paper Series* nº 2017.5. Oxford Internet Institute. University of Oxford, 2017.

WOOLLEY, Samuel C.; HOWARD, Phillip N. Computational Propaganda. Politicial parties, politicians, and political manipulation on social media. *Oxford University Press*, 2019.

ZIMMERMANN, Augusto. *Teoria Geral do Federalismo Democrático*. Lumen Juris editor,

ZIMMERMAN, Joseph F. Contemporary American Federalism: the growth of national power. *State University of New York Press*, 2008.

ZUBOFF, Shoshana. *The Age of Surveillance Capitalism*. Public Affairs. Hachette Book Group. New York, 2019.

Esta obra foi composta em fonte Palatino Linotype, corpo 10
e impressa em papel Pólen Bold 70g (miolo) e Supremo 250g (capa)
pela Gráfica Paulinelli, em Belo Horizonte/MG.